후각행복학

후각행복학
OLFACTORY HAPPIOLOGY

"정신과 의사, 향기와 행복을 말하다"

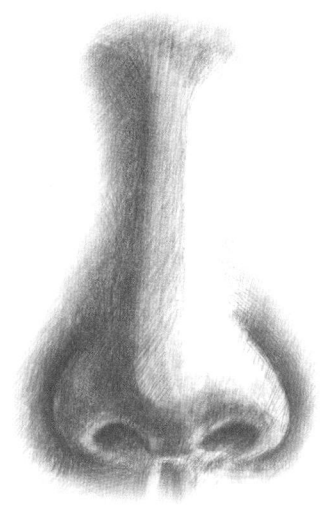

이상훈
지음

당신은 지금 행복하신가요?

후각, 향기, 정신건강 그리고 행복을 아우르는 인생 교과서

바른북스

프롤로그
후각, 향기, 행복이라는 퍼즐

1998년은 내가 정신과 전문의가 된 해이다. 이후 공중보건 의사를 하면서 많은 휴식이 찾아왔다. 휴식이 많아지니 잡생각도 많아졌다. 앞으로 어떻게 살아야 할지 고민이 생겼다. 정신과 의사로의 삶은 기본이지만 동시에 다른 일도 하고 싶어졌다. '가상현실'이라는 분야에 관심을 가지게 된 것은 그때였다. 당시 대부분 사람들은 3D와 가상현실을 구별하지 못할 정도로 국내 가상현실 분야는 초창기였다. 몇 년간의 연구 끝에 국내 최초의 알코올 중독 가상현실치료 프로그램이 탄생하였고, 뜻밖의 연구 성과를 거두었다. 바로 후각의 중요성을 발견한 것이었다. 당시 음주 충동을 유발하기 위해 머리 부착형 디스플레이 HMD 를 쓰고 술집, 술과 안주 그리고 술 따르는 소리 등 다양한 시도를 하였는데 의외의 결과에 당혹스러웠다. HMD를 통한 시청각 자극보다, 소주 한 병 사서 그냥 술 냄새를 맡게 했을 때 좀 더 음주 충동을 느꼈기 때문이다. 간이 시험으로 일반화시키기에는 무리가 있었지만 후각의 중요성을 깨닫는 의미 있는 계기가 되었다. 이후 후각은 내 인생에 있어 중요한 화두가 되었다.

많은 정신과 환자를 보면서 내가 환자를 치료한다는 생각보다는 환자를 통해 많이 배운다는 생각이 든다. 내가 근무하는 병원은 수많은 정신질환 환자가 입원해 있다. 폐쇄병동의 특성상 환자는 자유롭게 병원 밖을 나갈 수 없다. 치료적 목적이지만 일시적으로 자유가 제한된 상태이다. 하지만 일부 환자들은 늘 즐거운 표정을 짓고 있다. 환청이나 망상을 가진 환자도 있고, 다소 지능이 떨어진 환자도 있다. 정신적 핸디캡을 갖고 있으나 표정은 늘 밝다. 뭐가 그렇게 좋냐고 물어보면 수줍게 그냥 좋다고 한다. 그냥 좋다는 것이 무슨 의미일까? 내가 정신과 전공의 수련을 할 때 정신과 치료의 최종 목표는 환청이나 망상과 같은 증상 조절이었다. 하지만 지금은 삶의 질 향상에 좀 더 초점이 맞추어져 있다. 환청을 갖고 있어도 정상적 일상생활을 살아가는 것이 더 중요한 치료 목표가 된 것이다. 그들에게 삶을 즐겁게 만드는 원동력은 무엇일까? 과연 나는 언제나 그들처럼 밝은 표정을 지을 수 있을까? 이런 고민 속에 '행복'이 두 번째 내 인생의 화두가 되었다.

후각과 행복이 자연스럽게 연결되고 후각을 활용한 행복에 대해 관심을 가지게 되었다. 하지만 막연했다. 후각이 과연 전체 행복에 얼마나 영향을 주는지, 개인마다 취향이 모두 다른데 모두에게 향으로 행복감을 줄 수 있을지 확신이 없었다. 더군다나 당시 나는 조향 기술이 없었기 때문에 향을 만드는 일은 조향사에게 전적으로 의존해야 했다. 문제는 정신과적 지식에 기반한 나의 향적 취향을 조향사에게 고스란히 전달하기란 쉽지 않았다. 예술적 관점에서 향을 개발해 온 조향사와는 관점이 서로 달랐기 때문이다. 후각과 행복 사이의 'How to'가 해결되지 않으니 내 인생의 화두는 계속 공전하고 있었다. 결국 내가 직접 향을 만들기로 결심했고 오랜 시간을 거쳐 드디어 조향사와 아로마테라피스트 자격증을 획득하였다. 내친김에 ARC 미국 아로마테라피스트 자격증도 취득했다. 이제는 '후각-향-행복'이라는 흥미로운 퍼즐을 직접 맞춰나갈 수 있는 희망이 생겼다.

이러한 나의 인생 화두에 대해 많은 사람들과 공유하고 싶어 어렵게 책으로 출판하게 되었다. 이 책은 크게 4장으로 나누어져 있다. 1장은 후각에 대한 기본적인 이해에 대해 알아보았다. 2장은 아로마테라피 기법 및 아로마테라피가 정신건강에 어떻게 활용되는지 설명하였다. 3장은 주로 정신건강에 사용되는 에센셜 오일에 대해 자세히 알아보았다. 4장은 일상에서 향기로 행복해지는 습관에 대해 제안하였다. 아직까지 후각과 아로마 향에 관한 책은 많이 출판되었으나 정신건강과 행복까지 함께 다룬 책은 거의 없었다. 따라서 정확한 정신의학적 지식 전달을 목표로 이미 발표된 수많은 과학적 논문 내용을 최대한 많이 반영하였다. 본 책은 향을 활용하여 행복감을 느끼고 싶은 모든 사람들에게 추천한다. 특히 후각이나 향기 관련 사업에 종사하고 있는 전문가 및 연구원에게는 좀 더 실질적 도움을 줄 것으로 기대한다. 학원이나 대학교에서 교재로 활용하기에도 무난할 것으로 생각된다. 방대한 주제를 하나의 책으로 만들다 보니 다소 빠진 내용도 있고 구성이 완벽하지 않은 점은 널리 이해를 바란다.

끝으로 오랜 기간 묵묵히 나를 믿고 내조해 준 사랑스러운 아내 김경남, 어려운 사업 환경 속에서도 든든한 버팀목이 되어준 신호철 사장님, 마지막으로 책이 세상 밖으로 나올 수 있도록 물심양면으로 출판에 도움을 주신 바른북스 김병호 대표님께 진심의 감사를 드린다.

이 상 훈

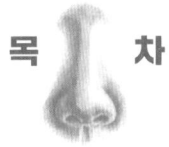

프롤로그 – 후각, 향기, 행복이라는 퍼즐

1부.
행복의 길목: 후각

1장. 후각의 진화와 발달	14
후각의 진화 ∥ 후각의 발달	
2장. 후각의 특징	22
3장. 후각 수용체	27
4장. 후각 대뇌 회로	31
5장. 후각과 감정	35
6장. 후각과 기억	40
7장. 후각과 쾌락	47

2부.
행복을 위한 향기 처방전: 아로마테라피

1장. 아로마테라피의 역사 ·········· 54
　　고대 이집트와 그리스 로마 시대 ∥ 동양 및 중세 시대 ∥ 근대유럽 이후 현재

2장. 에센셜 오일과 품질 관리 ·········· 59
　　에센셜 오일이란 무엇인가? ∥ 에센셜 오일의 물리화학적 특성 ∥ 에센셜 오일 품질에 영향을 미치는 요인 ∥ 에센셜 오일 품질 정보 ∥ 에센셜 오일의 품질 관리

3장. 에센셜 오일 추출 방법 ·········· 66
　　압착법(expression) ∥ 증류법(distillation) ∥ 용매 추출법(solvent extraction)

4장. 에센셜 오일의 흡수, 대뇌 조절 및 배출 ·········· 70
　　에센셜 오일의 흡수 ∥ 대뇌 조절 ∥ 대사와 배출

5장. 아로마테라피 실제 ·········· 76
　　아로마테라피의 종류 ∥ 아로마테라피 사용 시 주의 사항

6장. 정신건강과 아로마테라피 ·········· 83
　　스트레스와 불안 ∥ 불면 ∥ 우울 ∥ 외상후스트레스장애(PTSD) ∥ 치매

3부.
자연이 주는 행복: 에센셜 오일

1장. 라벤더(lavender) ········· 122
  역사 ‖ 식물의 생태 및 주요 성분 ‖ 테라피 효능 및 주의 사항

2장. 로즈마리(rosemary) ········· 127
  역사 ‖ 식물의 생태 및 주요 성분 ‖ 테라피 효능 및 주의 사항

3장. 버가못(bergamot) ········· 131
  역사 ‖ 식물의 생태 및 주요 성분 ‖ 테라피 효능 및 주의 사항

4장. 스위트오렌지(sweet orange) ········· 136
  역사 ‖ 식물의 생태 및 주요 성분 ‖ 테라피 효능 및 주의 사항

5장. 네롤리(neroli) ········· 140
  역사 ‖ 식물의 생태 및 주요 성분 ‖ 테라피 효능 및 주의 사항

6장. 일랑일랑(ylang ylang) ········· 144
  역사 ‖ 식물의 생태 및 주요 성분 ‖ 테라피 효능 및 주의 사항

7장. 로즈(rose) ········· 148
  역사 ‖ 식물의 생태 및 주요 성분 ‖ 테라피 효능 및 주의 사항

8장. 레몬그라스(lemongrass) ········· 153
  역사 ‖ 식물의 생태 및 주요 성분 ‖ 테라피 효능 및 주의 사항

9장. 클라리세이지(clary sage) ········· 157
  역사 ‖ 식물의 생태 및 주요 성분 ‖ 테라피 효능 및 주의 사항

10장. 제라늄(geranium) ·· 161
　　역사 ∥ 식물의 생태 및 주요 성분 ∥ 테라피 효능 및 주의 사항

11장. 로만 캐모마일(Roman chamomile) ··················· 165
　　역사 ∥ 식물의 생태 및 주요 성분 ∥ 테라피 효능 및 주의 사항

12장. 프랑킨센스(frankincense) ······························· 169
　　역사 ∥ 식물의 생태 및 주요 성분 ∥ 테라피 효능 및 주의 사항

4부.
향기로 행복해지는 습관

1장. 행복의 연구 ··· 176
2장. 행복의 정의와 행복 전략 ································· 182
3장. 후각 행복 습관 만들기 ···································· 190
　　숲속의 산림욕을 즐기자 ∥ 커피와 차의 향기에 빠져보자 ∥ 갓 구운 빵 냄새를 즐기자 ∥ 나만의 공간에 향을 입히자 ∥ 향기로운 음악에 취해보자 ∥ 향기로 기분 좋은 운동을 즐기자 ∥ 향기 나는 명상과 요가로 내면의 행복을 느껴보자

에필로그 - 후각행복학의 시작

미주

1부

행복의 길목: 후각

1장.
후각의 진화와 발달

후각의 진화

지구상에서 가장 후각이 뛰어난 포유동물은 무엇일까? '냄새' 하면 먼저 떠오르는 동물이 '개'이다. 하지만 2014년 도쿄대 니무라 요시히토 교수팀은 지놈 리서치 Genome Research 저널에서 인간을 포함한 13종의 포유동물 중 가장 많은 후각 수용체를 가지고 있는 동물은 바로 '아프리카코끼리'라고 발표하였다.[01] 각 후각 수용체 OR, olfactory receptor 는 하나의 유전자에 의해 통제가 되며 사람의 경우 800여 개, 개의 경우 1,100여 개이지만 아프리카코끼리의 경우 4,000개 이상의 후각 유전자가 존재하였다. 이 중에서 기능이 없는 가짜 후각 유전자 pseudogene 를 제외해도 아프리카 유전자는 1,948개로 사람의 396개, 개의 811개보다 압도적으로 많은 숫자이다. 지구상에서 코가 가장 긴 코끼리가 후각이 가장 뛰어난 포유동물로 입증이 된 셈이다.

인간은 800여 개의 후각 수용체 유전자를 가지고 있으나 실제 기능을 하는 유전자는 396개로 51.8%는 기능이 퇴화된 상태이다. 이는 개의 경우 25.3%보다 훨씬 높은 비율로 진화의 과정을 통해 인간 후각 수용체 절반 부분의 기능이 소실되었음을 의미한다. 생물에 있어서 후각은 가장 초기의 감각이다. 시각이나 청각 등 다른 감각보다 수억 년 전 앞서 35억 년 전에 나타난 것으로 추정하고 있다. 어류부터 시작하여 양서류, 파충류, 포유류에 이르기까지 뇌의 진화는 후각세포의 진화라고 볼 수 있다. 인간 대뇌도 후각을 담당하는 부위는 대뇌 안쪽의 가장 깊은 부위에 위치해 있다. 최초의 포유류와 공룡이 출현한 시기는 지금으로부터 약 2억 3천만 년 전으로 거슬러 올라간다. 당시 초기 포유류의 경우 약 1억 년 동안 공룡을 피해 어두운 곳에 주로 숨어 살다 보니 야행적 습성을 갖게 되어 시각보다는 후각이 발달하였다.

　하지만 6,500만 년 전 공룡의 멸종으로 포유동물이 낮 활동을 하게 되면서 후각뿐 아니라 시각이 발달하기 시작하였다. 인간의 경우는 다른 포유동물과 다르게 유일하게 직립 보행을 하게 되면서 코가 땅에서 멀어지게 되었다. 이는 후각이 퇴화하고 시각이 발달하는 계기가 되었다. 특히 후각의 쇠퇴는 해부학적인 구조에도 영향을 주게 되었다. 코가 작아지면서 상대적으로 양쪽 눈이 앞으로 돌출되고 서로 중앙으로 모이게 되었다. 이러한 진화를 통해 인간은 효과적인 입체 시야를 통한 풍부한 시각 정보를 습득하게 되었다. 후각 기능의 퇴화에도 불구하고 효과적인 생존 수단을 얻게 된 것이다.

　200만 년 전 인류는 불의 발견으로 음식을 익혀 먹게 되면서 음식의 냄새와 맛에 관심을 가지게 되었다. 후각은 주로 코를 통해 이루어지지만 구강 안쪽을 통해 코 뒤쪽으로 올라가기도 하는데 이를 후비강 경로 retronasal route 라고 한다. 미각의 경우 약 80%가 후각에 의해 이뤄지게 되는데 후비강 경로가 다양한 맛을 인식하고 감별하는 데 중요한 역할을 한다. 1만 년 전 농경 생활이 시작되면서 기존에는 동물 사냥 등 생존을 위해 주로 후각이 사용되었다면 이후부터는 음식의 냄새와 맛을 감별하는 용도로 진화하였다. 다양하고 풍부한 향신료와 음식 재료가 공급되면서 인간은 동일한 음식 레시피를 기억하고 냄새를 자세히 구별하기 위해 좀 더 고차원적인 대뇌 역할이 필요해진 것이다. 따라서 초기에는 다른 포유류처럼 가장 원시적인 후각 피질 구피질로 구성되었으나 점차 복잡한 인지 정보 처리를 위해 신피질이 후각 피질과 결합을 하는 형태로 진화되었다.

또한 후각뿐 아니라 시각, 청각, 촉각의 감각 영역이 늘어나면서 전 감각을 종합적으로 처리하기 위한 연합 영역이 커지게 되었다. 우리가 특정 사물을 보면 망막에 맺히는 이미지가 대뇌의 특정 부위에 저장되어 아무리 복잡한 시각 이미지도 구별이 가능하다. 후각의 경우는 '냄새 이미지 odor image' 형태로 저장이 되는데 다른 감각과 차이점은 사람, 상황 등의 지각적 맥락과 당시 기분 상태 등의 정서적 가치가 좀 더 많이 반영된다는 것이다. 따라서 과거와 관련된 특정 단어보다 과거 기억과 정서를 생생히 소환할 수 있는 것도 이와 관련이 있다.

사람의 후각 능력을 말할 때 흔히 개가 비교 대상이 된다. 실제 인간 후각 수용체 유전자는 약 400여 개이지만 개의 경우 800여 개로 인간의 2배이다. 후각세포도 인간의 경우 500만 개를 가진 반면 후각이 뛰어난 양치기 개는 그 44배인 2억 2천만 개에 달한다. 인간보다 개의 후각은 약 1,000~1억 배 정도 뛰어나다고 알려져 있다. 하지만 후각의 비중과 활용도에 있어 개와 인간은 명확한 차이를 보인다. 사물 인지에 있어 개의 경우 50%를 후각에 의존하고 있으나 인간은 70%를 시각에 의존하고 있다. 진화의 방향도 다르다. 개의 경우 먹잇감이나 천적 등 생존에 관련된 냄새 감별을 위해 후각이 발달되었다. 반면, 인간의 경우 몸에 해로운 냄새나 주로 음식의 맛 등을 구별하는 데 선택적으로 진화되었다.

평균적인 사람의 경우 약 1만 개에서 4만 개 정도의 냄새를 구별할 수 있는 것으로 알려졌는데 후각 훈련을 통해 얼마든지 향상될 수 있다. 조향사나 요리사 등 후각 훈련이 된 전문가의 경우 최소한 10만 가지 이상을 구별할 수 있다고 한다. 2014년 미국 록펠러대학 안드레아스 켈러Andreas Keller 교수팀은 사이언스지에 발표한 연구를 통해 사람의 후각은 1조 가지의 냄새를 식별할 수 있다고 주장하였다.[02] 그렇다면 냄새를 맡을 수 있는 후각 수용체는 콧속에만 존재할까? 독일 루르 보훔대학의 한스 하트Hanns Hatt 교수는 코가 아닌 피부 세포에서 약 15종의 후각 수용체를 발견했다.[03][04] 이후 고환에도 후각 수용체가 존재한다는 것을 증명했는데 정자가 미수정된 난자를 찾을 수 있도록 길잡이 역할을 해주는 것으로 밝혀졌다.[05] 현재까지 전립선, 근육, 심장, 간, 폐 등 우리 신체의 다양한 기관에서 약 150여 종의 후각 수용체가 발견되었고 종양 치료, 근육 재생, 모발 촉진 등 다양한 분야에 임상 연구를 진행 중이다. 향후 초기 포유류에서 현생 인류로 진화해 오면서 후각의 진화 방향과 함께 후각의 역할을 정립하는 데 중요한 연구가 될 것으로 보인다.

인간 후각에 대한 진화를 논할 때 항상 언급되는 것이 바로 '페로몬'의 존재이다. 페로몬은 그리스어인 '운반하다'는 뜻의 pherein과 '흥분시키다'는 뜻의 hormon의 합성어로 '체외로 분비되어 흥분을 운반하는 매체'라는 뜻이다. 페로몬은 화학물질을 분비하여 소통을 담당하는 데 특히 무리를 이루고 있는 곤충의 일차적인 소통 수단으로 활용된다. 특히 포유류의 경우는 성생활에 없어서는 안 되는 중요한 물질이다. 일례로 '안드로스타디에논androstadienone'이라는 돼지 페로몬 스프레이를 암퇘지에 뿌리면 수퇘지와의 짝짓기가 원활히 이뤄진다. 개들은 서로 만나 혀로 여러 신체 부위를 핥는데 이는 페로몬 정보를 서로 교환하는 것이다. 하지만 이 물질의 냄새를 포착하고 반응하는 기관은 후각 기관이 아니라 근처에 위치한 '보습코 기관VNO, vomeronasal organ'이다.

인간의 경우 태아에게서 보습코 기관이 발견되나 출생과 함께 사라져 흔적만 있는 상태로 진화 과정에서 퇴행되었다. 그렇다면 인간에게는 페로몬도 존재하지 않고 보습코 기관도 기능이 없는 것일까? 이런 의문에 대해 1971년 미국 하버드대 심리학과 대학원생인 마샤 매클린톡Martha McClintock은 과학 저널 《네이처》를 통해 페로몬의 존재를 강력히 시사하는 논문을 발표하였다.[06] 즉, 여성들이 오랫동안 함께 지내면 월경 주기가 비슷해지는 월경 주기 동조 현상을 발견하였는데 이를 '매클린톡 효과'라고 한다. 이후 후속 연구를 통해서도 여성은 배란 시기에 영향을 주는 인간 페로몬을 분비한다는 것을 증명하였다. 그렇다면 인간의 경우 퇴화된 보습코 기관 대신에 페로몬에 대해 반응 및 대응하는 기관은 어디일까? 냄새 심리학의 세계적 권위자인 레이첼 허즈$^{Rachel\ Herz}$ 박사는 후각을 통해서 페로몬이 전달되는 것이 아니라 피부를 통해 전달될 것으로 주장한다. 즉, 여자의 땀이 상대 여성과의 피부 접촉을 통해 혈류를 타고 들어가 호르몬 체계의 변화를 유발하는 것으로 추측하고 있다. 실제로 돼지의 안드로스타디에논^{androstadienone}은 인간의 땀 속에서도 발견이 되며 연구 결과 여성들이 이 물질에 노출이 되면 주변 남자들에게 훨씬 긍정적인 반응을 보였다고 한다.[07] 현재 인간 페로몬 연구는 이제 막 시작 단계에 있으며 페로몬이 과연 인간에 존재하는 제6의 감각이 될지 향후 귀추가 주목된다.

후각의 발달

태아는 외부 공기와는 차단된 채 '양수'라는 물속 같은 환경에서 생활한다. 마치 물고기처럼 말이다. 양수는 커튼으로 가려진 암실 같은 어두운 환경으로 시각은 생존을 위해 당장 중요하지 않다. 따라서 시각은 가장 늦게 임신 7~8개월이 되어야 발달한다. 그보다 생존에 중요한 것은 양수 속에 포함된 영양분을 섭취하는 일이다. 인간에게 숨을 쉬는 것과 음식을 먹는 것은 별개의 과정이다. 하지만 태아는 코와 입을 통해 양수를 흡입하고 뱉기 때문에 양수 속에서 두 감각의 기능적 구분은 모호하다. 오히려 양수 속에 포함된 물질이 몸에 이로운지 해로운지를 구분하는 것이 중요하므로 특정 화학 성분을 인지할 수 있는 감각이 필요하다. 그래서 태아의 미각과 후각을 합쳐 '화학적 감각 chemosensory'이라고 부른다. 화학적 감각을 통해 외부 자극에 반응하게 되는데 크게 구강 화학적 감응 oral chemoreception 과 비강 화학적 감응 nasal chemoreception 이라고 하며 출생 후에는 각각 미각과 후각이 된다.

입을 통한 구강 화학적 감응의 경우 입속에 분포한 3차 신경 trigeminal nerve 과 혀의 미뢰 taste buds 를 통한 미각 경로를 통해 이뤄진다. 미뢰는 임신 12주에서 13주에 걸쳐 형태학적으로 완성이 된다. 코를 통한 비강 화학적 감응의 경우는 조금 복잡한데 3가지의 신경 기관인 후각 신경계, 콧속의 3차 신경 그리고 보습코 기관 VNO 이 관여한다. 보습코 기관의 경우 임신 5~8주 사이에 형성이 되어 20주까지는 최대한 발달을 하나 출생 이후는 기능이 퇴화한다. 그렇다면 미각에 있어서 3차 신경의 역할은 무엇일까? 우리가 보통 음식의 맛을 느낀다는 것은 미각과 후각과 함께 3차 신경 감각이 합쳐져 완성된다. 즉, 단맛, 짠맛, 쓴맛, 신맛, 우마미 감칠맛 이외에 매운맛이나 자극적인 맛은 3차 신경과 관련이 있다. 매운 음식을 먹으면 스트레스가 풀린다는 사람들이 많다. 이는 매운맛에 포함된 캡사이신 성분이 3차 신경을 자극하여 통증을 유발하면 대뇌 회로에서 엔도르핀이 분비되기 때문이다. 도수 높은 알코올이나 차가운 아이스크림을 먹으면서 쾌감을 느끼는 것도 모두 3차 신경의 마법인 셈이다.

태아는 임신 12주부터 양수를 삼키기 시작하고 16주 이후에는 막혀 있던 콧속이 뚫리면서 양수를 상부 호흡기로 받아들이게 된다.[08] 임신 3개월 만에 입으로 양수를 삼키고 코를 통한 호흡 운동으로 양수의 순환이 이루어지고 태아는 양수 속에 녹아 있는 화학물질의 냄새를 감지할 수 있게 된다.[09] 신생아는 출생 직후 별도의 도움 없이 젖 냄새가 나는 패드 쪽으로 기어가는 행동을 보이는데 특히 출생 후 1시간 이내가 가장 후각에 예민한 시기이다. 이 시기에 양수 냄새를 맡게 하고 엄마의 모유를 공급하면 향후 모유 수유에 큰 영향을 주게 된다. 또한 엄마의 모유와 유방 유륜areola의 분비샘 냄새를 찾아 몸을 돌리고, 울음을 그치며, 젖을 빠는 행동을 통해 신생아는 보호 본능이 충족된다. 이는 엄마와 아기 사이의 정서적 안정과 신뢰 관계를 만드는 중요한 비언어 소통 수단non-verbal communication이다.[10 11 12 13 14]

임신 중 엄마가 특정 음식을 선호하면 음식 냄새는 태반을 통해 양수에 녹아들게 되어 그대로 태아에 전해진다. Gary Beauchamp 등[2011]은 태아 초기에는 단맛, 짠맛 등에 대한 선호와 쓴맛에 대한 혐오 반응 등이 주로 본능적으로 이루어지지만, 태아 후기에는 엄마의 식습관이 태아에게 그대로 영향을 주게 된다고 발표하였다.[15] 임신 중에 마늘을 먹거나 술·담배를 하면 이런 경험이 없는 신생아보다 출생 후 더 좋아했다. 또한 모유 수유를 하는 동안 당근 주스를 마시면 나중에 이유식을 먹을 때 당근을 선호하게 되었다. 이는 태아기 때 냄새를 학습하기 때문이며 음식 맛에 대한 선호도는 아이가 어른이 되어서도 계속 이어진다. 결국 식습관은 장기적으로 신체 및 정신건강에도 영향을 미치게 되는데 특히 생후 10살 이내의 식습관 교육이 가장 중요하다.

2장.
후각의 특징

인간의 삶에 있어서 가장 의존도가 높은 감각은 시각이다. 루즈 슈워츠Ruth Schwarze는 그녀의 저서인 《창의력의 과학The Science of Creativity》에서 감각 인식의 비율을 시각 78%, 청각 13%, 촉각 3%, 후각 3%, 미각 3%로 나눴다.[16] 90% 이상이 시각과 청각에 의존하는 셈이다. 후각은 고작 3%에 불과하고 후각과 미각을 합친다 해도 6%로 의존도가 낮은 편이다. 하지만 3%는 물리적 숫자에 불과하다. 후각이 인간의 감정 및 행동에 미치는 큰 영향력을 이해한다면 산술적인 비율은 큰 의미가 없다.

후각은 다른 감각과 다른 독특한 특징을 가지고 있다. 첫째, 후각은 공기 중에 존재하는 화학물질을 감지한다. 다른 감각의 경우 빛의 파장이나 소리의 진동 등 물리적인 자극에 의존하는 데 반해 후각은 매우 미세한 농도의 화학물질도 감지할 수 있다. 이는 유독 가스 등 인체에 해로운 화학물질을 빠르게 인지하여 생존 가능성을 높이는 데 도움을 준다. 하지만, 무색·무취를 가진 유해 화학물질의 경우 후각 경고 시스템을 무력화하여 인체 건강에 큰 위협이 될 수 있다. 따라서 실내 공간을 자주 환기하고 깨끗한 공기를 유지할 수 있는 평소 생활 습관이 필요하다.

둘째, 후각은 대뇌와 직접 연결되어 있다. 후각 정보는 콧속의 후각 수용체에서 직접 후각 피질로 전달된다. 시각, 청각 등 다른 감각의 경우 정보가 들어오면 시상thalamus이라고 하는 대뇌 기관에서 정보를 통합한 뒤 감각 피질로 전달된다. 일종의 필터링 역할이다. 반면에 후각은 여과 없이 바로 후각 피질로 정보가 전달되므로 정보가 빠르고 왜곡 없이 전달되는 특징이 있다. 하지만 구조적으로 외부의 물리적 충격이나 유해한 화학물질, 감염 등에 자주 노출되어 후각 피질이 쉽게 손상될 위험이 있다.

셋째, 후각은 감정과 기억을 처리하는 뇌의 부위와 밀접하게 연결되어 있다. 후각은 후각 피질과 인접한 감정과 기억의 중추인 변연계limbic system에 직접적인 영향을 준다. 변연계 속에는 감정 조절에 관여하는 편도체amygdala와 기억 저장에 중요한 해마hippocampus를 포함하고 있다. 된장찌개 냄새에 어렸을 적 추억이나 애틋한 감정이 갑자기 소환되는 것도 이러한 해부학적 구조와 관련이 있다.

넷째, 인간의 후각 수용체는 약 400여 종 정도이지만 최대 1조 가지의 냄새를 맡을 수 있다.[17] 적은 수의 후각 수용체로 다양한 냄새를 감별할 수 있는 이유는 조합 인식과 관련된다. 즉, 하나의 수용체가 하나의 냄새만 담당하는 것이 아니라, 하나의 물질에 수용체 몇 개가 동시에 반응해 특정 조합을 형성하면 뇌가 인식하는 냄새가 달라진다. 예를 들어 A, B, C, D 네 가지 후각 수용체가 있다고 가정해 보자. 장미 향이 수용체 A, B를 자극한다고 할 때 백합 향은 C, D를 자극하는 등 다양한 조합을 통해 냄새를 인식하게 된다. 일상생활에서 인식하는 후각 정보는 수천 개 정도이지만 훈련을 통해 냄새 감별 능력은 얼마든지 향상될 수 있다. 시각의 경우 약 1억 2천만 개 수용체가 1,000만 가지 색상을 구별한다. 청각의 경우 3천 개의 수용체가 40만 가지의 다양한 주파수 소리를 감지한다. 미각은 5가지 기본 맛을 감지하는 수용체가 단맛, 짠맛, 신맛, 쓴맛, 감칠맛 5가지를 인식한다. 촉각은 수용체의 종류가 다양하여 수용체 숫자는 정의하기 어려우나 수천 가지의 압력, 온도, 통증 등을 감지한다. 후각의 경우가 다른 감각보다 수용체 대비 인식 정보의 숫자가 압도적으로 많은 것은 후각의 조합 인식과 관련된 복잡성을 보여준다.

다섯째, 후각은 후각 적응olfactory adaptation 혹은 fatigue 현상을 보인다. 후각 적응은 계속 노출된 냄새에 대한 감도가 감소하는 현상이다. 예를 들어 향수 냄새가 처음에는 강하게 느껴지지만, 시간이 지나면서 그 냄새에 익숙해져 거의 느끼지 못하게 된다. 반대로 화장실 악취를 처음 맡으면 불쾌한 기분이 들지만 시간이 지나면 콧노래도 부를 정도로 무뎌진다. 후각 적응은 후각 수용체의 탈감작 과정과 관련이 있다. 수용체가 자극에 계속 노출되면 신경 신호의 전달이 감소하고, 결국 냄새를 인식하는 능력이 감소한다. 후각 적응은 생존에 유리한 측면이 있다. 지속적인 자극에 대한 반응을 줄임으로써 다른 새로운 자극에 더 민감하게 반응할 수 있게 된다. 즉, 위험 신호를 더 빠르게 감지하는 데 도움이 된다. 하지만 인체에 유해한 악취가 공기 중에 계속 노출되는 상황에서는 후각 적응이 오히려 건강을 해칠 수 있다.

여섯째, 후각은 개인차가 존재한다. 사람마다 냄새를 인식하고 해석하는 방식에 있어 차이가 있는데 여러 요인에 의해 영향을 받는다. 먼저, 유전적 요인이다. 후각 수용체의 유전적 변이가 개인의 후각 감지 능력에 영향을 미치는데, 특정 유전자가 활성화되거나 비활성화됨에 따라 특정 냄새에 대한 감도가 달라질 수 있다. 개인의 과거 경험과 학습도 영향을 받는데 특정 냄새가 긍정적이거나 부정적인 기억과 관련 있는 경우 그 냄새에 대한 반응이 달라질 수 있다. 성별의 경우 여성은 남성보다 일반적으로 더 민감한 후각을 가진다고 알려져 있다. 문화적 배경도 영향을 준다. 일부 문화에서 선호하는 특정 향신료나 음식의 냄새가 다른 문화권에서는 부정적으로 받아들일 수 있다.

마지막으로 후각은 미각과 밀접하게 연결되어 있다. 일반적으로 음식의 맛을 느낄 때, 후각이 차지하는 비율은 약 70%에서 80%로 추정된다. 이는 우리가 음식을 먹을 때 느끼는 맛의 대부분이 후각에 의해 결정된다는 것을 의미한다. 감기에 걸렸거나 축농증이 있는 환자의 경우 음식 맛을 구별하지 못하는 경우가 많은데 후각 기능의 감소와 관련이 있다. 따라서 전반적인 음식의 맛은 미각과 후각의 상호작용을 통해 만들어지게 된다.

결국, 인간의 후각은 동물처럼 단순히 선호하는 음식이나 위험 요소를 감지하는 1차원적인 수준에 그치지 않는다. 인간의 감정과 다양한 문화에 영향을 주는 고차원적인 감각으로 진화되었으며 미각과의 협업을 통해 창의적인 맛의 세계를 계속 창출하고 있다. 이는 마치 빙하의 모습 같다. 평소에 맡는 3%의 냄새는 겉으로 드러나는 빙산의 일각일 뿐이다. 보이지 않는 대부분은 이미 인간의 감정과 행동에 지대한 영향을 주고 있다.

3장.
후각 수용체

공기 중의 냄새 분자는 일반적으로 휘발성이며 300달톤 이하의 작은 분자량을 갖는 유기 화학물질이다.[18,19] 대부분의 냄새 분자는 지용성이지만 분자량이 작은 냄새 분자는 수용성을 갖기도 한다. 냄새 분자는 2가지 경로를 통해 인체에 흡수된다. 첫 번째는 가장 일반적인 경로로 콧구멍을 통한 비강 흡입이다. 두 번째는 구강으로 먼저 들어온 후 목 뒷부분의 비인두 nasopharynx, 후비강를 통해 거꾸로 비강으로 전달되는 통로이다.[20] 특정 음식을 먹고 있는 동안에는 비강뿐 아니라 후비강을 통한 냄새가 합쳐져 통합된 맛으로 인식된다.

비강으로 들어온 냄새 분자는 비강의 상부 즉, 코의 내부 벽에 위치한 후각 상피세포와 일차적으로 접촉한다. 후각 상피세포는 냄새를 감지하는 후각 수용체 세포 olfactory receptor cell 혹은 olfactory sensory neuron와 그 외 세포로 나눌 수 있다. 후각 수용체 세포의 경우 냄새 분자를 인식하는 후각 수용체를 포함하고 있다. 인간의 후각 수용체 숫자는 약 400개이며 1개의 후각 수용체 유전자가 1개의 후각 수용체만을 발현하기 때문에 인간의 후각 수용체 유전자 숫자도 400여 개이다.[21] 인간은 800여 개의 후각 수용체 유전자를 가지고 있으나 실제 기능을 하는 유전자는 400여 개로 약 50%는 기능이 퇴화된 상태이다.[22] 현재 밝혀진 인간 유전자의 총 숫자가 약 2만 개이므로,[23] 이 중 후각 수용체 유전자가 차지하는 비율은 2% 남짓이다. 한쪽 비강에 후각 상피세포가 약 500만 개 정도가 되는데 이 속에는 400종의 서로 다른 모양의 후각 수용체가 존재한다. 즉, 같은 유전자를 갖는 후각 수용체 개수는 각각 1만 2천여 개가 되는 셈이다.

후각 수용체 세포는 후각 점막으로 덮여 있으며 냄새 분자는 후각 점막에 녹아 후각 수용체로 이동한다. 각 후각 수용체 세포에는 약 20~30개의 운동성이 없는 후각 섬모^{솜털}가 존재하는데 후각 점막의 단면적을 넓혀주고, 냄새 분자와 결합하는 역할을 한다.[24] 후각의 첫 번째 관문인 후각 수용체 세포의 경우 평생 재생된다. 평균 40~50일 간격으로 자연적인 사멸 및 재생이 반복된다.[25] 비록 나이나 독성 물질 등의 환경적 요인에 따라 변할 수는 있지만, 정상적으로 재생 능력은 평생 유지된다고 볼 수 있다. 나이가 들어 후각 기능이 감소하는 것은 후각 수용체 세포는 정상이라도 대뇌의 신경전달 체계의 효율성이 떨어져 발생한다. 일단 냄새 분자가 후각 수용체와 결합되면 후각 신경 세포를 자극하여 전기 신호로 변환된다. 후각 대뇌 회로로 정보 전달이 되기 위한 시발점인 셈이다. 인간은 평상시 약 1만 개의 서로 다른 냄새를 감별할 수 있다고 한다.[26] 심지어 훈련을 통해 1조 가지의 냄새도 구별할 수 있다.[27] 그렇다면 400여 종류의 후각 수용체만으로 어떻게 1만 가지에서 최대 1조 가지의 냄새를 구별할 수 있을까?

1991년 린다 벅 Linda Buck 과 리처드 액셀 Richard Axel 에 의해 후각 수용체 및 유전자가 밝혀지게 되면서 후각에 대한 과학적 연구는 급물살을 타게 되었다. 서로 다른 종류의 1,000여 개의 후각 수용체가 존재하고 각각 규제하는 유전자가 하나씩 있다는 사실을 발견하였는데, 그 공로로 2004년 노벨 의학상을 수상했다.[28][29] 단순하게 생각하면 형태가 다른 후각 수용체 400여 개에는 400여 종의 냄새만 구별할 수 있다. 하지만 1만여 종류 이상의 냄새를 구분할 수 있는 것은 후각 정보의 조합적 암호화 combinational coding 가 가능하기 때문이다. 즉, 1개의 냄새 분자가 여러 개의 후각 수용체를 동시에 자극할 수 있고 반대로 여러 개의 냄새 분자가 1개의 후각 수용체를 자극할 수도 있다. 즉, 특정 냄새 분자는 후각 수용체 조합에 의한 암호화 과정을 거쳐 조합 코드를 가지게 되는 것이다.[30][31]

후각 수용체 연구를 통해 어떻게 후각이 작동하는지는 이해했지만, 화학 분자를 어떻게 냄새로 인지하는지 결정적인 이론은 아직 나오지 않았다. 현재 가장 널리 알려지고 지지받는 냄새 이론은 형태 이론 shape theory 이다.[32][33] 형태 이론은 일종의 '열쇠와 자물쇠 모델'로서 특정 구조를 가진 분자는 특정 후각 수용체에만 결합하며, 이 결합이 후각 인식을 발생시킨다는 것이다. 하지만 이론적 한계도 존재한다. 형태가 비슷한 두 분자이지만 서로 냄새가 다른 경우이다. 예를 들어, 리모넨과 리모넨의 이성질체인 시트랄은 비슷한 형태를 가지고 있지만,

각각 레몬과 레몬그라스의 냄새를 갖는다. 냄새의 농도가 변화할 때 다른 냄새로 인식되는 경우도 형태 이론으로는 설명하기 어렵다.[34]

이에 대해 1996년 영국 런던대학 루카 투린 Luca Turin 박사는 진동 이론 vibration theory 을 발표하였다.[35] 후각 수용체가 냄새 분자의 진동수에 따라 반응한다고 주장한 것이다. 이 이론은 분자의 화학적 구조뿐만 아니라 분자가 진동하는 방식이 후각 인식에 중요하다고 설명한다. 예를 들어 바닐라 향이 전혀 없는 구아야콜과 벤조알데히드라는 분자를 섞으면 바닐라 향 분자인 바닐린과 비슷한 진동 패턴이 되어 바닐라 향이 재현되는 것이다. 하지만 형태 이론을 지지하는 사례나 여러 냄새가 혼합된 복합적인 냄새는 설명하지 못하는 이론적 한계를 가지고 있다. 최근 연구들은 두 이론을 통합하여 후각 인식을 보다 포괄적으로 이해하려고 한다. 예를 들어, 특정한 형태를 가진 분자가 특정한 진동 패턴을 가질 수 있으며, 이는 후각 수용체와의 결합에 영향을 미칠 수 있다는 인식이다.

4장.
후각 대뇌 회로

　냄새 분자가 후각 수용체 세포를 자극하면 후각 신경 섬유가 콧속 상단에 위치한 체 판cribriform plate을 통과하게 된다. 체 판은 체 모양의 얇고 구멍이 많은 뼈로서 외부의 충격이나 감염 등에 취약한 구조를 가진다. 냄새 정보가 일단 대뇌로 들어오면 3단계에 걸쳐 후각 정보가 처리된다. 1단계 후각 망울olfactory bulb에서 기초적인 정보 처리를 완료하면 1차 후각 피질primary olfactory cortex을 거쳐 2차 후각 피질secondary olfactory cortex에서 최종적으로 후각 정보를 판단하게 된다. 쉽게 우편물을 예로 들어보자. 우편물을 접수하면 모든 우편물이 우편집중국으로 몰리게 된다. 우편집중국에서 지역별로 분류하여 해당 지역 우체국우편집중국으로 보내면 집배원이 우편을 배달하여 받는 사람에게 전달이 된다. 이때 '우편집중국'의 역할이 '후각 망울'이라고 볼 수 있다. 그리고 1차 후각 피질은 '해당 지역 우체국', 2차 후각 피질을 '받는 사람'으로 비유해 볼 수 있다.

첫 번째 관문인 후각 망울은 좌우에 하나씩 대칭적으로 위치하며 더듬이 모양처럼 생겼다. 후각 정보를 초기에 처리하는 중요한 역할을 하는데 후각 정보 처리에 있어 독특한 로직이 있다. 400여 종의 후각 수용체 종류별로 후각 정보의 분류 공간이 각각 매칭된다. 예를 들어 후각 수용체 A에서 정보를 받으면 별도의 공간 a로 전달이 되고 수용체 B의 정보는 별도의 공간 b로 전달이 되는 것이다. 이때 별도의 공간을 '후각 사구체 glomeruli'라고 한다. 후각 사구체는 하나의 후각 망울 속에 약 8,000개가 존재한다.[36] 즉, 8,000개의 후각 정보 분류 공간에는 각각 동일 수용체에서 들어온 후각 정보만 쌓이게 된다. 이러한 통합 과정을 통해 같은 후각 정보는 증폭되어 정보 전달이 용이해진다. 초기 분류가 완료된 후각 정보는 승모세포 mitral cell 를 통해 1차 후각 피질로 전달된다. 하나의 후각 망울 속에는 약 5만여 개의 승모세포가 존재한다.[37] 다시 우편물 비유를 해보자. 8,000개의 공간에서 분류된 우편물을 5만 명의 배달원이 지역 우체국으로 보내는 과정과 유사하다고 보면 된다.

1차 후각 피질의 명칭은 '조롱박 피질 piriform cortex'이다. 구조의 모양이 호박의 일종인 조롱박처럼 생겼다고 해서 붙여진 이름이다. 조롱박 피질은 대뇌 안쪽의 좌, 우에 위치하고 있으며 인간의 감정과 자율신경계와 밀접한 관련이 있는 변연계 limbic system 에 인접해 있다. 시각, 청각, 촉각 등 다른 감각의 경우, 감각 정보는 1차 대뇌 피질로 연결되기 전에 반드시 시상 thalamus 을 거치게 된다.[38] 시상을 통해 정보를 필터링하고 여러 감각 정보와 통합하게 된다. 하지만 후각 정보의 경우 후각 망울에서 1차 후각 피질로 바로 연결이 된다. 시상을 거치지 않기 때문에 필터링 없이 후각 정보가 입력된다. 특히 변연계의 편도체amygdala와 해마hippocampus를 직접 자극하므로 특정 냄새에 바로 감정 반응이 유발되고 관련 기억이 소환된다. 어렸을 적 기억을 떠올려 보라고 하면 문득 생각이 나지 않는다. 하지만 당시 즐겨 먹던 음식 냄새를 맡을 때 애틋한 감정과 기억이 줄줄 떠오르는 것도 이러한 해부학적 특성과 관련이 있다.

 1차 후각 피질인 조롱박 피질은 외측과 내측으로 나뉜다. 외측의 경우 후각 정보를 인식하고 분석하는 역할을 하며 분석된 후각 정보는 2차 후각 피질인 안와전두엽orbitofrontal cortex으로 최종 전달된다. 반면 내측 부위는 편도체와 연결되어 감정 반응을 유도한다. 편도체는 감정 조절에 있어 가장 중요한 대뇌 기관으로 자율신경계 조절에 관여하는 시상하부hypothalamus와 연결된다. 따라서 냄새와 관련된 극도의 공포나 행복감 등 다양한 감정 상태에 따라 심박수나 혈압, 호르몬 등의 변화에 영향을 주게 된다. 조롱박 피질은 내후각 피질entorhinal cortex을 통해 해마에도 영향을 주게 된다.[39] 후각 자극이 해마로 전달되면 과거의 후각 기억 회상뿐 아니라 새로운 기억 형성에 관여한다. 후각은 감정과 관련이 깊기 때문에 해마는 특정 후각 자극과 관련된 기억과 감정을 강화하는 역할을 한다.

 마지막 단계인 안와전두엽은 주로 2가지 경로를 통해 후각 정보를 받는다. 조롱박 피질에서 직접 전달이 될 수도 있고 시상을 거쳐 간접적으로 전달이 될 수도 있다.[40] 시상의 경우 1차 후각 피질 단계에는 관여하지 않는다. 하지만 조롱박 피질에서 안와전두엽으로 후각 정보를 전달하는 과정에는 정보 통합을 돕는다. 편도체는 감정과 관련된 후각 정보를 안와전두엽에 전달하는데 직접적 혹은 시상을 통해 간접적으로 전달한다.[41] 결국 조롱박 피질, 시상 및 편도체 후각 정보가 안와전두엽에서 모두 합쳐진 후 최종적으로 후각 정보에 대한 판단을 한다. 안와전두엽은 후각 정보뿐 아니라 시각, 촉각, 청각, 미각 정보도 모두 통합되는 일종의 컨트롤 타워이다.[42] 따라서 후각 정보는 다른 감각과 통합되어 종합적인 경험을 형성하게 된다. 예를 들어 새로운 음식을 먹을 때는 냄새와 맛이 통합되어 음식에 대한 전체적인 맛으로 저장된다. 또한 매력적인 여성과 카페에서 커피를 마시면 여성의 시각적 이미지, 카페 음악, 향수, 커피 향 등의 감각 정보가 통합되어 행복한 기억으로 저장될 수 있다. 안와전두엽은 후각 정보를 다른 감각과 통합하여 감정 평가, 의사 결정 및 행동을 지시하는 최종 권력자라고 볼 수 있다.

표1 | 후각 대뇌 회로(olfactory brain pathway) |

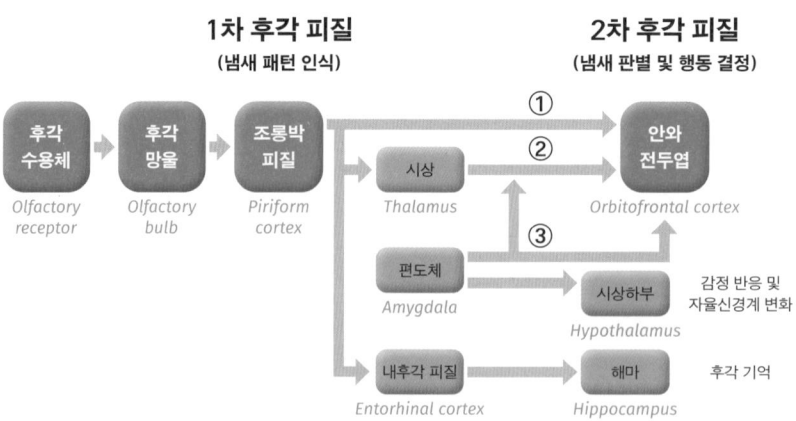

5장.
후각과 감정

 후각은 감각기관의 '시인 poet'이자 감정의 중요한 감각이다.[43] [44] [45] 인간과 포유류에 있어서 기분 좋은 냄새와 불쾌한 냄새를 구분하는 것은 생존에 있어 매우 중요하였다.[46] 오랜 기간 진화 과정을 통해 불쾌한 냄새는 생명을 위협하는 위험 신호로 간주하여 배척되었고, 좋은 냄새는 관심을 갖고 선호하게 되었는데 이는 가장 기본적인 감정 반응이 되었다.[47] 기쁨, 놀람, 공포 등이 1차 감정 즉, 동물적 감정이라면 수치심, 죄책감, 자긍심 등 사회적 감정은 2차 감정에 해당한다. 1차 감정은 감정 조절의 중추인 편도체가 가장 중요한 역할을 하며 2차 감정은 사회적, 인지적 요인을 포함하고 있으므로 대뇌 피질의 복합적 작용의 결과물이다. 앞서 언급했듯이 1차 후각 피질인 조롱박 피질은 편도체와 직접 연결된다. 다른 감각과 달리 시상을 거치지 않고 바로 편도체로 전달이 되므로 후각 정보는 감정적인 요소를 많이 포함하고 있다.

후각 기능의 감퇴는 우울증과 관련이 있다. 냄새를 맡지 못하는 후각상실증 anosmia 은 일반 인구의 약 5% 정도이지만, 65세 이상의 노인의 경우는 약 14%, 65세에서 80세까지는 50% 이상, 80세 이상에서는 80% 이상으로 노화의 진행에 따라 급격히 증가한다.[48] 냄새를 맡지 못하면 먹는 즐거움이 없어져 영양 결핍이 생길 수 있고, 가스나 화재 냄새를 맡지 못해 생활 안전에 위협이 된다. 사회생활도 향수나 화장품 냄새를 맡지 못하면서 무미건조한 대인관계가 될 수 있다. 결국 전체적인 삶의 질이 감소하고 우울증이 지속되면 사망의 위험이 증가하게 된다.[49] 후각 장애로 인해 심한 우울증을 앓다가 자살로 삶을 마감한 세계적 일화가 있다. 호주 출신의 세계적 록밴드 인엑세스 INXS 의 리드싱어 마이클 허친스 Michael Hutchence 는 1992년 교통사고로 두개골 골절을 입은 후 후각을 완전히 잃게 되었다. 이후 음식 맛이나 성적 쾌락과 관련된 어떤 냄새도 맡지 못하게 되면서 심한 우울증으로 고통받다가 1997년 11월 호텔에서 스스로 목을 매어 결국 자살을 택하였다.[50]

2020년 이후 전 세계로 번진 코로나19 감염으로 세계 경제는 마비되고 사망자 속출과 함께 코로나19 후유증에 시달리는 사람들이 증가하였다. 후유증 중에서 특히 후각 기능의 감소가 특징적이었는데 후각 기능 감소 환자의 상당수가 우울증을 경험하였다.[51][52] 후각 기능의 감소가 우울증으로 이어지는 경우인데 반대의 경우도 성립한다. 즉, 우울증이 후각 기능의 감소를 유발하며, 증상이 심하고 오래 앓을수록 후각 기능의 감소는 더욱 심했다.[53][54] 또한 우울증은 냄새의 호감도 평가에도 영향을 미치는 것으로 연구되었다. 정상인보다 기분 좋은 냄새는 훨씬 더 좋게, 나쁜 냄새는 훨씬 더 역겹게 평가하였다. 우울증으로 인해 냄새를 평가하는 기준에 왜곡이 생긴 것이다. 냄새의 농도를 바꿔도 차이를 분간하지 못하는 후각 둔감증 olfactory anhedonia 도 보였는데 다만, 우울증이 호전되면 이러한 후각 증상들은 호전을 보였다.[55][56]

불안 증상도 후각과 밀접한 관련이 있다. 후각의 대뇌 회로는 편도체를 거쳐 안와전두엽으로 정보를 전달한다. 불안 증상도 동일한 대뇌 회로를 거치므로 불안장애가 있거나 불안한 심리 상태는 냄새 인식에 영향을 주게 된다. 후각 기능에 대한 선별 검사는 크게 3가지로 나뉜다. 후각 역치 검사 olfactory threshold test, 후각 식별 검사 olfactory discriminaton test, 후각 인지 검사 odor identification test 이다.[57] 후각 역치 검사는 냄새를 인지하는 가장 낮은 농도를 알아보는 방법이다. 후각 식별 검사는 서로 다른 냄새를 구별할 수 있는지 알아보고, 후각 인지 검사는 정확히 냄새의 이름을 맞추는 방법이다. 후각 역치 검사의 경우는 말초 후각 신경의 이상을 알아보는 것이라면, 후각 식별 검사와 후각 인지 검사는 후각의 중추적 대뇌 기능을 알아보는 검사이다.

불안장애의 일종인 범불안장애 general anxiety disorder, 공황장애 panic disorder, 사회공포증 social phobia 에서 3가지 후각 검사 기능의 감소가 관찰되었다. 불안 증상이 심할수록 후각 역치 검사는 큰 변화가 없었으나, 후각 식별 검사와 후각 인지 검사 소견이 더욱 악화되었다.[58][59] 즉, 불안이 심할수록 말초 후각 신경에는 별 영향이 없으나 후각 및 불안을 전달하는 대뇌 회로에 영향을 주어 후각 식별 및 인지 검사만 이상 소견을 보인 것이다. 또 다른 불안장애인 강박 장애 obsessive compulsive disorder 환자 경우에도 다른 후각 검사는 큰 문제가 없으나 후각 인지 검사에서 기능 이상을 보였다. 이것은 증상의 심각한 정도와 관련 없이 일관된 소견을 보이고 있어 향후 강박 장애 진단의 예측 지표로도 유용할 것으로 보인다.[60]

불안장애의 가장 심한 형태는 외상후스트레스장애 PTSD 이다. 전쟁 참전 군인이나 소방관의 경우 처참한 사고 현장을 자주 목격하게 된다. 사고와 관련된 기억 속에서는 피범벅이 된 피해자의 시각적 모습뿐 아니라 총성이나 비명 등의 공포스러운 소리 그리고 사건 현장과 관련된 역겨운 냄새가 모두 포함된다. 외상후스트레스장애 환자는 당시 기억을 떠올릴 때마다 극심한 스트레스 반응을 보인다. 특히 당시 현장 냄새를 연상시키는 후각적 공포 반응은 다른 감각 자극보다 훨씬 크다. 불에 타서 죽은 시체 냄새는 그을린 고기 냄새와 비슷하여 외상후스트레스장애 환자들은 야외에서 바비큐 파티를 편하게 즐기지 못한다고 한다. 바비큐 냄새가 시체 타는 냄새와 비슷하여 과거 트라우마 상황을 생생히 연상시키기 때문이며 이를 '바비큐 효과'라고 부른다.[61] 이는 트라우마와 관련된 기억과 불쾌한 냄새가 강하게 연상 학습 되었기 때문이다. 따라서 이들은 다른 냄새보다 트라우마와 관련된 위험한 냄새에 대해서는 과도하게 예민해지게 된다. 특히 연기 냄새나 이산화탄소 농도 변화 등에는 3차 신경이 관여하는데 외상후스트레스장애 환자들은 이러한 물리적, 화학적 자극에 신속한 반응을 보이게 된다. 주변 위험 환경에 대한 안전한 행동과 관련된 신체 방어 반응이다.[62][63][64]

외상후스트레스장애 환자의 경우 트라우마 냄새에 유난히 예민한 반면 후각을 치료에 활용하면 증상 완화에 효과적이라는 연구 결과가 발표되었다. 가상현실치료가 그것이다.[65] 후각이 함께 활용되는 가상현실치료를 'OVRET olfactory virtual reality exposure therapy' 혹은 'OVR olfactory virtual reality'이라고 부른다. 가상현실치료의 경우 머리 부착형 디스플레이HMD를 쓰고 트라우마와 관련된 상황을 재현하면서 증상을 체계적으로 둔화시키는 치료 방법이다. 먼저 고기 굽는 냄새에 대한 과도한 공포 반응을 줄이기 위해 고기 굽는 냄새와 행복한 파티 장면을 결합시켰다. 또한, 트라우마 상황으로 불안이 최고조에 이르렀을 때 릴랙스 향과 편안한 장면으로 화면을 전환하여 공포 반응을 감소시켰다.[66] OVR 기술은 외상후스트레스장애 질환 이외에도 여러 정신질환의 치료에 적용하였는데 기분 좋은 향은 불쾌한 감정을 완화하거나 건강에 해로운 행위를 교정하는 데에 효과적이었다. 사례를 보면, 개인 맞춤 향을 통하여 기분의 안정에 도움을 주었고,[67] 과거 추억을 떠올리게 하여 치매 환자의 회상에 효과적이었다.[68] 흡연자의 흡연 충동을 감소시켰고,[69] 음식에 대한 과도한 충동도 감소시켰다.[70][71] 향후 후각을 활용한 OVR은 정신질환의 예방 및 치료에 유용할 것으로 보인다. 요약하면, 후각은 편도체를 통해 감정에 영향을 주어 우울, 불안, 공포증 등을 유발할 수 있다. 동시에 후각적 자극은 감정 조절 및 중독 충동의 조절에 효과적인 수단이 될 수 있을 것으로 기대된다.

6장.
후각과 기억

나는 낙엽 태우는 냄새가 좋다. 어렸을 때 시골에서 살았는데 늦은 가을이면 집의 뒷마당에서 떨어진 낙엽을 자주 태우곤 했다. 그때의 행복한 기억이 떠올라 낙엽 태우는 냄새를 맡으면 저절로 미소 짓게 된다. 후각에 대한 얘기를 할 때 빠짐없이 언급되는 용어로 프루스트 효과Proust effect가 있다.[72] 프루스트 효과는 특정한 냄새나 맛이 과거의 기억을 즉각적으로 불러일으키는 현상을 의미한다. 이는 프랑스 소설가 마르셀 프루스트Marcel Proust의 작품인 《잃어버린 시간을 찾아서》와 관련이 있다. 주인공이 마들렌 과자를 홍차에 적셔 먹는 순간, 잊고 있던 어린 시절의 기억이 생생하게 떠오르는 장면에서 유래된 개념이다. 시각이나 청각 등 다른 감각보다 후각과 관련된 과거 기억은 애틋한 감정을 유발한다. 후각의 독특한 대뇌 구조 때문이다. 1차 후각 피질인 조롱박 피질과 변연계의 편도체-해마 복합체는 직접 연결이 되어 있다. 즉, 후각 신경과 감정 조절의 중추인 편도체는 2개의 신경 시냅스로, 작업 기억 working memory 및 장단기 기억에 중요한 해마의 경우 후각 신경과는 3개의 신경 시냅스만으로 연결되어 있다.[73][74][75] 결국, 후각은 편도체와 해마를 직접 자극하고 편도체와 해마는 긴밀한 상호작용을 통해 후각 기억은 빨리 소환되며, 풍부한 감정적 요소를 포함하는 것이다.

프루스트 효과가 강력한 이유는 해부학적인 측면 이외에도 후각 기억이 다른 감각 기억과 구별되는 심리적 현상이 있기 때문이다. 후각 기억의 독특성 distinctiveness 과 간섭 interference 현상이 그것이다.[76] 독특성 distinctiveness 은 특정 냄새가 기억을 불러일으키는 능력의 차이를 의미한다. 이전에 맡지 않았던 특정 냄새를 일회성 혹은 특별한 사건과 관련하여 맡으면 그 냄새는 그 사건과 영원히 결부된다. 다른 시각 및 언어적 단서의 경우 이후에도 반복될 수 있으므로 독특성이 점차 감소되지만, 후각 단서는 오랫동안 독특성을 유지하고 있다. 1996년 모 화장품 회사의 유명한 TV 광고가 떠오른다. 두 여자가 어두운 지하도를 걷고 있다. 검은색 코트를 입은 다른 여자가 멀리서 주인공 쪽으로 다가온다. 옆을 스쳐 지나간 낯선 여자에게서 주인공은 무슨 냄새인지 바로 알아차린다. 그리고 "낯선 여자에게서 그의 향기를 느꼈다"는 자막이 음성과 함께 나온다. 익숙한 화장품 냄새가 옛 남자 친구와의 추억을 바로 소환해 버린 것이다. 대표적인 프루스트 효과이고 후각의 독특성을 아주 잘 설명하고 있다. 약 30년이 다 된 오래된 광고이지만 후각의 독특성을 설명하는 데 이보다 더 좋은 비유는 아직 찾지 못했다.

두 번째 후각의 주요 심리적 현상은 간섭 interference 이다. 간섭은 기존 지식이 새로운 지식의 습득을 방해하는 현상을 말한다.[77] 특정 냄새가 최초로 연상이 확립되면 이후 또 다른 연상의 학습을 방해한다. 후각 기억은 간섭 효과가 크므로 특정 냄새에 대한 어떤 연상이 확립되면 없애기가 매우 어렵다. 예를 들어 어려서 어머니가 끓여주신 된장찌개와 관련된 행복한 기억이 있다면, 어디서 된장찌개 냄새를 맡아도 자동으로 어머니와의 기억이 소환될 것이다. 결국, 특정 냄새에 대해 새로운 연상이 확립되면 '독특성'과 '간섭'의 2가지 요인이 작용하여 강력한 과거 기억 회상의 열쇠가 되는 것이다.[78]

노화가 진행되면 후각 기능은 감소한다. 65세에서 80세까지는 50% 이상의 후각 기능이 감소되고 80세 이상의 경우는 80%까지 감소한다.[79] 노인에게 후각 기능의 감소는 신체적 건강, 삶의 질, 영양 상태와 일상생활의 안전과 밀접한 관련이 있으며 심할 경우 사망할 수 있어 중요한 생존 요소가 되고 있다. 성별에 따라 후각 기능 감소에 있어 차이를 보이는데 여성보다 남성에서 좀 더 취약한 것으로 연구되었다.[80] 이는 남성이 여성보다 전체 후각 망울 세포의 수가 40~50% 적은 것과 관련이 있다. 의학의 발달로 초고령화 사회에 진입함에 따라 최근 수십 년간 치매에 대한 관심이 증가하고 있다. 특히 모든 치매 중 60~80%를 차지하는 알츠하이머 치매는 주로 노인에게 발생하는 퇴행성 뇌 질환으로, 기억력, 사고력, 행동 및 일상생활 기능에 영향을 미치는 만성적인 신경퇴행성 질환이다. 초기에는 주로 단기 기억 상실이 나타나나 질병이 중증으로 진행됨에 따라 인지기능 감소뿐 아니라 정신 이상 행동, 기본 일상생활까지 심각한 장애를 초래한다. 따라서 알츠하이머 치매의 경우 빠른 조기 진단과 적절한 치료를 통해 질병의 진행을 최대한 늦추는 것이 가장 중요하다. 현재 알츠하이머 치매의 원인 물질로는 베타 아밀로이드 단백질β-amyloid protein과 타우 단백질tau protein을 들 수 있는데 이들이 비정상적으로 응집되어 신경 세포를 손상시킨다. 베타 아밀로이드는 세포 밖에 쌓여서 노인반senile plaque 또는 아밀로이드반amyloid plaque을 형성하고, 타우 단백질은 세포 내에 누적되어 신경섬유농축체neurofibrillary tangle를 만든다. 2가지 단백질 모두 치매 유발의 강력한 원인 물질로 거론되고 있고 전 세계적으로 관련 물질을 활용한 치료제 연구가 활발히 진행 중이다. 현재 60세 이상의 노인의 경우 누구나 전국의 보건소 치매 안심 센터에서 무료로 치매 선별 검사를 받을 수 있다.

한편 아직 치매까지 진행되지는 않았지만 치매 전 단계 상태로 경도인지장애MCI, minimal cognitive impairment가 있다. 일상생활에 큰 지장을 주지 않지만, 기억력이나 인지 능력이 정상 범위보다 저하된 상태이다. 특히 기억력 감소가 주 증상인 경우 기억성 경도인지장애amnestic MCI라고 부르고 가장 흔한 유형이다. 현재 보건소에서 시행하는 치매 선별 검사의 경우 기억력 등 인지기능을 평가하는 검사이다. 하지만 1974년 이후 많은 연구를 통해 치매의 인지장애 이전에 후각 기능의 감소가 선행된다는 사실을 발견하였다.[81][82][83] 치매는 알츠하이머 치매를 비롯하여 여러 유형이 있지만 후각 기능 이상은 알츠하이머 치매 100%, 파킨슨병 치매 90%, 전두측두엽 치매 96%, 혈관성 치매 15%로 나타났다.[84][85][86] 즉, 모든 알츠하이머 치매는 질병이 계속 진행되면서 결국 후각 기능 이상이 발생된다.

후각 기능 이상의 원인은 측두엽의 내후각 피질 부위에 타우 단백질이 축적되어 발생되는 것으로 알려졌다.[87] 내후각 피질의 경우 해마 바로 앞에 붙어 있어 기억 형성에 중요한 기관이며 공간 인식에도 관여하여, 내 주변의 위치와 방향 감각을 인지하게 된다. 따라서 치매는 기억력의 두드러진 감소 이전에 후각의 기능이 떨어지고 방향 감각을 잃고 집의 위치를 찾지 못하는 등의 증상이 선행될 수 있다. 일반적으로 치매 환자의 기억력 및 인지기능을 감소시키는 주요 원인은 신경전달 물질인 아세틸콜린$^{Ach, acetylcholine}$ 부족과 관련이 있다. 따라서 현재 주요 치매 약물은 혈중 아세틸콜린을 증가시킨다. 흥미로운 연구 결과가 있다. 아세틸콜린의 감소가 후각 기능의 감소에도 관여한다는 것이다.[88] 기억력 감소 이전 단계부터 아세틸콜린이 후각에 영향을 주는 것이다. 또한 아세틸콜린을 증가시키는 치매 치료제를 투여했더니 후각 기능이 많이 호전되었다.[89] 따라서 임상에서 치매 치료제가 효과가 있는지를 평가하는 지표로 후각 기능을 활용하는 것도 유용하다.[90]

앞서 언급했듯이 후각 기능 검사는 후각 역치 검사, 후각 식별 검사, 후각 인지 검사 3가지로 나뉜다. 후각 역치 검사가 말초 후각 신경의 기능을 보는 것이라면 후각 식별 및 인지 검사는 후각 피질을 포함하여 후각의 중추 기능에 대해 평가한다. 여러 논문을 종합해 보면, 알츠하이머 치매 초기의 경우에는 후각 식별 및 인지 검사에만 기능 손상을 보이고 후각 역치 검사는 정상이었다.[91,92,93] 후각 역치 기능은 치매 말기 단계는 되어야 감소했다. 즉 초기의 후각 기능 감소는 말초 후각세포의 직접적 손상보다는 치매로 인한 인지기능의 저하와 관련되고 약물치료에 의해 어느 정도 회복이 될 수 있다는 의미이다.

후각 기능 검사의 임상적 필요성을 뒷받침하는 연구 결과는 많다. 요약해 보면 다음과 같다. 첫째, 경도인지장애MCI 환자의 후각 기능이 정상인 경우 2년 후 치매로 진행될 확률은 11%였으나 후각 기능이 이상이 있는 경우 47%에서 치매가 발생하였다.[94] 둘째는 경도인지장애 환자를 대상으로 2년 추적 관찰 결과 인지기능 악화를 예측하는 지표로 후각 기능 검사를 활용했을 경우 민감도는 57%, 특이도는 88%였다. 현재 시행되고 있는 치매 선별 검사를 통해서는 민감도 44%, 특이도 89%를 보였다. 하지만 2가지 검사를 함께 시행했을 경우는 민감도 100%, 특이도 84%를 보였다.[95] 셋째, 치매 초기에 후각 기능 이상을 보이는 경우는 6%에 불과했으나 결국 질병이 진행하면서 90%의 환자에서 후각 기능이 손실되었다.[96] Stanciu 등[2014]은 국민을 대상으로 코호트 연구를 시행한 결과 주관적인 후각 기능 이상은 치매의 독립적인 예측 지표이므로 현재의 치매 선별 검사에 대한 보완적 평가 방법으로 사용되어야 한다고 주장하였다.[97] 따라서 치매의 발병과 경과를 정확히 평가하기 위해서는 현재의 치매 선별 검사와 함께 후각 기능 검사를 병행하는 것이 효과적일 것으로 생각된다.

치매의 발병 및 경과의 평가 이외에도 적절한 후각 자극은 치매 환자의 과거 기억을 떠올릴 수 있게 돕는 유용한 치료 수단이 될 수 있다. 치매 환자들의 행복한 과거 기억을 떠올릴 수 있게 돕는 대표적인 비약물치료 방법으로 회상 요법 reminiscence therapy 이 있다. 회상 요법은 치매 환자에게 과거의 의미 있는 기억을 떠올리게 하여 인지력 증진 및 자존감 회복에 도움을 주는 방법이다. 예를 들어 과거에 익숙했던 환경을 재현하거나 오래된 가전제품 혹은 사진 앨범 등 소품을 활용하여 옛 기억을 자극한다. 네덜란드의 치매 마을로 유명한 호그백^{Hogeweyk} 마을이나 미국의 요양시설에서는 이미 널리 시행되고 있는 방법이다. 회상 요법에 대한 29가지 체계적 논문을 메타 분석 한 결과 전반적인 인지기능과 삶의 질이 향상되었고 우울 증상과 같은 정신 증상의 호전을 보였다.[98] 회상 요법의 일종으로 시각, 청각적 자극 외에 후각적 자극을 활용하면 과거 기억을 떠올리는 데 좀 더 효과적이다. 일종의 냄새 요법 smell therapy 혹은 scent-based therapy 으로서 김치찌개 음식 냄새나 오래된 물건의 냄새 등도 좋은 후각 재료가 될 수 있다. 후각 자극을 통해 치매 환자의 인지기능을 호전시키는 또 다른 방법으로 아로마테라피가 있다. 이에 대한 자세한 설명은 다음 장에서 다시 언급하기로 한다.

7장.
후각과 쾌락

 후각이 감정과 기억에 중요한 감각이라는 사실은 익히 아는 사실이다. 하지만 후각의 또 다른 중요한 기능은 쾌락이다. 미각은 후각과 밀접하게 연결되어 있다. 음식을 먹을 때 후각이 차지하는 비율은 약 70%에서 80%에 달한다. 미각의 대부분 후각이 차지하는 것이다. 감기나 축농증에 걸리면 음식의 맛을 느끼지 못하는 것도 이 때문이다. 많은 직장인은 회사에서 받은 스트레스를 맛있는 음식을 먹으며 해소한다. 먹는 즐거움이다. 이때 식욕을 자극하는 강렬한 요소는 바로 음식 냄새이다. 맛있는 비주얼과 사운드도 중요하나 치킨의 튀김 냄새, 매운탕의 얼큰한 냄새를 맡으면 저절로 침이 고이며 마음은 무장해제가 된다.

 냄새는 음식 먹는 행위의 쾌감을 증가시켜 주며 대뇌 보상 회로, 섬엽 insula, 전두대상피질 ACC, anterior cingulate cortex 에 영향을 주게 된다.[99] 대뇌 보상 회로의 경우 주로 부위는 중격핵 NA, nucleus accumbens과 복측피개영역 VTA, ventral tegmental area 이며, 도파민을 분비하여 쾌감을 증가시킨다. 전두대상피질은 보상에 대한 기대와 실제 경험을 비교하여 기대가 크면 클수록 더 많이 활성화된다.[100] 섬엽은 보상에 대한 동기부여를 하고 보상을 추구하는 방향으로 행동을 조절한다.[101] 한 연구에서 음식 냄새와 비음식 냄새에 대한 대뇌 활성도를 비교하였다.[102] 음식 냄새를 맡은 이후 먼저 전두대상피질과 섬엽이 활성화되었다. 보상에 대한 기대 심리가 증가된 것이다. 다음으로 배고픈 공복 상태에서 음식 냄새를 맡게 하였더니 대뇌 보상 회로인 복측피개영역 VTA, ventral tegmental area 까지 활성화되어 도파민 분비가 증가되었다.[103] 이는 공복에 따른 그렐린 ghrelin 호르몬의 영향으로 대뇌 보상 회로가 자극을 받아 발생한 것으로 추측된다.[104] 그렐린 호르몬은 주로 위에서 분비되는 호르몬으로 식욕을 증가시키고 에너지 대사에 중요한 역할을 한다. 즉, 배고플 때 음식 냄새를 맡으면 도파민 분비가 더욱 늘어나 평상시보다 음식 충동을 더 느끼는 것이다.

정상 성인의 경우 음식을 먹을 때 분비되는 도파민의 분비량은 정상 수준의 최대치를 벗어나지 않는다. 문제는 술이나 마약, 니코틴과 같은 중독 물질을 사용할 때이다. 평상시보다 대뇌 보상 회로를 지나치게 자극하여 엄청난 양의 도파민이 한 번에 분비되면서, 이전에 느끼지 못했던 과도한 쾌감을 경험하게 된다. 초기의 쾌감 경험을 잊지 못하여 점점 양과 빈도가 증가되고, 결국 알코올이나 마약 및 흡연 중독의 늪에 빠지게 되는 것이다. 알코올 중독 환자의 경우 알코올 냄새와 같은 후각 자극은 시각이나 청각 자극보다 훨씬 강력한데 특히 금단 증상이 심할 경우 강한 음주 충동의 원인으로 작용하여 음주 재발로

이어진다.[105][106]

알코올 중독은 후각 기능의 손상도 유발한다. 후각 기능의 감소는 삶의 질을 저해하고 생활 속에서 유해 가스 등을 피하지 못해 생명의 위협을 받으며, 사람들과의 교류를 어렵게 한다.[107][108][109] 특히 후각 기능의 이상으로 식습관이 바뀌면 섭식 장애 및 영양 불균형을 초래하여 신체적 건강이 악화될 수 있다.[110][111][112] 알코올 중독 환자의 후각 기능 장애는 후각 역치 검사보다는 후각 식별 검사, 후각 인지 검사에서 이상을 보였는데 특히 후각 식별 검사의 이상 소견이 두드러졌다.[113] 후각 식별 검사는 안와전두엽의 기능과 관련이 있다. 안와전두엽은 개인의 욕구와 동기, 감정, 사회적 정보를 바탕으로 의사 결정을 내리는 데 중요한 역할을 한다. 즉, 알코올 중독에서의 후각 이상의 주요 원인은 말초 후각 신경보다는 전두엽의 판단 기능의 손상과 관련된 것이다. 결국, 술 냄새는 대뇌 보상 회로를 자극하여 과도한 음주 갈망을 유발하고 전두엽의 판단 오류에 따른 재발 행동으로 이어진다고 볼 수 있다. 따라서 재발 효과를 높이기 위해서는 기존의 단주 프로그램과 함께 후각 자극을 활용한 음주 충동 조절 프로그램의 개발이 필요하다.

흡연 중독에서도 담배 냄새는 주관적인 흡연 충동을 증가시키고 피부 전도도 skin conductance 를 높이는 데 효과적이었다.[114] 피부 전도도는 피부의 전기적 특성을 측정하는 방법으로, 주로 교감신경계의 활동을 반영한다. 긴장하면 땀샘이 활성화되고 피부의 수분 함량이 증가하여 피부 전도도가 높아진다. 흡연 충동이 증가할수록 심리적 흥분 상태로 교감신경 활동이 증가한 것이다. 후각 자극은 흡연 충동을 유발하기도 하나 동시에 치료에도 활용될 수 있다. 한 연구에 따르면, 후각을 활용하여 흡연 충동을 효과적으로 감소시킨 사례가 발표되었다.[115] 흡연 중독 환자에게 먼저 충분히 흡연 충동을 유발시킨 후 과거 좋은 기억과 관련된 냄새를 후각 자극으로 제공했더니 대조군보다 흡연 충동이 유의하게 감소하였고 효과는 5분간 지속되었다. 5분은 짧은 시간이지만 흡연 충동이 최대가 되었을 때 5분간 의식적으로 참는 것은 고통스러운 일이다. 기분 좋은 향으로 자연스럽게 흡연 충동이 감소된다면 일상생활에서의 금연 시도는 좀 더 수월해질 것이다. 기분 좋은 냄새는 초콜릿, 애플, 페퍼민트, 바닐라 등이 활용되었다. 특히 기분 좋은 향과 관련된 과거 추억이 많은 경우 흡연 충동이 좀 더 많이 감소하였다. 이 방법은 일종의 후각을 활용한 주의 전환 기술 distraction skill 이다. 흡연 충동이 느껴질 때 충동을 의도적으로 억제하는 것이 아니라 다른 쪽으로 주의를 돌려 자연스럽게 충동을 줄이는 것이다.

흡연 충동을 조절하기 위해 운동이나 산책 등 신체적인 활동을 하거나 그림 그리기나 글쓰기 등 창의적 활동, 친구들과 대화하면서 사회적 활동에 참여하는 것 등도 모두 주의 전환 기술에 해당이 된다. 마음 챙김 명상도 도움이 될 수 있는데 기분 좋은 냄새를 함께 활용하면 효과가 배가될 수 있다. 현재 보건소나 병의원에서 다양한 금연 프로그램이 활용되고 있다. 니코틴 껌이나 패치 같은 보조제나 약물 그리고 명상이나 인지행동 프로그램 등 다양한 치료 프로그램의 운영으로 금연 확률을 높이고 있다. 알코올 중독과 마찬가지로 후각을 활용한 흡연 충동 프로그램이 개발되어 기존 프로그램과 함께 활용되기를 기대해 본다. 요약하면, 후각은 미각과 밀접한 연관이 있다. 음식 냄새는 대뇌 보상 회로를 자극하여 도파민을 분비함으로써 쾌감을 제공한다. 알코올이나 흡연 환자에서 후각적 자극은 시각, 청각적 자극보다 좀 더 강력한 중독 충동을 유발하여 재발의 원인이 될 수 있다. 향후 개인 맞춤형의 기분 좋은 향의 활용은 중독 충동 감소에 유용할 것으로 생각된다.

2부

행복을 위한 향기 처방전: 아로마테라피

1장.
아로마테라피의 역사

고대 이집트와
그리스 로마 시대

인류는 언제부터 향료를 사용했을까? 성경에 따르면 예수님이 탄생할 때 동방박사가 몰약myrrh, 미르과 유향frankincense을 선물로 가져왔다고 하지만, 고대 이집트에서도 이미 향료를 사용했다고 한다. 1922년 11월 4일 영국의 고고학자 하워드 카터는 투탕카멘의 무덤을 발견했다. 투탕카멘은 이집트 제18왕조 제12대 왕으로 매우 어린 나이에 즉위하여 18세에 요절한 비운의 왕이다. 당시 무덤 속에는 다양한 유물과 함께 키피kyphi라는 향료가 발견되었다. '파라오의 향수'라는 별명을 가진 키피 향은 당시 뛰어난 향료 지식을 가진 고대 이집트인이 만든 최초의 혼합 향료이다. 14~16가지 허브를 포도주에 담가서 만들었으며 종교의식, 미라 제작, 의료, 향수 등 여러 용도로 사용되었다. 고대 이집트인들은 영혼의 전이를 믿었고 시신 부패 방지를 위해 미라 제작에 몰약myrrh, 미르을 사용하였다. '미라'라는 단어는 '미르'에서 유래한 것이다. 이집트의 마지막 여왕인 클레오파트라는 향수 마니아로 알려져 있다. 바다에서도 향을 즐기기 위해 유람선 돛에 엄청난 양의 장미꽃 장식을 하였다고 전해진다. 그녀는 키피kyphi 향, 장미 향, 그리고 사향고양이의 분비물로 만든 영묘향을 특히 좋아했다.

고대 그리스 시대부터는 주술적 목적보다는 의료 및 미용에 더 많이 사용되었다. 의학의 아버지로 불리는 히포크라테스의 경우 향료 섞은 물로 매일 목욕하며 마사지의 중요성을 강조했다. 그리고 그리스 병사들은 몰약미르 연고를 휴대하면서 상처 치료에 사용하였다. 로마 시대에는 향료 문화가 절정에 달했다. 연회와 향락, 그리고 대중목욕탕 문화가 발달하였고 서민들도 향료를 널리 활용하였다. 로마인들은 특히 장미를 가장 사랑했다. 네로 황제는 호화로운 파티에 엄청난 양의 장미 꽃잎을 동원하고, 평소 장미 목욕을 즐기며, 궁전에 장미 분수와 정원을 꾸몄다.

동양 및 중세 시대

동양에서는 인도와 중국에서 일찍이 향료 산업이 발달하였다. 인도는 BC 4세기 아유르베다인도의 고대 의학에도 언급되는 카다몬, 바질, 자스민, 베티버, 패츌리 등 다양한 향료가 생산되었고 실크로드나 인도양을 통해 로마, 중국, 중동 지역에 수출하였다.

특히 백단향으로 불리는 샌달우드 sandalwood는 인도 마이소르 지방이 세계 최대 생산지이나 샌달우드의 무분별한 남획을 방지하고 보호하기 위해 현재 인도 정부에서 엄격한 규제를 시행하고 있다. 중국은 레몬, 오렌지, 만다린 등 감귤류의 원산지로서 10세기 무렵 아랍인에 의해 지중해 인근 유럽으로 전파되었다.

하지만 중세 시대에는 카톨릭 교회의 엄격한 통제를 받게 되고 향은 관능적이고 퇴폐적인 것으로 치부되어 향료 사용이 크게 줄었다. 그러던 중 10세기 페르시아 과학자 아비체나 Avicenna는 '증류법'을 개발하여 향료 추출 방법을 혁신하였다. 증류법으로 알코올 추출이 가능해지고 알코올이 향료 추출, 보존 및 약물 개발에도 활용되면서 현대 화학 발전에 큰 기여를 하였다. 증류법은 1,000년이 지난 지금까지도 공법이 거의 변화되지 않았고, 현재 대부분 에센셜 오일 추출의 기초가 되었다. 14세기 중반부터 18세기 중반까지 유럽 전체에 걸쳐 페스트 질병이 유행했다. 더러운 냄새가 질병의 원인으로 지목되었고 냄새를 없애기 위해 강한 향의 허브와 오일을 사용하였다. 거리마다 파인과 로즈마리를 태우거나 병원 창가에는 허브를 놓았으며, 강한 향의 클로브를 담은 '포맨더'라고 하는 도구를 널리 휴대하고 다녔다.

근대유럽 이후 현재

18~19세기 산업혁명과 함께 유기 화학의 발달로 에센셜 오일의 화학적 성분이 서서히 밝혀지게 되었다. 합성 향

수 및 합성 의약품의 개발 및 대량 생산이 가능해지면서 아로마테라피의 인기는 점점 시들었다. 하지만 20세기 합성 향수와 합성의약품의 부작용이 발견되면서 유럽을 중심으로 다시 아로마테라피에 관심을 갖게 되었다. 1910년 7월, 프랑스 의사이자 화학자인 르네 모리스 가트포제 Rene Maurice Gattefosse는 실험실에서 폭발 사건으로 손에 심한 화상을 입게 되었다. 그때 옆에 있던 라벤더 오일에 손을 급히 넣었고 이후 라벤더 오일을 계속 바르면서 점차 상처가 치유되는 것을 직접 경험하였다. 1937년 그는 라벤더 오일로 화상을 치료한 경험을 바탕으로 '아로마테라피 aromatherapy'라는 용어를 처음 사용하였다. 이후 아로마테라피는 프랑스를 중심으로 급속히 발달했다.

프랑스 의사인 쟝 발네 Jean Valnet는 세계 제2차 세계대전 동안 에센셜 오일로 부상병을 치료하여 큰 효과를 거두었다. 이후 임상 치료 경험을 바탕으로 아로마테라피 교재를 출판하였고 현대 의학 관점에서 치료적 효과를 검증하였다. 반면 프랑스 생화학자이자 미용사였던 마가렛 모리 Marguerte Maury 여사는 의학적 관점보다는 전인적 관점에서 아로마테라피를 접목하였다. 그녀는 마사지와 미용에 기반한 아로마테라피를 주장하였고 에센셜 오일을 신체와 정신 모두를 안정시켜 주는 가능성 있는 물질로서 주장하였다. 영국의 로버트 티저랜드 Robert Tisserand는 이러한 2가지 관점을 결합하여 아로마테라피를 체계화하였다. 1977년 출간된《아로마테라피의 예술 The Art of Aromatherapy》이라는 책은 영어권 국가에 아로마테라피를 알리는 데 큰 역할을 하였다. 1995년 호주 살바토레 바타그리아 Salvatore Battaglia는《아로마테라피 완벽가이드》라는 책을 발간하였는데 현재까지 국내 아로마테라피스트들의 필독서가 되었다.

　미국에서 아로마테라피가 대중화되기 시작한 시기는 유럽보다 다소 늦은 1990년대 이후이다. 에센셜 오일을 활용한 제품이 상업적으로 성공을 거두면서 스파, 마사지, 요가 등 웰빙 프로그램과 함께 알려지게 되었다. 2000년대에 들어서면서 아로마테라피의 치료적 효능을 과학적으로 검증하려는 노력이 본격화되었다. 많은 연구자들이 근거 중심 의학적 접근을 통해 수백 편의 체계적 연구 논문을 발표했고, 그 결과 긍정적인 논문 결과들이 보고되기 시작하였다. 이러한 연구들은 아로마테라피가 기존의 전통 의학적 관점에서 벗어나 과학적 효능을 지닌 대체 의학으로 자리 잡는 데 큰 기여를 하였다. 향후 분자 생물학이나 유기 화학 등 관련 학문의 급속한 발전은 에센셜 오일의 치료적 효능을 밝히는 데 큰 기여를 할 것으로 기대된다.

2장.
에센셜 오일과 품질 관리

에센셜 오일이란 무엇인가?

허브 herb 는 향이 있으면서 우리 몸에 유익한 식물을 말한다. 에센셜 오일 essential oil 은 허브로부터 물리적인 방법을 사용하여 얻어낸 휘발성 물질이다. 화학적 방법이 아닌 물리적 방법으로 추출하므로 성분 및 효능이 화학적으로 변질되지 않는다. '아로마 오일'이라고도 부르지만 매우 농축된 성분과 식물의 필수적 효능을 포함하고 있어 '에센셜 오일'이라는 용어가 더 적합하다. 식물이 왜 에센셜 오일을 분비하는지 아직 정확히 알려진 바는 없다. 단지 현재까지 밝혀진 사실 중 하나는 식물들의 광합성 세포 근처에서 에센셜 오일이 대부분 분비된다는 것이다. 식물들은 광합성을 통해 빛 에너지를 화학 에너지로 바꾼다. 즉, 식물 속의 엽록체는 태양 광선을 포도당으로 바줘 다른 세포들에 에너지를 공급하게 된다. 광합성 과정에서 부산물로 '메발론산 mevalonic acid'이 만들어지고 이어 '테르펜 terpens' 화합물이 생성되는데, 테르펜 화합물이 바로 에센셜 오일의 주요 구성성분이다. 따라서 에센셜 오일은 식물 생존 및 성장의 가장 기본적인 물질인 셈이다.

하지만 이것만으로는 에센셜 오일의 다양한 효능을 설명하기 어렵다. 식물들은 동물들과 달리 마음대로 장소를 옮겨 다닐 수 없다. 뿌리를 통해서 영양분을 공급받기 때문에 척박한 토양 조건에 적응해야 한다. 번식을 위해 향기로 나비나 꿀벌을 유혹해야 하며 해충이나 천적의 위협도 물리쳐야 한다. 변화무쌍한 기후 여건에서도 꿋꿋이 살아남아야 한다. 결국 에센셜 오일은 식물의 기본적인 성장 외에도 온갖 외부 위협에 대한 방어 물질까지 포함하는 식물 생존의 '에센스'라고 볼 수 있다. 에센셜 오일은 꽃, 잎, 과피, 수지, 뿌리, 열매나 씨앗 등 여러 부위에서 추출된다. 꽃에서 얻는 오일은 자스민, 네롤리, 로즈 등을 들 수 있고 버가못, 오렌지, 레몬 오일은 과일의 껍질에서 얻어진다. 로즈마리, 유칼립투스, 페퍼민트 오일은 잎에서, 프랑킨센스나 미르 오일은 나무 진액인 수지에서 추출된다. 진저, 베티버 오일은 뿌리에서, 주니퍼베리, 블랙페퍼, 펜넬 오일은 열매나 씨앗을 통해 얻어진다. 현미경적으로 좀 더 자세히 보면 식물의 표피 세포 이외에도 식물 조직 내의 관 duct 이나 구형의 공간인 동공 cavity, 기름 세포 등 분포도 다양하다.

에센셜 오일의
물리화학적 특성

첫째는 대부분 지용성이며, 물에는 잘 녹지 않지만 오일이나 알코올에는 잘 녹는다. 때문에 피부에 잘 흡수되는 특성이 있다. 둘째로는 휘발성이 높아 공기 중에서 쉽게 증발하므로 아로마테라피에서 향기로 사용하기에 효과적이다. 휘발성이 강하여 밀폐된 공간에 보관해야 한다. 셋째는 원액의 경우 식물 내에서의 농도보다 약 70~100배 정도 고농축된 상태이다. 따라서 원액이 직접 피부에 닿아서는 안 되며 반드시 캐리어 오일에 희석해서 사용해야 한다. 넷째는 열, 빛, 산소, 습기 등에 약하기 때문에 건조하고 어두운 공간에서 서늘하게 보관해야 한다. 마지막으로 많은 에센셜 오일은 항균, 항염, 항산화 특성을 가지고 있어 전통 의학에서부터 현대 의학까지 질병 치료를 위해 다양하게 활용되고 있다.

에센셜 오일 품질에
영향을 미치는 요인

프랑스산 라벤더와 국내에서 재배한 라벤더의 에센셜 오일을 분석하면 화학 조성 성분이 100% 일치하지 않는다. 프랑스와 국내의 토양 및 기후 조건 등이 다르기 때문이다. 경작지의 토양과 기후에 적응하는 과정에서 에센셜 오일 성분이 조금씩 달라질 수 있는 것이다. 에센셜 오일의 품질에 영향을 주는 요인은 크게 3가지로 나눠볼 수 있다. 첫째는 생태학적 변수이다.

　산지에서의 생육조건 즉, 강수량, 경작지 고도, 비료 처리 등에 따라 수확량뿐 아니라 품질의 차이를 보인다. 예를 들어 라벤더는 높은 고도에서 재배할수록 에스테르 함량이 높아져 품질의 질을 높일 수 있다. 또한 살충제나 제초제 등을 사용하면 인체 유해한 성분이 함께 추출되어 건강에 해로울 수 있다.

　둘째는 수확 시기에 따라 에센셜 오일의 성분이 달라질 수 있다. 세이지는 '알파투존'이라고 하는 독성 성분을 포함하는데 개화 전보다 후에 함유량이 높다. 따라서 개화 전에 수확하는 것이 좋다. 반대로 페퍼민트는 꽃이 개화하기 전 수확을 하면 멘톤, 플레곤 등 인체 유해한 성분이 상대적으로 많이 추출되어 개화 후 수확하는 것이 좋다. 셋째는 유전적인 인자이다. 동일한 식물종이라 해도 다른 지역에서 경작을 하면 화학적 조성이 완전히 달라진다. 이를 '케모타입 chemotype'이라고 하며 타임이나 로즈마리 같은 꿀풀과 식물들에서 흔하게 나타난다. 케모타입의 화학 성분이 달라지면 아로마테라피의 용도가 달라진다. 로즈마리의 경우 캠퍼, 시네올, 버베논 3가지의 케모타입이 있다. 캠퍼 타입은 케톤 성분이 다량 함유되어 근육통 치료에 적합하다. 시네올 타입은 1,8-시네올 성분으로 호흡기 질환, 버베논 타입은 피부에 무자극성으로 피부 관리나 두피 관리에 많이 활용되고 있다.

에센셜 오일 품질 정보

아로마테라피는 순수한 천연 오일만을 사용해야 한다. 따라서 구입 시 에센셜 오일에 대한 품질 정보를 정확히 아는 것이 중요하다. 반드시 확인해야 하는 4가지 중요 정보는 식물의 학명, 사용된 식물 부위, 원산지, 추출 방법이다. 첫째, 학명은 정확한 식물명을 파악하는 데 매우 중요하다. 라벤더 중 가장 많이 이용하는 트루 라벤더 true lavender 의 경우 학명이 L. angustifolia이지만 스파이크 라벤더 spike lavender 의 경우 L. latifolia이다. 또한 true와 spike를 교배한 라반딘 lavandin 의 경우 L.x intermedia로 학명이 서로 다르다. 용도도 서로 다르다. 트루 라벤더의 경우 피부에 안전하나 스파이크 라벤더나 라반딘의 경우 피부 자극으로 스킨이나 로션 등에 활용하면 안 되고 비누나 샴푸 등 씻어내는 용도로만 이용해야 한다.

둘째, 꽃, 잎, 껍질, 뿌리 등 사용된 식물 부위가 어디인지 알아야 한다. 클로브 clove 에센셜 오일의 경우 꽃에서 추출한 오일은 줄기나 잎에서 추출한 것보다 상대적으로 안전하다. 피부에 자극적인 유게놀 성분이 적게 들어 있기 때문이다. 셋째로 원산지를 살펴봐야 한다. 우리나라에서 가장 많이 활용되는 시더우드는 아틀라스 시더우드로 소나무과에 속한다. 하지만 버지니아와 텍사스 시더우드는 편백나무과에 속하며 용도도 차이가 있다. 마지막으로 추출법을 확인해야 한다. 장미의 경우 추출법에 따라 향의 강도 및 화학적 성분이 달라진다. 수증기 증류법으로 추출한 로즈 오일을 로즈 오또 rose otto, 용매 추출법으로 추출한 로즈 오일을 로즈 앱솔루트 rose absolute 라고 부른다. 로즈 오또는 가벼우면서 밝은 장미 향 느낌이라면 로즈 앱솔루트의 경우 자연에 가까운 화학 성분과 함께 진한 장미의 향을 느낄 수 있다.

에센셜 오일의 품질 관리

일반적으로 로즈 오일 1kg을 얻기 위해서는 3,000~5,000kg의 장미꽃이 필요하다. 상당수의 에센셜 오일의 가격이 고가이므로 가격을 낮추기 위해 저질품으로 판매하는 경우가 종종 발생한다. 크게 2가지 경우가 해당되는데 '희석dilution'과 '섞음질adulteration'이 대표적이다. 먼저 희석dilution은 장미나 자스민과 같은 고가 에센셜 오일의 부피를 늘리기 위해 캐리어 오일을 섞어서 판매하는 것이다. 섞음질adulteration은 향이 비슷한 서로 다른 에센셜 오일을 섞거나 합성 오일과 섞어서 저렴하게 판매하는 행위를 말한다. 이러한 저질품은 에센셜 오일 본연의 치료적 효과가 없고 오히려 부작용 우려가 있어 절대 아로마테라피에 활용되면 안 된다.

보관을 잘못할 경우 역시 품질의 등급이 하락한다. 가장 중요한 요인 3가지는 공기산소, 햇빛, 열에 노출이 되는 것이다. 햇빛 노출을 피하기 위해 직사광선을 피하고 서랍과 같은 어두운 장소에 보관한다. 유리병의 색깔도 갈색이나 코발트블루 같은 어두운 계열이 좋다. 특히 티트리 오일의 경우 투명한 유리병에 담아 장시간 빛에 노출 시 '파라시멘para-cymene' 성분이 급격히 증가되면서 심각한 피부염의 원인이 될 수 있어 보관 시 주의해야 한다. 고온으로 인한 오일 성분의 화학적 변형을 막기 위해 서늘한 온도예: 15~20도에 보관하는 것이 좋다. 25도 이상의 고온에서는 화학구조가 변질될 수 있고 냉장 보관 시 너무 차가운 온도는 일부 오일에서 침전물이 생길 수 있다.

공기와의 접촉도 피해야 한다. 공기 중의 산소와 접촉 시 산화되어 화학구조에 변형이 생기면 오일의 향과 효능이 저하될 수 있다. 꼭 밀폐용기에 보관해야 하고 사용 후 뚜껑을 닫아 공기와의 접촉을 최소화해야 한다. 큰 병 속에 소량의 아로마 오일이 남아 있으면 공기와 접촉면이 넓어 산화 가능성이 있으므로 작은 용기에 소분하는 습관을 갖는 것이 좋다. 이러한 변수 이외에도 유통기간이 지난 오일은 폐기해야 한다. 시간이 지나면서 화학적 변화 과정으로 치료적 효능이 떨어지고 부작용 가능성이 높아지기 때문이다. 일반적으로 에센셜 오일의 종류와 보관 상태에 따라 유통기한이 다르다. 그레이프루트나 오렌지와 같은 시트러스 계열 오일은 보통 1~2년 정도로 짧은 편이고 시더우드나 샌달우드 같은 우디 계열 오일은 3~4년 정도로 긴 편이다. 나머지는 보통 2~3년 정도로 생각하면 된다. 일단 오일을 개봉한 후에는 1년 이내에 사용해야 한다.

3장.
에센셜 오일 추출 방법

 현재 사용되고 있는 에센셜 오일을 추출하는 방법은 크게 압착법, 증류법, 용매 추출법 3가지 형태로 나누며 용매 추출법의 경우 유기용매 및 이산화탄소 추출법으로 나눌 수 있다.

압착법 expression

 압착법은 주로 감귤류 오일을 추출할 때만 사용하는 방법이다. 쉽게 말하면 껍질을 물리적 압력으로 짜는 방식이다. 감귤류 껍질의 바깥쪽 황색 부분을 '플라베도 flavedo'라고 하는데 과거에는 이 부위를 스펀지로 흡수시켜서 오일을 추출하였으나 현재는 과일 껍질을 기계에 넣고 연마 후 압착기를 사용하여 오일을 생산하고 있다. 압착 후에는 오일과 과즙이 혼합되어 있으며 오일은 물보다

가벼워 위로 떠오르기 때문에 이 부분을 수집하여 정제한다. 압착법은 한꺼번에 많은 양을 추출할 수 있어 에센셜 오일 가격이 비교적 저렴한 편이다. 또한 열을 가할 필요가 없고 화학적 용매를 사용하지 않아 자연적 특성을 유지하는 장점이 있다. 하지만 레몬, 자몽, 오렌지 등 감귤류 오일을 추출할 때만 사용이 가능하다.

증류법 distillation

증류법은 중세 시대 페르시아 과학자 아비체나 Avicenna 에 의해 처음 개발된 이후 1,000년 동안 거의 변화하지 않고 남아 있는 공법으로 현재 전체 에센셜 오일 추출의 80~90%를 차지하고 있다. 원리는 간단하다. 찜통 같은 증류 용기에 물과 식물 원료를 넣고 가열하면 수증기가 발생한다. 이때 식물의 세포벽이 파괴되면서 에센셜 오일이 방출되며 증류기 윗부분에는 수증기와 에센셜 오일 증기가 섞이게 된다. 이어 차가운 냉각관을 통과하면 다시 액체로 바뀌면서 오일이 물 위로 떠오르게 되며 오일 분리가 가능해진다. 증류법은 크게 물 증류법 water distillation 과 수증기 증류법 steam distillation 으로 나뉜다. 물 증류법은 처음부터 물과 식물 원료를 한꺼번에 넣고 100도 이하의 온도에서 천천히 오일을 추출하게 된다. 열에는 민감하지만 추출 시간에는 영향을 받지 않는 오일에 활용된다. 수분이 많은 식물이거나 꽃과 같이 연약한 부위에서 추출할 경우 유용하다. 대표적으로 네롤리, 로즈 오일을 들 수 있다. 반면에, 수증기 증류법은 먼저 100도 이상 물을 끓인 상태에서 수증기가 발생하면 식물 원료를 넣는 방식이다. 물과 식물성 원료를 한꺼번에 넣는 물 증류법과 차이를 보인다. 열에 불안정하거나 민감한 에센셜 오일 성분이 있을 경우 짧은 시간에 공정을 마치기 위해 사용한다. 짧은 시간 동안 많은 양의 추출이 가능하므로 가장 경제적인 방법으로 물 증류법보다 더 많이 사용된다. 라벤더, 캐모마일, 클라리세이지 오일이 대표적이다.

용매 추출법 solvent extraction

현재 주로 사용되는 용매 추출법은 유기용매 추출법 및 이산화탄소 추출법이 있다.

유기용매 추출법은 로즈나 자스민처럼 에센셜 오일 함량이 매우 적을 경우 유용한 방법이다. 주로 꽃이나 수지 나무 진액에서 에센셜 오일을 추출할 때 사용한다. 핵산, 석유 에테르와 같은 휘발성 유기용매를 넣고 가열하면 에센셜 오일은 친유성이 있어 유기용매에 녹으면서 왁스 형태의 고형물이 추출된다. 이때 고형물이 수지로부터 추출된 것이면 레지노이드 resinoid, 꽃잎과 같은 비수지 추출물일 경우는 콘크리트 concrete 라고 부른다. 여기에 알코올을 섞으면 왁스 형태는 녹지 않고 에센셜 오일만 녹아 나오는데 이를 앱솔루트 absolute 라고 부른다. 용매 추출법은 향수, 화장품, 식음료 산업에 널리 사용되며 특히 고가의 원료를 활용한 고품질의 에센셜 오일 추출에 적합하다. 로즈 오일의 경우 추출 방법에 따라 명칭이 달라진다. 수증기 증류법을 통해 추출한 경우 로즈 오또 rose otto, 유기용매 추출법으로 추출한 경우 로즈 앱솔루트 rose absolute 라고 부른다. 향적으로 로즈 오또의 경우 가볍고 밝은 느낌이라면 로즈 앱솔루트는 진하고 무거운 느낌의 로즈 향을 느낄 수 있다.

이산화탄소^{CO_2} 추출법은 이산화탄소에 의해 에센셜 오일을 추출하는 방법이다. 이산화탄소는 공기 중에서는 기체이지만 저온 상태로 두면 액체가 되고 온도를 더 낮추고 압력을 높이면 드라이아이스가 된다. 33도의 액체 이산화탄소 상태에서 압력을 가하면 액체도 아니고 기체도 아니며 혹은 2가지 형태가 공존할 수 있는 특수한 상태가 되는데 이를 초임계 상태라고 한다. 초임계 상태에서는 이산화탄소가 용매와 같은 작용을 하므로 에센셜 오일의 추출이 가능하다. 이 방법의 큰 장점은 저온에서 추출이 가능하기 때문에 열에 의해 오일의 변형이 발생되지 않아 거의 자연에 가까운 향을 얻을 수 있다. 가장 이상적인 에센셜 오일 추출 방법이지만 고가의 장비를 구입해야 하므로 비용이 많이 드는 것이 단점이다.

4장.
에센셜 오일의 흡수, 대뇌 조절 및 배출

에센셜 오일의 흡수

일반적으로 에센셜 오일의 흡수 경로는 마사지, 목욕 등 피부를 통한 흡수와 코를 통한 흡입이 있다. 간혹 일부 사람들 중에서 구강 섭취를 권하는 경우가 있는데 절대 추천하지 않는 방법이다. 에센셜 오일은 매우 농축된 성분으로, 위 점막에 상처를 줄 수 있고, 심지어 간에 큰 문제를 일으켜 치명적인 인체 부작용이 발생할 수 있기 때문이다. 물론 프랑스의 아로마테라피 의사들 중 일부는 엄격한 의학적 처방하에 구강 섭취를 시행하기도 하지만, 이는 일반인이 쉽게 접근할 수 있는 방법이 아니다. 굳이 에센셜 오일의 복용을 원한다면 허브차 형태로 음용하길 바란다.

먼저 피부로 흡수되는 경로를 알아보자. 에센셜 오일은 매우 농축된 상태로 피부 접촉 시 과도한 자극을 줄 수 있다. 따라서 피부에 바를 경우 반드시 캐리어 오일에 희석해서 사용해야 한다. 에센셜 오일이 피부에 흡수되는 주요 경로는 바깥층인 각질을 직접 통과하는 것이다. 각질은 지방에 녹는 친유성 물질만 통과시키는데 에센셜 오일의 경우 분자량이 작고 지용성이기 때문에 쉽게 투과된다. 피부의 모공과 땀샘, 피지선을 통해서도 일부 흡수가 되는데 이렇게 흡수된 오일은 피하 조직 내의 모세혈관과 림프계를 통해 전신 혈액으로 퍼져나가게 된다. 따라서 피부를 통해 오일이 흡수되면 소화기관을 거치지 않고 바로 혈액으로 흡수가 되는 것이다.

피부 흡수 정도 및 속도는 여러 변수에 따라 달라진다. 각질층이 두꺼워지는 아토피 피부의 경우 흡수가 감소하고, 목욕 후 피부에 물기가 많은 상태^{수화 현상}에서는 흡수가 증가된다. 실내 온도가 높아도 흡수가 증가한다. 증발을 방지하기 위해 오일을 바르고 비닐 랩으로 싸면 역시 흡수가 증가한다. 캐리어 오일의 끈적거림^{점성} 정도에 따라서도 흡수 속도가 달라진다. 올리브 오일은 점성이 높아 천천히 흡수되는 반면 살구씨 오일은 상대적으로 끈적임이 적어 더 빠르게 흡수된다. 에센셜 오일이 달라지면 흡수 속도도 차이를 보인다. 유칼립투스와 타임의 경우 흡수 시간이 20~40분 정도로 매우 빠르고, 라벤더, 파인, 제라늄은 60~80분 정도로 중간 정도이다. 페퍼민트는 100~120분 정도로 느린 편이며 유칼립투스보다는 4~5배 정도 느리다.

다음으로 코로 흡입 시 경로를 알아보자. 비강 내 존재하는 후각 수용체를 통해 후각 신경을 자극하고 이어 편도체, 해마 등 변연계를 거쳐 전두엽으로 전달된다. 하지만 일부 에센셜 오일 입자는 호흡 과정에서 폐로 들어가게 된다. 폐포 모세혈관을 거쳐 전신 혈액을 타고 뇌혈관장벽 BBB, blood brain barrier 을 통과하여 대뇌에 영향을 미치게 되는 것이다. 뇌혈관장벽의 경우 대뇌에 유해한 물질의 침입을 막기 위한 일종의 방어막으로 지방에 녹고 분자량이 400~600달톤 이하의 작은 물질만 통과가 가능하다. 에센셜 오일의 경우 대개 분자량이 300 달톤 이하이고 지용성이기 때문에 쉽게 통과할 수 있다.

대뇌 조절

후각 신경을 통해 먼저 변연계를 자극하면 편도체는 감정 조절, 해마는 기억 저장 그리고 시상하부는 심박수나 혈압 등 자율신경계에 영향을 미치게 된다. 그렇다면 구체적으로 에센셜 오일이 어떤 대뇌 메커니즘을 통해 대뇌 기관에 영향을 주는 것일까? 현재까지 알려진 인자는 크게 4가지로 밝혀졌는데 신경전달물질 neurotransmitter , 신경영양인자 neurotrophic factor , 호르몬 hormone , 산화스트레스 oxidative stress 가 그것이다.[116]

신경전달물질은 신경 세포 간의 신호를 전달하는 화학물질로서 신경 세포 뉴런에서 방출되어 다른 뉴런, 근육 세포 또는 분비선에 영향을 미친다. 에센셜 오일과 관련된 주요 신경전달물질은 세로토닌 serotonin , 도파민 dopamine , 가바 GABA , 아세틸콜린 acetylcholine 을 들 수 있다. 세로토닌은 우울 및 불안과 관련이 있는데 일랑일랑과 로즈 오일은 세로토닌 수치를 증가시킨다.[117][118] 도파민은 우울 및 쾌락, 각성을 증가시키는데 관련된 오일은 로즈마리, 클라리세이지를 들 수 있다.[119][120] 가바는 불안과 긴장 완화에 도움을 주며 라벤더, 버가못, 레몬그라스 오일이 관여한다.[121][122] 아세틸콜린은 기억력 증진 등 인지기능에 관여하는데 로즈마리, 유칼립투스, 페퍼민트 오일이 대표적이다.[123][124][125]

신경영양인자는 신경 세포의 생존, 성장, 분화에 중요한 기능을 하는 단백질이다. 특히 신경 세포가 손상되거나 스트레스를 받을 때 회복을 돕는다. 가장 알려져 있는 신경영양인자는 'BDNF brain-derived neurotrophic factor'라는 물질이다.[126][127] 뇌에서 주로 발견되며 최근 우울증 연구에 있어 큰 관심을 받고 있다. 연구 결과 우울증 환자의 혈중 BDNF 수치는 감소되어 있으나 치료 후 증상이 회복되면 다시 혈중 수치가 증가하는 것으로 알려져 있다.[128] 동물 실험에 따르면 로즈마리, 레몬, 리모넨 오렌지 주성분 성분 투여 후 우울 증상이 개선되고 혈중 BDNF 수치가 증가되었다.[129]

스트레스를 받으면 부신피질에서 스트레스 호르몬인 코티졸 cortisol을 분비하며 심박수나 혈압을 올리고 흥분 상태를 만든다. 에센셜 오일은 여러 대뇌 경로를 통해 스트레스 호르몬을 감소시켜 심리적인 흥분을 감소시켜 준다. 관련된 오일로는 라벤더, 그레이프프루트 자몽, 버가못, 오렌지, 일랑일랑, 로즈 오일 등을 들 수 있다.[130]

마지막으로 에센셜 오일은 산화스트레스 oxidative stress 과정에도 영향을 준다.[131] 산화스트레스는 체내 활성 산소가 항산화 물질을 초과한 상태를 말한다. 인체는 에너지 대사로 산소를 사용하면서 2% 정도에서 부산물로 활성 산소가 만들어지며 정상적으로 항산화 물질에 의해 분해 및 배설이 된다. 하지만 환경오염, 부적절한 식습관, 당뇨병, 암 등 질병에 의해 활성 산소가 과도하게 증가하여 산화스트레스가 유발될 수 있다. 이는 치매나 불안, 우울증 등의 원인 물질로 작용할 수 있어 신속히 제거하는 것이 중요하다. 라벤더, 로즈마리, 카시아 오일은 항산화 효과가 있어서 활성 산소 제거에 효과적인 것으로 알려져 있다.[132]

대사와 배출

에센셜 오일은 지용성 물질로 대뇌와 간으로 신속하게 흡수가 되며 혈액을 따라 신체 조직에 영향을 주게 된다. 가장 영향을 많이 받는 기관은 혈액으로 차 있는 신체 조직으로 심장, 신장, 뇌, 간, 내분비선 등이 포함되고 피부와 근육, 지방 조직 순으로 영향을 받는다. 뼈와 치아, 인대, 힘줄 같은 조직은 상대적으로 혈액 순환이 적어 영향을 덜 받는다. 간경화 같은 간 질환이나 신장 질환이 있을 때는 에센셜 오일의 농도가 높아질 수 있어 적은 양을 사용해야 한다. 임산부의 경우 에센셜 오일이 직접 태아에 영향을 줄 수 있고, 수유부의 경우 모유를 통해 전달이 가능하므로 각별한 주의가 요망된다.

에센셜 오일이 체외로 쉽게 배설되기 위해서는 간에서 배출이 쉬운 형태로 대사되어야 한다. 간에서는 에센셜 오일을 대사하기 위해 2가지 단계를 거치게 된다. 1단계는 산화 oxidation 과정이다. 주로 사이토

크롬 P450 효소군에 의해 산화되어 오일 성분이 단순한 형태로 변화가 된다. 2단계는 결합^{conjugation} 과정이다. 에센셜 오일은 지용성 물질로서 물에 잘 녹지 않기 때문에 수용성 물질로 바꿔줘야 한다. 글루쿠론산, 황산, 글리신 등과 결합하여 대사 물질의 수용성을 높이게 된다. 에센셜 오일을 과도하게 사용하거나 만성으로 구강 섭취, 간 질환이 있는 경우 등은 간에서 오일이 적절하게 분해되지 않고 축적되면서 간독성을 유발할 수 있으므로 주의를 요한다.

에센셜 오일 성분이 간장 대사를 통해 수용성 물질로 바뀌면 이제 배출 과정만 남았다. 에센셜 오일의 배출은 주로 소변과 담즙을 통해 이뤄지고 일부 성분은 호흡이나 피부를 통해서도 배출될 수 있다. 신장으로 들어온 대사 물질은 여과 과정을 통해 소변으로 배출이 된다. 일부 대사 물질은 간에서 담즙으로 분비되어 소장으로 이동 후 대변으로 배출된다. 호흡을 통해 체내로 흡수된 경우는 폐를 통해서도 일부 배출이 되며 특히 휘발성이 높은 성분은 배출 가능성이 높다. 땀샘에서 땀을 배출하여 피부로 배출이 가능하나 소변이나 담즙으로 배출되는 양에 비하면 상대적으로 적은 양이다. 일반적으로 정상 성인의 경우 3~6시간 정도이면 대부분 배설되나 비만 혹은 질병이 있는 경우 길게는 14시간 정도까지도 배설되지 않고 체내에 머무를 수 있다.

5장.
아로마테라피 실제

아로마테라피의 종류

아로마테라피 aromatherapy 라는 용어는 1937년 프랑스 화학자인 르네 모리스 가트포제 Rene Maurice Gattefosse 에 의해 처음으로 사용되었다. 아로마테라피의 정의는 휘발성 향유인 에센셜 오일을 이용하여 몸과 마음을 건강하게 하는 향기요법으로 종류는 흡입법, 마사지법, 목욕법, 그리고 습포법을 들 수 있다.

1) 흡입법

흡입법의 경우 에센셜 오일을 코를 통해 직접 흡입하는 형태이다. 가장 간단한 방법은 직접 흡입법으로 휴지나 손수건에 원액을 1~2방울 뿌린 뒤 짧은 시간 흡입하는 것이다. 디퓨저나 아로마 램프, 아로마 팬 등 발향기를 이용하여 공간 중에 향을 확산시키는 방법도 널리 활용된다. 또한 에센셜 오일을 블렌딩하여 간편하게 스프레이 형태로 공간에 뿌릴 수도 있다. 증기 흡입도 많이 사용하는데 뜨거운 물에 에센셜 오일 몇 방울을 떨어뜨리고 증기를 흡입하는 방식이다. 이때 첫 향은 강하므로 날려버리고 오일이 눈을 자극할 수 있으므로 눈을 감고 증기를 쐬는 것이 좋다.

2) 목욕법

목욕법은 근육의 긴장을 완화하고 심신의 이완 및 스트레스 해소에 효과적인 방법이다. 먼저 따뜻한 물이 근육의 긴장을 완화시키고, 혈액순환을 원활하게 하며, 모공을 열어주어 에센셜 오일의 피부 흡수를 촉진한다. 목욕 동안 호흡을 통해서도 에센셜 오일이 흡수되므로 1석 3조의 효과를 볼 수 있다. 하지만 에센셜 오일이 직접 피부와 접촉을 하기 때문에 주의 사항을 숙지해야 한다. 먼저 목욕물에 직접 에션셜 오일을 떨어뜨리지 말고 에센셜 오일을 캐리어 오일에 섞어 먼저 희석한다. 캐리어 오일은 베이스 오일이라고도 불리며 에센셜 오일을 희석하기 위한 식물성 오일이다. 대표적으로 호호바, 아몬드, 올리브, 포도씨 오일 등이 해당된다.

에센셜 오일 희석 농도를 계산하기 위해서는 먼저 방울수를 알아야 한다. 일반적으로 에션셜 오일 1방울의 부피는 0.05ml로 계산해서 대략 원액 1ml는 20방울이라고 정의한다. 쉽게 방울수를 계산하는 방법은 다음과 같다.

$$\text{에센셜 오일 방울수} = \text{캐리어 오일 용량}^{ml} \times \text{희석 농도}^{\%} \times 0.2$$

예를 들어 15ml의 캐리어 오일에 에센셜 오일 2%로 만들려고 하면

15 × 2 × 0.2 = 6이므로 에센셜 오일 6방울을 추가하면 된다. 목욕 시 보통 에센셜 오일의 희석 농도는 1~2% 정도이므로 15ml의 캐리어 오일에 5~6방울의 에센셜 오일을 넣어 잘 섞어놓는다. 그다음, 준비한 목욕물에 희석액을 넣고 저어주는데 희석액이 뭉쳐 있으면 피부와 접촉 시 자극을 줄 수 있어 충분히 저어주도록 한다. 처음 시작하는 사람은 희석 농도를 최대한 낮추고 시작하길 바란다. 목욕물 온도의 경우 37~42도 정도가 적당하며 42도 이상 넘지 않도록 한다. 목욕 시간은 15분 정도가 적당하다.

3) 마사지법

마사지도 목욕법과 마찬가지로 뭉친 근육을 풀어주고 긴장을 완화하므로 아로마테라피 효과를 증가시키기에 좋은 방법이다. 하지만 임산부나 어린이, 노약자는 피해야 하고 발열, 감염, 암, 피부 알레르기 등 신체질환이 있는 경우도 금기 사항이다. 이런 경우에는 상대적으로 안전한 흡입법이 추천된다. 아로마테라피 마사지의 경우 전신과 얼굴에 따라 에센셜 오일의 희석 농도를 달리해야 한다. 전신의 경우는 2%, 얼굴의 경우는 1%이다. 캐리어 오일 10ml에 희석할 경우 전신은 4방울, 얼굴은 2방울에 해당한다. 단, 얼굴 도포의 경우 1%는 전체 희석 비율을 의미하기 때문에 스킨, 로션, 크림 3종을 모두 바르는 경우는 각 제품은 0.3%를 넘지 않아야 한다. 눈 주위는 피하는 것이 좋다.

4) 습포법

습포법은 물에 적신 천이나 패드를 사용하여 특정 부위에 적용하는 방법이다. 냉습포의 경우 차가운 물, 온습포는 따뜻한 물을 사용한다. 냉습포의 경우 발열, 타박상, 염증이나 부상으로 인한 통증 완화에 효과적이며, 온습포의 경우는 만성 관절염, 근육통, 생리통 완화에 효과적이다. 물 100ml에 에센셜 오일 1방울 정도가 적당하며 냉습포는 10~15분, 온습포는 15~20분 정도 시간을 유지한다. 온기와 냉기를 지속적으로 유지하기 위해 온열팩이나 쿨링팩을 함께 이용하기도 한다.

아로마테라피 사용 시 주의 사항

1) 일반적인 주의 사항

첫째로 에센셜 오일 원액은 매우 농축된 상태로 반드시 캐리어 오일에 희석해서 사용해야 한다. 단, 라벤더와 티트리 오일은 국소 부위에 한해 원액 도포가 가능하다. 라벤더는 화상이나 상처 부위에, 티트리는 여드름이나 사마귀 부위에 원액을 소량 바를 수 있다.

둘째로는 에센셜 오일에 대한 민감성 테스트를 하는 것이 중요하다. 민감성 테스트는 피부 반응을 확인하여 알레르기나 자극이 없는지 확인하는 과정이다. 일반적으로 1%로 희석하는 것이 좋다. 예를 들어 5ml 캐리어 오일에 에센셜 오일 1방울을 떨어뜨리면 1%가 된다. 목뒤나 팔 안쪽 등 피부가 민감한 부위에 바르고 24시간 기다린다. 발적이 있거나 가려우면 순한 비누로 피부 표면을 씻어내고 피부 진정을 위해서는 알로에 베라를 바른다.

세 번째로는 일부 오일의 경우 햇빛 노출 시 주의해야 한다. 감귤류 계열의 에센셜 오일 버가못, 레몬, 라임 은 광감성이 있어 오일을 바르고 햇빛에 노출 시 피부에 검은 색소 침착이 생길 수 있다. 이런 오일은 밤에 사용하는 것이 좋으며, 오일을 바른 후 최소 12~24시간 동안 햇빛을 피하는 것이 좋다.

넷째는 적절한 보관이 필요하다. 휘발성이 높아 잘 밀폐된 용기에 보관한다. 직사광선과 고온을 피하고, 서늘하고 어두운 곳에 보관해야 한다. 어두운 계열의 병에 담아두고 산화로 인한 오일의 변질을 막기 위해 개폐 이후에는 1년 이내 사용하는 것이 좋다.

다섯째, 임산부나 유소아, 특정 질병을 갖고 있는 경우에는 사용 시 주의가 필요하다. 또한 반려동물 특히 고양이의 경우 일부 에센셜 오일이 독성이 될 수 있어 주의해야 한다.

여섯 번째, 에센셜 오일은 고농축된 상태로 모든 피부와 점막을 자극할 수 있고 특히 눈에 들어가지 않도록 유의한다. 일곱 번째, 에센셜 오일을 마시는 것은 건강에 심각한 위협이 될 수 있으므로 절대 해서는 안 된다. 여덟 번째, 어린이나 노약자에게 사용할 때는 성인 용량보다 적게 사용해야 한다.

2) 임산부, 유소아 및 질병 시 주의 사항

임산부나 유소아 및 고혈압 등 특정 질환이 있을 경우 사용에 매우 주의해야 한다. 임산부의 경우 임신 초기 3개월 동안 자궁에 태아가 잘 착상되어야 하므로 여성 호르몬과 유사한 작용을 하는 에센셜 오일의 사용은 절대 피해야 한다. 대표적으로 꽃 계열인 오일로 라벤더, 로즈, 캐모마일 오일 등이 있다. 임산부의 경우 금지 오일이 많아 모두 다 외우기는 어렵기 때문에 사용이 가능한 오일만 기억하는 것이 더 쉽다. 네롤리와 만다린은 임신 전체 기간 동안 비교적 안전한 오일이다. 고혈압 환자의 경우 로즈마리, 히솝, 타임 오일 등은 피해야 한다.

로즈마리나 히솝은 케톤 성분, 타임 오일은 페놀 성분이 혈압을 증가시킬 수 있기 때문이다. 간질 환자의 경우 역시 케톤 성분이 증상을 악화시킬 수 있는데 로즈마리, 페퍼민트, 히솝 오일이 해당된다. 신장 질환 환자는 열매나 씨에서 추출된, 이뇨성이 강한 주니퍼베리, 블랙페퍼, 펜넬 오일은 피해야 한다. 또한 음주 전후 클라리세이지 오일은 환각 증상을 유발할 수 있으므로 금해야 한다. 유소아의 경우 영국의 아로마테라피스트 수잔커티스^{Susan Curtis}는 유아와 아동에 안전한 에센셜 오일을 연령별로 분류했다. 출생 이후부터 6개월까지 안전하게 쓸 수 있는 에센셜 오일은 라벤더와 로만 캐모마일이다. 이후 7세까지 가능한 오일은 라벤더, 로만 캐모마일, 만다린, 네롤리, 로즈 오일 등을 들 수 있다. 7세 이후는 바질 이외는 대부분 사용이 가능하다.

3) 에센셜 오일 사고 시 응급조치

어린이가 에센셜 오일을 실수로 마셨을 경우 절대로 구토를 유발시키지 말아야 한다. 우유를 먼저 마시고 섭취한 오일병을 들고 빨리 응급실로 데려가는 것이 중요하다. 5ml 이상을 마셨을 경우는 독으로 간주하므로 독극물에 준하는 조치가 필요하다. 피부에 접촉을 했을 경우 캐리어 오일을 발라 희석한 후 향이 없는 비누와 물로 깨끗이 씻어낸다. 발진이나 가려움증이 심할 경우는 의료기관을 방문하도록 한다. 눈에 에센셜 오일이 들어간 경우는 먼저 우유와 캐리어 오일로 눈을 적신 후 물로 헹군다. 흐르는 물에 15분 이상 씻어내며 눈의 통증과 시력 저하가 있을 경우 빨리 의료의 도움을 받는다. 이때 오일병은 반드시 소지하여 병원 관계자에게 에센셜 오일 정보를 제공해야 한다. 오일을 과도하게 흡입한 경우에는 먼저 신선한 공기가 있는 장소로 이동하고 호흡이 곤란하거나 기침이 계속되는 경우 역시 의료기관을 방문하도록 한다.

6장.
정신건강과 아로마테라피

　정신건강은 행복과 밀접한 관련이 있다. 스트레스를 받거나 우울하고 잠을 못 자면 아무리 행복을 외쳐도 행복감을 느끼지 못한다. 정신건강의 악화는 행복의 적신호인 셈이다. 행복을 원한다면 정신건강을 잘 관리할 필요가 있다. 대표적으로 스트레스, 불안, 불면, 우울 증상을 들 수 있다. 나이가 들면 인지기능 관리도 신경 써야 한다. 일반적으로 신체 건강을 위해서는 신경 써서 영양제를 챙겨 먹고 증상이 심해지면 자발적으로 병원을 찾는다. 하지만 정신건강은 의지력 문제로 생각하여 증상을 방치한다. 심지어 증상이 심해져도 병의원 방문을 꺼린다. 신체 건강을 위해서는 대부분 루틴이 정해져 있다. 피트니스 센터에 가서 근력운동과 유산소 운동을 하고, 공원 산책과 러닝, 그리고 단백질 위주의 식단 조절을 한다. 덧붙여 비타민을 비롯하여 수십 종의 영양제를 챙겨 먹는다. 반면에 정신건강을 위한 일상 속 활동에 대해서는 신체 건강처럼 쉽게 떠오르지 않는다.

코로나19 이후 야외 캠핑 인구가 늘면서 자연 속의 힐링이 정신건강의 대세가 되었다. 불멍, 물멍 등의 신조어가 유행이고 멍때리기 대회도 인기가 많다. 하지만 야외로 떠나야 하고 캠핑카 혹은 캠핑 장비를 갖춰야 한다. 경제적으로나 시간에 여유가 없는 사람에게는 그저 로망일 뿐이다. 정신건강을 위한 비타민과 같은 영양제는 없을까? 증상이 심하면 당연히 병의원을 찾아 전문가와 상의해야 한다. 하지만 가벼운 불면이나 우울, 불안 등 증상이 심하지 않을 때는 스스로 참는 경우가 많다. 문제는 점점 증상이 심해질 수 있다는 것이다. 정신건강도 영양제처럼 평소 예방과 관리가 필요한 이유이다. 추천하고 싶은 방법은 에센셜 오일을 활용한 아로마테라피이다. 특히 흡입법은 사용이 간편하고 에센셜 오일이 코를 통해 직접 대뇌에 작용하므로 정신건강에 매우 효과적인 수단이다. 음악을 듣거나 명상 혹은 요가 등과 함께 할 수도 있어 다양한 공간에서 원하는 용도로 활용할 수 있다. 스트레스와 불안, 불면, 우울, 외상후스트레스장애, 치매 5가지 분야로 나눠 설명한다.

스트레스와 불안

우리는 '스트레스를 받는다'는 말을 많이 쓴다. 스트레스는 외부 사건이고 의도치 않게 나한테 떠넘겨지면서 '받는다'라는 식으로 표현하는 것이다. 이 표현 속에는 화가 난다 혹은 기분 나쁘다 등의 부정적 감정이 생략되었다. 스트레스를 받아 기분 좋다고 생각하는 사람은 거의 없을 것이기 때문이다. 반면에 '그 일은 나한테 스트레스를 준다'는 표현도 쓴다. 그 일 자체가 스트레스라기보다는 그일로 인한 인체의 부정적 감정이 스트레스라는 의미이다. 그렇다면 스트레스라는 말은 사건 자체를 의미할까, 아니면 사건에 대한 감정적 반응을 의미할까?

스트레스^{stress}라는 말의 어원은 '조이다', '압박하다'는 의미를 가진 라틴어 'stringere'에서 유래하였다.[133] 17세기 물리학자인 로버트 후크^{Robert Hooke}의 기술 분야에서 처음으로 언급되었는데 당시 건축 구조물이 하중을 얼마나 견딜 수 있는지 평가하는 물리학적 용어였다.[134] 이후 현재와 같이 인체에 적용하여 스트레스 개념을 처음으로 정립한 사람은 한스 셀리에^{Hans Selye}이다. 그는 1936년 《네이처》 학술지에서 "스트레스는 외부의 자극에 대해 생체 내에서 발생하는 비특이적인 생물학적 변화"라고 정의했다.[135] 스트레스 이론의 초기인 홈즈와 라헤^{Holmes & Rahe}는 스트레스를 자극원으로 생각하여 삶의 각종 스트레스 사건에 대한 척도를 개발하고 질병과의 상관관계를 규명하고자 하였다.[136] 스트레스를 자극으로 생각하는 스트레스 자극 모델이다.

반면에 한스 셀리에^{Hans Selye}는 스트레스를 자극에 대한 반응으로 생각하며 스트레스를 '일반 적응 신드롬^{General Adaptation Syndrome}'이라고 불렀으며 이는 면역 반응과 유사한 반응으로 판단했다. 진행 과정은 먼저 쇼크와 응급 대처 반응이 먼저 시작되고 이후 스트레스 적응 과정이 이어진다. 하지만 성공적으로 극복하지 못할 경우 소진 상태^{exhaustion state}에 빠지게 된다. 결국 스트레스에 대한 지속적인 회피 반응으로 이어져 스트레스에 저항할 능력이 없는 상태에 이르게 된다고 설명하였다.[137] 현재는 자극 모델과 반응모델을 통합한 과정 모델process model이 널리 받아들여지고 있다. 즉, 주변 환경과 개인의 능력 간의 상호작용 결과가 부적합할 경우 스트레스 반응이 유발된다는 관점이다.[138]

하지만 삶을 살아가는 데 있어 적절한 스트레스는 성취감 및 자기발전을 위해 꼭 필요한 긍정적 요소이다. 한스 셀리에는 스트레스를 distress와 eustress 2가지로 분류하였다. 전자의 경우 부정적 의미의 stress와 같은 개념이다. 하지만 후자의 경우는 좋은 스트레스의 의미로서 즐길만한 도전이다. 극복을 통해 에너지를 얻고, 질병을 극복할 수 있게 하며, 흥분, 성취감, 만족감 등 긍정적 기분을 보상받게 된다.[139]

스트레스에 대해 인체가 대응하는 과정에는 2가지 신경 내분비학적 회로가 관여한다. 교감-부신 수질 축SAM axis, Sympathetic Adrenal Medullary axis, 이하 SAM축과 시상하부-뇌하수체-부신피질 축HPA axis, Hypothalamus-Pituitary-Adrenal cortex axis, 이하 HPA축이 그것이다. 급성 스트레스를 받게 되면 먼저 SAM축이 작동을 한다. 이를 '투쟁 혹은 도피 반응fight-or-flight response'이라고 부르는데 신체가 위협적인 상황에 직면했을 때 나타나는 생리적, 심리적 반응이다. 이 반응은 생존을 위한 본능적인 메커니즘으로, 신체가 즉각적으로 위험에 대처할 수 있도록 준비시키는 역할을 한다. 주로 교감신경계가 활성화된다. 교감신경이 활성화되면 부신 수질에서 에피네프린아드레날린과 노르에피네프린노르아드레날린과 같은 카테콜아민을 분비하여 혈압, 심박수, 호흡수를 올리고 에너지를 공급하게 된다. 생존을 위해 응급 체계로 전환되는 것이다.[140] [141] 이어 HPA축이 작동을 한다. 시상하부의 코르코트로핀 자극호르몬^{CRH}은 뇌하수체에서 부신피질자극호르몬^{ACTH}의 분비를 자극하고 이는 부신피질에서 스테로이드 호르몬인 코티졸^{cortisol}을 분비시킨다.

혈중 코티졸 성분이 증가되면 역방향 피드백을 통해 CRH 및 ACTH의 분비를 줄여 코티졸의 농도를 일정하게 유지한다.[142][143] 스트레스 상황에서 코티졸의 역할은 먼저 심박수와 혈압을 증가시키고, 호흡을 빠르게 하여 신체가 위기 상황에 대처할 수 있도록 돕는다. 또한 신체가 필요로 하는 에너지를 즉시 공급하기 위해 간에서 포도당 생성을 촉진하여 혈당 수치를 높인다. 면역 시스템을 억제하여 과도한 염증 반응이 나타나지 않도록 하며 정신적으로 각성 상태를 유지하여 집중력을 높이게 된다. 쉽게 예를 들어보자. 조선시대에 왜적이 침입했다고 가정하자. 먼저 성벽의 문을 닫고 전투 태세에 돌입을 하게 되는데 이것이 SAM축의 역할이다. 다음으로 식량도 비축하고 전쟁 사상자를 위한 치료도 해야 하는데 HPA축이 여기에 해당된다. 즉, SAM축이 최전방이라면 HPA축은 후방 지원에 해당한다고 볼 수 있다. HPA축의 핵심 역할을 하는 코티졸의 경우 생명 유지에 필수적인 호르몬 중의 하나이다.

코티졸은 일주기 리듬$^{circadian\ rhythm}$을 가지고 분비를 하는데 하루 중 두 번에 걸쳐 최대 분비된다.[144] 첫 번째 피크는 아침 기상 직후부터 약 30~45분까지 지속되며 이를 코티졸 각성 반응$^{CAR,\ cortisol\ awakening\ response}$이라고 부른다. 잠에서 빨리 깨도록 각성시키고 에너지를 제공한다. 두 번째 피크는 오후 6시경으로 하루 일과로 인한 스트레스를 해소하는 데 도움을 준다. 나머지 시간은 감소하고 특히 자정에는 가장 적게 분비가 된다.[145 146] 두 번의 피크를 갖는 정상 일주기 리듬이 유지되어야 스트레스에 대한 정상적인 대처가 가능하다. 하지만 만성 스트레스에 시달린다면 계속 코티졸 분비가 증가함에 따라 신체 및 정신건강에 악영향을 미친다.

먼저 신체 건강이 악화된다. 코티졸 분비는 계속 혈당을 올리고, 상승된 혈당을 감소시키려고 혈액 속의 인슐린 분비가 지속된다. 과도한 인슐린 분비로 신체 조직은 인슐린에 저항성을 나타내게 되고 결국 당뇨로 이어질 수 있다. 또한 코티졸이 지방을 에너지로 동원하기 위해 복부로 지방을 이동 및 축적하여 비만이 유발될 수 있다. 복부 비만은 고혈압, 콜레스테롤혈증, 당뇨 등 성인병의 위험 요소가 된다.[147] 코티졸은 면역 기능도 억제하는데 스트레스가 지속되면 면역력이 저하되어 감기에 자주 걸리거나 악성 종양 등 수많은 질병에 취약하게 된다.

정신건강도 악화된다. 지속적인 코티졸 증가는 우울증의 발병을 높인다.[148 149 150] 특히 인지기능도 감소시키는 것으로 연구되었다. 기억과 관련된 해마의 경우 코티졸에 예민한데 특히 코티졸에 오래 노출되면 해마 세포가 위축되거나 죽어 인지기능 저하를 유발한다. 코티졸의 농도와 알츠하이머 치매에서 해마 위축 정도와의 관련성도 보고되었다.[151] 결국, 코티졸은 스트레스 대처에 중요한 호르몬이지만 만성 스트레스로 인해 계속 혈중 코티졸 수치가 올라가면 신체와 정신에 악영향을 미치므로 평소 스트레스 관리를 통해 코티졸 수치를 낮추는 것이 매우 중요하다.

이와 함께, 스트레스 조절에 있어 중요한 대뇌 기관이 있다. 바로 편도체amygdala이다. 편도체는 변연계에 속해 있으며 인간의 감정을 조절하는 컨트롤 타워이다. 신체에 위협이 감지되면 불안과 두려움 같은 부정적 감정을 유발하며 신속하게 스트레스에 대응한다. 시상하부를 포함한 HPA축을 활성화시킴으로써 혈압이나 심박수를 올리며 코티졸을 분비한다. 일종의 행동 대장으로 위에서 언급한 2가지 스트레스 회로를 실전에서 진두지휘한다. 물론 외부 스트레스가 발생하면 최종 결정권자는 대뇌 피질이다. 전두엽에서 스트레스에 대해 합리적으로 분석하고 적절한 행동 결정을 내리면 편도체는 자율신경계를 통해 기분 및 행동을 조절한다. 다시 조선시대 비유로 돌아가 보자. 왜적이 침입하면 임금의 어명에 따라 군대는 움직인다. 임금은 대뇌 전두엽이고 군대를 움직이는 총책임자 즉, 행동대장이 바로 편도체이다. 왜적을 방어할 시간적 여유가 있으면 어명에 따라 순차적으로 군사적 행동을 개시할 것이다. 하지만 예고 없이 야밤을 틈타 갑자기 왜적이 들이닥쳤다고 가정해 보자. 임금에게 보고할 시간적 여유가 없다면 행동대장의 직권으로 군사력을 동원해야 한다.

인체도 비슷하다. 이전에 경험하지 못한 신체적, 정신적 스트레스에 갑자기 노출되어 신변의 위협을 받는다면 전두엽으로의 정상적인 보고 체계를 생략하고 편도체가 먼저 나선다. 이를 편도체 납치amygdala hijack라고 부른다. 이 용어는 1996년 미국의 심리학자인 다니엘 골먼Daniel Goleman이 그의 책인 《EQ 감성지능》에서 처음으로 언급했다.[152] 정의를 보면 실질적 혹은 과거 트라우마에 관련된 위협으로 편도체가 강하게 활성화되면 이성의 뇌가 힘을 쓰지 못하게 되어 '투

쟁 혹은 도피 반응'과 같은 강렬한 감정 반응이 나타나는 상태를 말한다.153

우리가 보통 시각, 청각, 촉각 등 감각 자극을 받으면 시상에서 감각 정보의 통합이 이뤄지고 이어 대뇌 전두엽으로 정보가 전달된다표. 전두엽에서는 최종 판단과 결정을 하여 적절한 대응을 하도록 편도체에 명령을 보낸다. 이것이 정상적으로 감각 정보가 처리되는 과정으로 high road에 해당한다. 이에 반해 신변의 위협을 느끼는 응급 상황에서는 시상에서 대뇌로 전달되는 회로를 편도체가 중간에 가로채기 때문에 '편도체 납치'라는 명칭이 붙여졌다. 이는 1995년 미국의 신경과학자인 조지프 르두Joseph E. LeDoux 박사에 의해 시상에서 편도체로 이어지는 통로 즉, 일종의 '샛길'을 발견했기 때문이다.154 이 길은 정상적인 high road와 구별하기 위해 low road로 불렀다. 즉, 정상 회로인 high road와 응급 회로인 low road로 나뉘어지며, high road의 경우 평균 반응시간이 0.3초인데 반해 low road는 절반인 0.15초에 불과하므로 빠른 대응이 가능하다.

표2 | 편도체 납치 회로(amygdala hijack) |

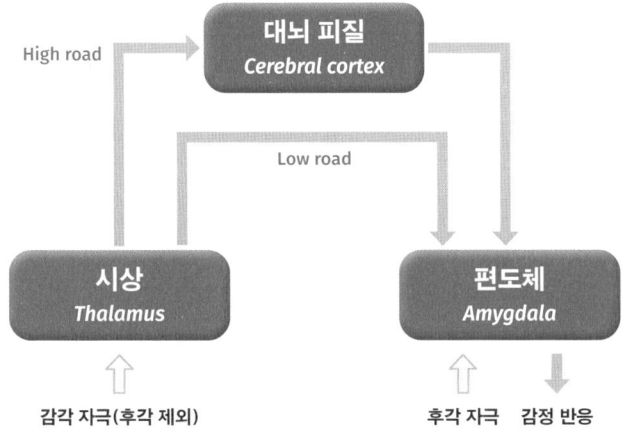

편도체 납치가 발생하는 원인은 신체적 생명을 위협하는 실제 상황에서도 발생하지만, 과거 트라우마의 재경험과 같은 심리적 위기 상황에서도 나타날 수 있다. 유소아기 트라우마부터 일상생활 속에서 체험한 트라우마가 모두 포함이 될 수 있다. 편도체 납치 반응 자체는 파블로프의 조건반사처럼 내 의지로 통제할 수 없는 자동적인 생리 반응이다. 문제는 언제 어디서나 영문도 모르고 갑자기 공포 반응이 나타날 수 있다는 것이다. 일단 편도체 납치가 발생하면 편도체는 과도하게 흥분하게 되어 혈압과 심박수를 올리고 사람을 두려움과 공포에 빠뜨리게 한다. 해결 방법은 흥분한 편도체를 빨리 안정시키는 것이다. 편도체 납치 반응 자체를 예방할 수는 없지만 평소 대처 훈련을 통해 편도체를 빨리 안정시키는 방법은 터득할 수 있다. 호흡이나 명상 훈련, 릴랙스 훈련 등이 그 예이다. 하지만 보다 효과적인 방법은 후각을 통한

릴랙스 방법이다. 아로마테라피가 대표적이다. 후각의 경우 시상을 거치지 않고 바로 편도체로 이어지는 단순한 경로이므로 훨씬 빠르고 쉽게 편도체를 안정시킬 수 있다.표

스트레스 해소에 도움이 되는 에센셜 오일은 코티졸 분비를 감소시켜야 한다. 대표적인 오일로는 먼저 스위트오렌지 sweet orange 와 버가못 bergamot 을 들 수 있다.[155] [156] 시트러스 계열 특유의 시원하고 상큼한 향적 매력을 함께 갖고 있어 스트레스와 관련된 공간에 뿌려주면 기분 전환에도 효과적이다. 다음은 플로럴 오일로 오렌지꽃인 네롤리 neroli, 일랑일랑 ylang ylang, 로즈 rose 오일도 코티졸 수치를 감소시킨다.[157] [158] [159] 특히 일랑일랑과 로즈 오일의 경우 코티졸 감소와 함께 세로토닌도 증가시킨다.[160] [161] 세로토닌의 경우 우울증에서 주로 감소되어 있고 임상에서 많이 처방되는 항우울제는 주로 세로토닌을 증가시킨다. 따라서 2가지 오일은 스트레스 감소와 함께 우울증 완화에도 도움을 준다. 스트레스로 인해 불안 및 우울 증상이 동반될 경우 유용하다. 꽃 계열 오일이므로 여성들이 좋아하는 향적 특성을 가지고 있어 공간이나 의류에 분사하거나 휴대용 모두 적합하다.

다음으로는 프랑킨센스 frankincense 오일로 코티졸의 과잉 분비를 줄여 스트레스 해소에 도움을 준다.[162] 유향, 보스웰리아 등으로 불리며 동방박사가 아기 예수의 탄생 기념으로 드린 선물이기도 하다. 에스테르와 알코올이 주성분으로 항불안 효과가 있어 마음을 편하게 한다. 특히 프랑킨센스 오일은 느리고 깊은 호흡을 돕는 효과가 있어서 명상 오일로도 많이 활용된다. 제라늄 오일도 효과적이다. 일반적으로 장미와

비슷한 향이지만 풀잎 냄새가 섞여 독특한 느낌을 주는 향이다. 여성 호르몬과 유사한 작용을 하고 피지 조절에 도움을 주는 등 전반적으로 호르몬 균형에 도움을 주어 '조절과 균형의 오일'이라는 별명을 가지고 있다. 정신적으로는 항불안 효과를 갖는데 스트레스로 인해 증가되는 코티졸의 분비를 감소시켜 맥박이나 혈압 등 자율신경계의 흥분 상태를 가라앉힌다.[163]

스트레스로 인한 불안 증상을 감소시키려면 코티졸 수치를 낮추는 것도 중요하지만 대뇌 신경전달물질의 분비도 조절해야 한다. 대뇌 신경전달물질에는 억제성 inhibitory 과 흥분성 excitatory 신경전달물질로 나뉜다. 불안이나 공포 증상의 완화를 위해서는 억제성 신경전달물질이 분비되는데 대표적인 것이 가바 GABA 이다.[164] 병의원에서 많이 처방하는 신경 안정제의 경우 대부분 가바 GABA 수용체에 결합하여 가바 분비를 증가시킴으로써 항불안 및 진정 효과를 낸다. 가바의 분비를 증가시키는 대표적인 에센셜 오일은 라벤더 lavender, 버가못 bergamot, 레몬그라스 lemongrass 오일을 들 수 있다.

라벤더 오일은 가장 널리 활용되는 에센셜 오일로서 주로 알코올과 에스테르 성분으로 구성되어 인체에 가장 안전한 오일 중 하나이다. 라벤더 오일은 가바의 작용을 강화하여 진정 및 이완을 유도한다.[165] [166] 특히 가바 성분은 수면 유도에도 효과적이므로 불면 증상 완화에도 도움을 준다.[167] [168] 일부 연구에서는 혈중 코티졸 수치를 낮추어 스트레스를 줄이는 효과를 보였다.[169] [170] 다만 수십 종의 라벤더 종류 중 순종 라벤더로 불리는 라벤더 앙구스티폴리아 Lavendula angustifolia 에서 100% 추출한 에센셜 오일을 사용해야 원하는 효과를 볼 수 있다.

다음은 버가못 오일을 들 수 있다. 앞서 언급한 코티졸의 분비를 감소시키는 효과 외에 라벤더와 같이 가바^{GABA}의 작용을 강화하여 불안을 감소시키고 수면을 촉진하는 데 도움을 준다.[171][172] 특히 싱그러운 과일 향과 꽃 향의 향적 조화는 스트레스로 인한 긴장을 완화하고 기분을 전환하는 데 매우 효과적이다. 단, 흡입법일 경우는 문제가 없지만 피부에 바를 경우 '감광성^{photosensitivity}'을 조심해야 한다. 버가못 오일을 피부에 바르고 햇빛에 노출하면 피부 발진이나 홍반, 색소 침착 등이 생길 수 있어 사용 후 최소 12~24시간 동안은 햇빛에 노출되지 않는 것이 중요하다. 햇빛 노출이 불가피한 경우는 광감성이 없는 버가못 오일 '버가못 FCF' 제품을 사용한다.

마지막으로 레몬그라스 오일을 들 수 있다. 동남아시아에서 자생하는 볏과 식물이지만 레몬 향기가 나며 향신료로도 많이 활용되고 있다. 상쾌한 레몬 향기를 가지고 있어 기분 전환에 도움을 주며 주요 성분인 시트랄 성분이 가바^{GABA}를 증가시켜 불안 증상을 완화시키는 것으로 밝혀졌다.[173]

요약하면 인체는 스트레스에 대해 2가지 신경 내분비적 회로와 편도체 그리고 가바 신경전달물질을 통해 적절한 대처를 한다. 하지만 만성 스트레스가 지속되면 지속적인 코티졸 분비로 인해 불안, 우울 증상이 악화되고 기억력이 감소된다. 따라서 스트레스 및 불안 완화에 유용한 에센셜 오일은 코티졸을 낮추고 가바 분비를 증가시켜야 한다. 코티졸을 감소시키는 오일은 스위트오렌지, 버가못, 네롤리, 일랑일랑, 로즈, 프랑킨센스, 제라늄 오일을 들 수 있다. 라벤더, 버가못, 레몬그라스 오일은 가바 분비를 촉진시킨다. 코티졸을 감소시키는 오일과 가바를 증가시키는 오일을 함께 블렌딩하면 스트레스로 인한 불안 증상 감소에 시너지 효과를 내므로 적절히 활용하기를 바란다.

불면

"잠이 보약이다"라는 옛말처럼 잠을 잘 자는 것은 건강 유지에 필수적이다. 하지만 현실은 녹록지 않다. 청소년들은 수험 스트레스로 불안하고, 직장인들은 업무 스트레스, 실직에 대한 두려움, 경제적 어려움 등으로 세상살이가 버겁다. 노인들은 평균 수명이 늘어나면서 더 오랫동안 외로운 노후를 보내야 한다. 국내 인구 3명 중 한 명은 평생에 한 번은 불면증을 경험한다고 한다. 전 세계도 예외는 아니다. 해마다 수면 산업 시장 규모는 급성장하고 있다. 미국 시장조사업체 스태티스타^{Statista}에 따르면, 글로벌 수면 산업 시장 규모는 2019년 4,320억 달러$^{약 604조}$에서 2024년 5,850억 달러$^{약 832조}$로 5년간 연평균 5.2% 증가할 것으로 전망하였다.[174] 수면 산업은 수면의 sleep과 기술의 technology를 합성하여 '슬립 테크^{sleeptech}'라는 신조어로 불린다. 미국의 국립 수면 재단$^{NSF,\ National\ Sleep\ Foundation}$에 의하면 슬립테크의 정의는 고도화된 수면 과학과 기술을 활용해 기존 수면 관련 의약품으로 해결할 수 없는 격차를 메울 수 있는 건강관리 카테고리로 지정하고 있다.[175] 최근 국내에도 슬립테크 기술을 활용하여 침대, 베개, 매트리스뿐 아니라 숙면 유도 IT제품, 수면 영양제 등 다양한 제품이 출시되어 있고 해마다 매출이 급증하고 있다. 사람들이 꿀잠의 중요성에 대해 인식하기 시작한 것이다.

정상적 수면은 렘수면 REM과 비렘수면 Non-REM으로 나뉘며 비렘수면은 전체 수면의 3/4, 렘수면은 1/4을 차지한다. 비렘수면은 1단계부터 4단계로 진행되고 3, 4단계는 깊은 수면에 해당되며 4단계 이후 렘수면이 나타난다. 렘수면 단계에는 갑자기 눈동자도 빠르게 움직이고 대뇌 활동이 활발해지는데 우리가 기억하는 꿈 내용의 대부분은 이때 만들어진다. 수면이 진행됨에 따라 비렘수면은 줄어들고 렘수면은 점점 늘어나다가 아침에 깨어나게 되는데 이러한 수면 주기를 일정하게 유지하기 위해서 2가지의 체내 생물학적 기전이 작동한다. 생체 리듬 circadian rhythm과 수면-각성 항상성 sleep-wake homeostasis 이 그것이다.[176] 첫 번째 생체 리듬은 생체 시계로서 외부 자극이 없으면 25시간 주기를 가지지만 햇빛, 식사 시간 등에 의한 외부 자극으로 24시간 주기가 일정하게 유지된다. 두 번째 수면-각성 항상성은 각성 상태가 오래 지속되어 에너지 소비가 많아지면 항상성을 유지시키기 위해 수면에 대한 욕구를 증가시켜 신체를 졸린 상태로 만들게 된다. 비행기 여행으로 시차가 발생하여 일시적으로 불면증이 생기는 것은 전자와 관련이 있으며 과도한 업무, 수면 부족으로 나도 모르게 낮에 꾸벅꾸벅 조는 현상은 후자와 연관성이 있다.

숙면은 수많은 대뇌 신경전달물질과 호르몬의 상호작용을 통해 이뤄진다. 호르몬 종류인 멜라토닌과 가바, 세로토닌 등은 수면을 유도하고 노르에피네프린, 도파민 등은 수면을 깨우는 각성과 관련되며, 아세틸콜린은 렘수면과 밀접한 관련이 있는 것으로 알려져 있다.[177] 불면증의 원인은 크게 3가지로 나눌 수 있는데 호흡 곤란이나 통증 등 내과적 원인, 우울, 불안, 스트레스 등 정신적 원인, 마지막으로 불규칙한 취침 시간, 과도한 음주, 담배, 커피 등 생활 습관에 의한 원인으로 나눌 수 있다.[178] 평소 잠을 잘 자던 사람이 1개월 이상 계속 불면 증상이 지속된다면 반드시 병의원에 방문하여 전문적 상담을 받아야 한다. 하지만 가끔 불면 증상을 호소하거나 증상이 심하지 않다면 올바른 수면 습관부터 시작해 보자. 이를 수면 위생 sleep hygiene 이라고 하는데 수면에 도움을 주는 행동은 적극 실행하고, 방해를 주는 행동은 피하는 수면 생활 수칙이다.[179] 수면에 도움을 주는 행동은 8가지, 방해를 주는 행동은 12가지로 분류를 하였다. 요약하면, 침대에서는 수면 이외의 다른 행동은 금하고, 잠자리 들기 1시간 전에는 과격한 운동을 하지 않으며, 마음을 편안하게 하고, 침실을 어둡고 조용하고 시원하게 유지하는 것이다. 너무 배가 고프면 중간에 깰 수 있으므로 가벼운 스낵류 섭취는 가능하나 과식은 피해야 한다. 자세한 내용은 다음 표를 참조하면 된다.

표3 | 수면 위생(sleep hygiene)

해야 할 것(8가지)	
① 규칙적인 시간에 자고 일어날 것 ② 배가 고프면 자기 전에 간단한 스낵을 섭취할 것 ③ 규칙적인 운동을 할 것 ④ 잠들기 1시간 전에 긴장을 풀 것	⑤ 잠자리에서 걱정거리가 떠오르면 글로 써 놓고 아침에 처리할 것 ⑥ 침실을 시원하게 할 것 ⑦ 침실을 어둡게 유지할 것 ⑧ 침실을 조용하게 유지할 것
하지 말 것(12가지)	
① 낮잠 자기 ② 시계 보기 ③ 잠들기 바로 직전 운동하기 ④ 잠이 안 올 때 침대에서 TV 보기 ⑤ 잠들기 전에 과식하기 ⑥ 낮이나 저녁에 커피 마시기	⑦ 잠이 안 올 때 담배 피우기 ⑧ 잠을 청하기 위해 술 마시기 ⑨ 잠이 안 올 때 침대에서 책 읽기 ⑩ 침대에서 음식 섭취하기 ⑪ 침대에서 운동하기 ⑫ 침대에서 휴대폰으로 대화하기

(참고) Sadock, B.J., Sadock, V.A., & Ruiz, P.(2015). Kaplan and Sadock's synopsis of psychiatry: Behavioral sciences/clinical psychiatry (11th ed.). Wolters Kluwer Health.

최근 수면 영양제로 멜라토닌melatonin 성분의 제품이 인기를 끌고 있다. 멜라토닌은 송과선pineal gland에서 분비되는 수면 유도 호르몬으로 수면 주기를 조절하는 데 중요한 역할을 한다. 밤이 되면 빛의 양이 줄어들고, 이로 인해 멜라토닌의 분비가 증가한다.[180] 멜라토닌의 전구물질은 세로토닌이다. 낮에는 아미노산인 트립토판tryptophan으로부터 세로토닌이 만들어져 기분 조절이나 식욕에 영향을 주고, 밤이 되면 멜라토닌으로 전환되어 수면에 직접적인 영향을 준다.[181] 즉, 수면의 생체 시계를 조절하는 데 필수적인 물질이다. 하지만 숙면을 유지하는 데 멜라토닌 성분뿐 아니라 가바, 세로토닌, 아세틸콜린 등 많은 신경전달물질이 관여하므로 멜라토닌 성분만 섭취한다고 잠을 잘 자는 것은 아니다.

병원에 내원하는 환자의 상당수에서 불면증의 원인이 불안 증상과 관련이 있다. 또한 우울증을 앓고 있는 환자의 경우 불면 증상이 동반되기도 한다. 불안으로 인해 신경이 예민해지면 도파민이나 노르에피네프린과 같은 각성과 관련된 신경전달물질의 분비가 증가된다. 가바나 세로토닌처럼 수면을 돕는 신경전달물질이 우세해야 수면이 유도되는데 균형이 깨진 것이다. 즉, 자율신경계의 교감신경이 부교감신경보다 활성화된 상태이다. 이를 해결하기 위해서는 평소 명상이나 근육 이완 훈련 등 긴장을 완화하는 연습을 꾸준히 하는 것이 좋다. 아로마테라피도 유용한 방법이다. 에센셜 오일을 공기 중에 뿌리거나 침구류에 한두 방울 떨어뜨리는 것만으로 숙면에 많은 도움을 줄 수 있다. 다음은 숙면에 도움을 주는 대표적 에센셜 오일 7가지를 소개한다.

1) 라벤더 lavender: 학명 Lavendula angustifolia

불면 증상에 가장 많이 처방되는 에센셜 오일로 치료 효능에 대해 가장 많은 연구 논문을 갖고 있으며 진정 효과가 우수하여 불안, 불면, 우울 증상에 효과적이다.[182] 화학 성분 중 알코올과 에스테르 linalool & linalyl acetate 가 90% 이상을 차지하여 피부에 안전한 에센셜 오일이다. 진정 작용은 수면 유도 신경전달물질인 가바와 관련이 있으며[183] 가벼운 불면증 환자에서 수면의 전반적인 질을 높였다.[184] 혈중 코티졸 수치도 함께 감소시키기 때문에 스트레스로 인해 잠을 못 자는 경우 가장 먼저 추천할 만한 에센셜 오일이다.[185][186]

2) 마조람 스위트 sweet marjoram: 학명 Origanum majorana

꿀풀과의 여러해살이풀로서 나무 향과 달콤한 향이 섞여 있는 독특한 향으로 긴장이나 스트레스 완화, 불면 증상의 치료에 효과적이다. 하지만 Davis는 과량 사용 시 감각을 둔하게 하고 졸음을 유발할 수 있으므로 남용에 주의해야 한다고 말했다.[187] 성욕을 감소시키고 우울증이 있는 경우 증상을 악화시킬 수 있으므로 단기간 사용만을 권한다.

3) 스위트오렌지 sweet orange: 학명 Citrus cinensis

완숙한 오렌지 껍질을 냉압착 방법으로 추출하며 시트러스 계열의 오일처럼 기분을 고양시킬 뿐 아니라 마음을 진정시키는 효과도 함께 갖고 있다.[188] 특히 스트레스 시 증가하는 코티졸의 수치를 감소시켜 긴장을 완화시키기 때문에 수면 유도에 도움을 준다.[189]

4) 베티버 vetiver: 학명 Vetiveria zizanoides

다년생 볏과 식물로 뿌리와 젖은 흙이 연상되는 향으로 인도에서 오랫동안 향기의 가치를 인정받았다. 베티버 오일은 주성분이 'vetiverol'이라는 알코올 성분이 대부분 50~75%을 차지하므로 긴장 완화를 통해 수면을 돕는다.[190] 베티버의 경우 라벤더나 마조람 등의 오일로도 수면 효과가 없는 경우 추천이 된다.[191]

5) 로만 캐모마일 Roman chamomile: 학명 Anthemis nobilis

캐모마일 chamomile 오일의 경우 저먼 German 과 로만 Roman 으로 나눌 수 있다. 학명은 서로 완전히 다르며 저먼 캐모마일은 항염증 효과가 강한데 반해, 로만 캐모마일은 달콤한 향적 특성으로 뇌를 편안하게 만든다. 연구 결과 우수한 진정 효과를 보여 불안, 스트레스 불면증에 도움을 준다.[192][193] 85%가 에스테르 성분으로 비교적 피부에도 안전한 에센셜 오일이다.

6) 버가못 bergamot: 학명 Citrus bergamia

신맛의 시트러스 계열 중 꽃 계열의 에스테르 성분이 많아 유일하게 은은한 꽃향기를 함께 가지고 있어 향적 매력을 가지고 있다. 스트레스 시 증가하는 코티졸의 분비를 감소시키고 가바 GABA 의 작용을 강화하여 불안을 감소시키고 수면을 촉진하는 데 도움을 준다.[194][195][196] 즉, 스트레스로 인해 잠을 못 이루는 거나 가벼운 우울증으로 인한 불면증에도 효과적이다. 하지만 '버갑텐'이라는 성분이 들어 있어 피부에 바르고 햇빛을 받으면 광독성이 생길 수 있으므로 햇빛에 노출해야 할 경우는 푸로쿠마린 성분이 제거되어 광독성이 없는 '버가못 FCF' 제품을 사용한다.

7) 네롤리 neroli: 학명 Citrus aurantium

비터 오렌지 bitter orange 꽃에서 추출한 것으로 가볍고 활력을 주는 꽃 향이다. Majoy는 마음을 평온하게 하고 안정시키는 최고의 오일이라고 칭찬하였고 불안, 불면증과 우울증의 치료에 매우 효과이다.[197] 특히 스트레스 시 증가되는 코티졸의 분비를 줄여줌으로써 스트레스로 인한 불안 및 불면 증상에 도움을 준다.[198] 무독성, 무자극성, 비민감성의 안전한 오일이나 가격이 매우 고가인 점이 단점이다.

요약하면, 수면에 있어 멜라토닌뿐 아니라 가바, 아세틸콜린 등의 신경전달물질도 관여하므로 멜라토닌 제품만 맹신하지 말아야 한다. 불면의 심리적 원인으로 불안과 많이 관련이 있기 때문에 흥분된 교감신경을 감소시킬 수 있는 릴랙스 방법이 유용하다. 에센셜 오일로는 라벤더, 마조람 스위트, 스위트오렌지, 베티버, 로만 캐모마일, 버가못, 네롤리를 들 수 있다. 특히 라벤더, 스위트오렌지, 버가못, 네롤리 오일은 스트레스 시 증가하는 코티졸 수치를 감소시켜 스트레스로 인한 불면증에 효과적이다. 라벤더와 버가못은 가바 성분도 증가시키므로 진정 작용에 시너지 효과를 보여 숙면을 촉진시킨다.

우울

보건복지부 발표에 따르면 2021년 현재 경제협력개발기구 OECD 중에서 자살에 의한 사망률은 24.3%로 1위를 차지하였다.[199] 2위인 리투아니아보다는 약 6%가 많은 압도적 1위이며 OECD 평균인 10.6%보다는 약 2.3배가 높고, 사망률이 가장 낮은 그리스보다는 6배나 높은 수치이다. 또한 건강보험심사평가원 2022 발표에 따르면 우울장애로 진료받은 환자 수는 2017년 대비 2021년에는 35.1%로 늘어난 약 93만 명을 기록하였다.[200] 최근 우울증이 급증한 것에 대해서는 코로나19 탓으로 둘러댈 핑계라도 있지만, 세계 1위의 자살 공화국이라는 오명은 부끄러운 우리의 자화상이다. 우울증은 마음의 감기라고 말할 정도로 흔한 정신질환 중 하나이다. 하지만 감기를 방치하면 폐렴이 되듯이 우울증도 쉽게 간과해서는 안 된다. 우울증은 단독으로도 발병하지만 연령에 따라 여러 문제점을 함께 동반할 수 있다. 소아청소년기에는 부모에 대한 반항이나 비행 행동의 원인이 될 수 있다. 성인의 경우 알코올이나 마약 중독과 같은 중독 문제와 연관되기도 하며, 중년 여성은 폐경기 증상을 동반하기도 한다. 노년에서 우울증의 지속은 치매 발병의 위험 요인이 될 수 있다.

미국정신의학협회APA의 정신질환 진단체계인 DSM-5에 의하면 다음 증상 중 5가지 이상이 2주 이상 지속될 경우 주요우울장애로 진단한다.[201] ▲우울감, ▲흥미저하 ▲체중의 감소예, 1개월 동안 5% 이상 체중 변화나 증가 ▲불면이나 과다 수면 ▲불안, 초조 ▲피로나 활력 감소 ▲무가치함 또는 죄책감 ▲ 집중력 감소 또는 결정을 내리지 못함 ▲ 반복적인 자살 사고이며 우울감과 흥미저하는 5개 중 반드시 포함되어야 한다. 이 조건에 충족이 된다면 무조건 정신건강의학과 상담을 받아야 하고 필요하다면 약물치료도 병행해야 한다. 신경전달물질 중에서 가장 우울증과 관련 깊은 것은 세로토닌serotonin이다. 우울증 환자는 세로토닌 활성이 저하되어 있고 자살 충동을 보이는 환자의 뇌척수액에서는 세로토닌 대사물인 5-HIAA의 농도가 감소되어 있다.[202] 따라서 우울증 치료로 가장 많이 처방되는 약물이 세로토닌 성분을 증가시키는 약물이다.

우울 증상이 심하지 않다면 일단 세로토닌을 올릴 수 있는 비약물 요법부터 활용해 보자. 크게 4가지로 나눌 수 있는데 트립토판tryptophan이 풍부한 음식, 운동, 명상, 그리고 햇빛 쬐기로 나눌 수 있다.[203] 첫째 세로토닌은 필수 아미노산인 트립토판에 의해 생성이 되며, 트립토판은 신체 내에서 생성이 되지 않기 때문에 음식 형태로 섭취를 해야 한다. 트립토판은 2가지 대사 회로 즉, 세로토닌 serotonin 및 키누레닌 kynurenine 회로를 거쳐 대사가 된다표. 세로토닌은 세로토닌 대사 회로를 통해 합성되며 야간에 일부는 멜라토닌으로 변환이 된다. 반면에 키누레닌 회로는 면역세포를 활성화하고, 염증을 억제하며, 신경 세포를 보호하고 에너지를 생성하는 등 생명 유지에 중요한 역할을 한다. 섭취된 트립토판의 약 90%는 키누레닌 대사과정을 거치고 10%만 세로토닌 대사 과정을 거친다.[204] 즉, 섭취된 트립토판의 10%만이 세로토닌으로 합성이 되는 것이다. 또한 전체 세로토닌 중 90%는 장에서 특정 미생물이 트립토판을 분해하여 생성한다.[205 206 207] 10%만 대뇌로 들어가기 때문에 산술적으로만 보면 섭취된 트립토판의 1%만이 대뇌에서 합성되는 것이다. 여기서 또 문제가 생긴다. 트립토판이 대뇌를 들어가려면 뇌혈관장벽 BBB, blood-brain barrier 을 통과해야 하는데 대뇌로 통과할 때 다른 아미노산과 경쟁을 하므로 흡수가 방해될 수 있다.[208] 더 많은 양의 트립토판이 통과되기 위해서는 '트립토판/다른 아미노산'의 비율을 높이는 것이 중요하다.

표4 | 트립토판 대사 회로(tryptophan metabolism)

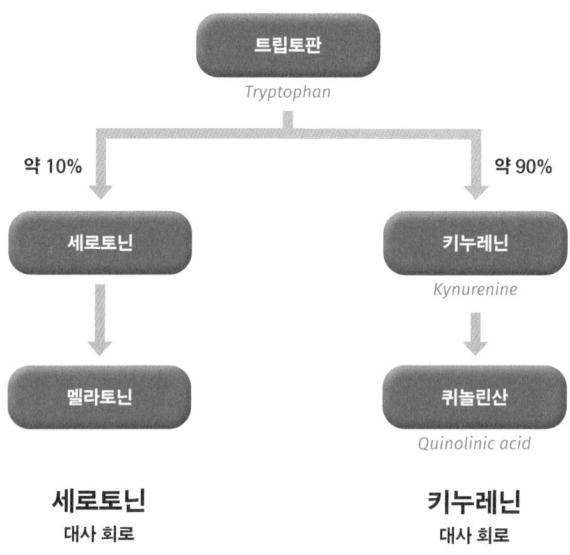

즉, 분자인 트립토판의 비율을 높이거나 분모인 다른 아미노산의 비율을 낮추면 된다.

먼저 트립토판의 비율을 높이는 방법은 간단하다. 다른 아미노산보다 트립토판이 풍부한 음식을 많이 먹으면 된다. 닭고기, 생선, 달걀, 유제품 우유, 요거트, 견과류 호두, 아몬드, 콩류 렌틸콩, 병아리콩 등이 대표적이다.[209] 다른 아미노산의 비율을 낮추는 방법은 밥이나 빵 등 탄수화물과 함께 먹는 것이다. 탄수화물을 섭취하면 혈당이 상승하고, 이에 따라 인슐린이 분비된다. 이어 인슐린은 다른 아미노산들을 근육 세포로 흡수시켜 혈액 속에는 상대적으로 트립토판이 더 많은 상태를 만들게 된다.[210] 결국 대뇌로 가는 트립토판이 증가하면 대뇌에서 세로토닌 생성 비율이 증가하게 된다.

스트레스를 잘 관리해도 세로토닌 분비를 증가시킬 수 있다. 정상적으로 세로토닌과 키누레닌 대사의 비율이 일정하게 유지되어야 하나 만성 스트레스나 염증, 불안 및 우울 증상이 생기면 염증 반응이 증가하여 키누레닌 대사 비율이 증가한다. 즉 섭취된 트립토판이 키누레닌 대사에 많이 투입이 되므로 상대적으로 세로토닌 대사 회로에 적게 공급이 되어 세로토닌 합성이 감소되는 것이다.[211] 결국, 스트레스는 세로토닌 합성을 감소시키고, 세로토닌 감소는 스트레스를 악화시키는 악순환이 반복된다. 따라서 적절한 스트레스 관리는 세로토닌을 증가시키기 위해 필수적이다. 장에서 만들어진 세로토닌 이하, 말초 세로토닌은 혈액-뇌 장벽을 통과하지 못하기 때문에 대뇌에 들어갈 수 없다. 그렇다면 90%의 세로토닌은 기분과 관련이 없는 것일까?

말초 세로토닌의 경우 주로 염증 반응과 혈당 및 지질 대사에 관여하고, 결핍 시 과민성대장증후군과 관련이 있는 것으로 알려져 있다.[212][213] 최근 인간의 질병과 건강에 있어 장내 미생물에 대한 중요성이 밝혀지면서 뇌-장-미생물 축 brain-gut-microbiota axis 에 대한 연구가 활발히 이뤄지고 있다.[214] 장 속의 미생물이 대뇌와 상호작용을 하여 질병의 발병에 영향을 준다는 것이다. 최근 말초 세로토닌에 대한 연구결과 장내 미생물이 열 번째 뇌신경 cranial nerve 인 미주신경 vagus nerve 에 의해 대뇌의 세로토닌, 가바, 글루타메이트 같은 신경전달물질의 농도를 변화시켜 기분에 영향을 줄 수 있는 것으로 밝혀졌다.[215] 또한 말초 세로토닌은 스트레스와 관련 있는 시상하부-뇌하수체-부신 축^{HPA} ^{axis}의 코티졸을 통해 세로토닌의 분비 조절에도 영향을 주었다.[216][217] 아직 정확한 기전은 밝혀지지 않았지만 대뇌에서 생성되는 세로토닌뿐 아니라 말초 세로토닌도 대뇌에 직간접으로 기분에 영향을 주는 것으로 보인다.

참고로 키누레닌 대사 회로는 염증이나 면역 반응에 중요한 역할을 하나 다양한 원인에 의해 과잉 활성 되면 키누레닌과 퀴놀린산$^{quinolinic\ acid}$ 합성이 증가된다. 특히 퀴놀린산의 과잉은 신경 세포에 독성을 유발할 수 있는데 최근 치매의 발병과 관련이 있는 것으로 알려져 있다.[218] 현재 치매 발병의 생물학적 표지자인 아밀로이드 베타$^{amyloid\ beta}$와 타우 단백질$^{tau\ protein}$과 함께 치매 치료제 후보 물질로 활발히 연구되고 있다.

두 번째는 운동이다. 운동은 세로토닌뿐 아니라 도파민, 엔도르핀 등 다른 신경전달물질도 증가시키는 복합 활동이다.[219] 한 연구에 따르면 운동을 하면 운동 이후 '트립토판/다른 아미노산'의 비율이 증가하여 대뇌로 트립토판의 흡수를 증가시킴으로써 더 많은 세로토닌을 합성하였다고 보고하였다.[220] 또한 운동 중 가장 일관되게 기분 향상에 도움이 되는 운동은 자신의 신체 수준에 맞는 조깅, 자전거, 수영 등 유산소 운동이었다.[221]

세 번째는 명상이다. Perreau-Linck 등^{2007}은 양전자단층촬영술^{PET,} $^{positron\ emission\ tomography}$을 통해 일부러 즐겁거나 슬픈 생각을 할

때 각각 대뇌 변화를 관찰하였다.²²² 연구 결과 전두대상 피질 anterior cingulate cortex 의 변화가 관찰되었다. 행복감을 느낄 때는 세로토닌 생성과 긍정적으로 연관되었고 슬픈 감정을 느낄 때는 부정적으로 연관이 되었다. 즉, 스스로 어떤 기분을 유도하느냐에 따라 세로토닌 생성이 영향을 받는데 이는 상호 영향을 주었다. 즉, 기분 좋은 생각을 하면 세로토닌이 올라가고 세로토닌이 올라가면 기분이 좋아졌다. 명상의 경우 자기 성찰과 주로 관련이 있으므로 긍정적인 사고를 훈련하면 세로토닌 증가로 이어질 수 있다. 특히 오랫동안 명상을 해온 숙련가의 경우 혈중 멜라토닌과 세로토닌 수치가 증가하였다.²²³ 멜라토닌의 경우 전구물질인 세로토닌에 의해 만들어지며 기분, 수면 및 행동에 영향을 미치기 때문에 2가지 물질의 증가는 기분 조절에 있어 시너지 효과를 낼 수 있다.

마지막으로 햇빛 쬐기를 들 수 있다. 햇빛 노출은 계절성 우울증의 치료에 있어서는 필수지만 비계절성 우울증에 있어서도 효과적이었다.²²⁴ 특히 세로토닌 생성은 햇빛 노출 시간에 비례하였는데 이는 계절과는 상관이 없었다.²²⁵ 월경전증후군 PMS 이나 산후 우울증을 겪고 있는 여성도 햇빛 노출로 인해 우울감이 호전되었다.²²⁶ ²²⁷ 뇌졸중 이후 우울증 환자도 하루에 30분 이상, 한 달에 최소 14일 이상 자연 햇빛에 노출한 결과 우울 증상의 유의한 호전을 보였다.²²⁸ Sato 등 2003 은 비침습적 방법인 햇빛 치료는 기분을 안정시키고 뇌졸중의 증상을 완화하며, 비타민D를 공급하여 골다공증의 위험을 감소시킨다고 보고하였다.²²⁹ 햇빛을 쬐는 것은 세로토닌을 증가시키는 효과뿐 아니라 비타민D 합성을 통해 골다공증 예방에도 중요하다. 특히 비타민D는 우울증에도 효과를 보이는 것으로 알려져 햇빛을 쬐는 습관은 우울증 예방에 도움을 준다.[230] 하지만 햇빛 속의 자외선으로 기미, 주름, 햇빛 알레르기 등이 걱정되어 햇빛 노출을 꺼리는 사람들이 많다.

햇빛을 쬐는 올바른 방법은 일반적으로 오전 10시에서 오후 2시 사이가 무난하다. 이 시간대에는 햇빛의 자외선 B^{UV-B}가 충분히 강해 비타민D 합성이 효과적이다. 얼굴과 팔, 다리 등 피부의 약 25%를 노출시키고, 15~30분 정도 햇빛을 쬐는 것이 좋으며 피부가 쉽게 타는 사람은 15분부터 시작해 보자. 30분 이상 햇빛에 노출될 경우, 자외선 차단제를 발라 피부를 보호하는 것이 중요하며 SPF 30 이상의 제품을 추천한다. 햇빛이 강한 날에는 모자와 선글라스를 착용하여 얼굴과 눈을 보호한다. 산책, 조깅, 자전거 타기 등 운동과 함께 햇빛을 쬐면 우울증 예방에 더욱 효과적이다. 햇빛을 쬐며 정원을 가꾸는 일도 좋은 방법이다.

에센셜 오일을 활용한 아로마테라피도 우울 증상 개선에 많은 도움을 준다.

가장 먼저 추천할 에센셜 오일은 세로토닌을 증가시키는 오일로 플로럴 계열의 일랑일랑$^{ylang\ ylang}$과 로즈^{rose} 오일이다.[231] 일랑일랑은 '꽃 중의 꽃'이라는 말레이시아 말에서 유래하였으며 동남아에서 자생하는 꽃이다. 인도네시아에서는 결혼식 밤에 신혼부부의 침대에 일랑일랑꽃을 뿌려놓는 풍습이 있다. 일랑일랑 오일은 혈중 세로토닌을 증가시킬 뿐 아니라 스트레스로 인한 코티졸 수치도 감소시킨다. 따라서 스트레스로 인한 불안 및 우울 증상 개선에 도움을 준다.[232][233][234] 로즈는 여성들이 가장 사랑하는 꽃으로 로즈 에센셜 오일의 경우 장미 꽃잎 3,500~5,000kg에서 로즈 오또 에센셜 오일 1kg만 수확이 가능하므로 매우 비싼 고급 오일이다. 로즈 에센셜 오일은 추출 방법에 따라 로즈 오또 rose otto, 로즈 앱솔루트 rose absolute 2가지로 나뉜다. 로즈 오또의 경우 다마스크 장미를 수증기 증류법으로 추출한 것으로 노란색을 띠며 가볍고 깨끗하면서 맑은 장미 향을 가진다. 반면에 로즈 앱솔루트는 캐비지 장미를 용매 추출법으로 추출한 것이다. 황금색에서 갈색을 띠고 로즈 오또보다 묵직하고 진한 장미 향을 갖는다. 로즈 에센셜 오일의 대뇌 작용기전은 일랑일랑과 비슷하다. 세로토닌의 혈중 수치를 올릴 뿐 아니라 스트레스로 인해 증가된 혈중 코티졸 수치를 낮춤으로써 스트레스 개선 및 우울, 불안 증상 완화에 도움을 준다.[235][236]

두 번째로 세로토닌뿐 아니라 도파민 dopamine 도 우울 증상과 관련이 있다. 쾌락과 관련된 보상 회로에 작용하여 긍정적인 행동을 강화할 뿐 아니라 기분과 정서 조절에 중요한 역할을 한다. 대표적인 오일로는 로즈마리 rosemary 와 클라리세이지 clary sage 오일을 들 수 있다. 로즈마리 오일은 고대 그리스와 로마인들이 기억력과 지혜를 상징하는 식물로 여겨 학생들이 수업 중 로즈마리 가지를 착용했다고 전해진다. 실제로 라벤더는 심리적 릴랙스 효과를 갖는 반면에 로즈마리는 각성 효과가 있어 공부할 때 집중력에 도움을 준다. 대뇌 작용은 도파민뿐 아니라 아세틸콜린 acetylcholine 도 함께 증가시키는 것으로 밝혀졌다.[237][238] 아세틸콜린의 경우 인지기능에 중요한 역할을 한다. 치매 환자에게 주로 감소되어 있어 아세틸콜린 증가 성분이 치매 치료제로 이용되고 있다.[239][240][241] 따라서 로즈마리는 우울 증상뿐 아니라 우울증과 관련된 인지기능 개선에도 도움을 줄 수 있다. 클라리세이지 오일은 '행복 유도 오일'이라는 별명을 갖고 있으며 행복감과 편안함을 느끼게 하는 오일이다. 한 연구 결과 클라리세이지 오일도 도파민을 증가시키는 것으로 밝혀졌다.[242] 특히 클라리세이지 오일은 여성에게 좋은 오일로 '스클레로올 sclareol' 성분은 여성 호르몬 유사 효과가 있어서 생리전 증후군[PMS]이나 폐경기 증상 완화에도 도움을 준다.[243]

세 번째 우울증과 관련 있는 물질로 'BDNF'가 있다. 인체 내에는 신경 세포의 발달을 촉진시키는 성장물질로 신경영양인자 neurotrophic factor 가 있으며 이 중 가장 많이 알려진 물질이 'BDNF brain-derived neurotrophic factor'이다.[244][245] 즉, 우울증에서 감소된 혈중 BDNF 물질이 성공적으로 치료되면 수치가 다시 정상화되었다.[246] 동물 실험이지만 로즈마리와 레몬 lemon 오일을 블렌딩하여 2개월 추적 결과 인지기능과 우울 증상이 호전되었다.[247] 또한 스위트오렌지의 주성분인 리모넨 투여 후 우울 효과의 호전을 보였다.[248] 에센셜 오일에 대한 BDNF에 대한 연구는 현재 활발히 진행 중으로 향후 더 많은 연구 결과가 밝혀질 것으로 보인다.

요약하면 우울증은 주로 세로토닌 감소와 관련되어 있고 우울 증상이 심하지 않다면 세로토닌을 증가시키는 비약물 요법부터 시작해 보자. 트립토판이 많은 음식 섭취, 운동, 명상, 햇빛 쬐기가 해당된다. 세로토닌을 증가시키는 오일은 일랑일랑, 로즈 오일을 들 수 있다. 도파민도 우울증과 관련이 있는데 로즈마리와 클라리세이지 오일은 도파민을 증가시킨다. 최근 BDNF 물질이 우울증과 관련이 있는데 로즈마리, 레몬, 스위트 오렌지는 BDNF 수치를 증가시켜 우울증에 도움을 줄 수 있다.

외상후스트레스장애 PTSD

전 세계는 지금 전쟁 중이다. 러시아와 우크라이나와의 전쟁, 이스라엘과 하마스, 헤즈볼라와의 전쟁 등이 최근 진행형이다. 전쟁은 경제를 피폐하게 만들뿐 아니라 정신건강에 치명적인 영향을 준다. 군인뿐 아니라 민간인 모두 외상후스트레스장애 PTSD 가능성이 높아진다. 외상후스트레스장애의 평생 유병률은 약 8%이나, 직업적으로 외상 위험이 높은 군 예를 들어, 참전 군인, 소방대원, 경찰, 응급의료 종사자들은 훨씬 높은 유병률을 보인다.[249] 실제로 소방 공무원의 경우 2012년 특수건강진단 결과 13.8%가 외상후스트레스 위험군으로 분류되었다.[250] 베트남전 참전 제대 군인을 대상으로 한 연구에서는 무려 40.5%의 유병률을 보였다.[251] 공군 조종사의 경우 적 항공기와의 지속적 대치 상황으로 생명에 대한 위협을 느끼며 긴장 속에서 근무한다. 공군 전투기 조종사 중 80% 이상이 직간접적으로 비행 사고에 대한 노출 경험이 있었으며, 이 중 20% 이상이 비행 사고로 동료를 잃은 경험이 있다고 조사되었다.[252] 해군의 경우 오랜 시간 육지와 격리된 채 전함에서 근무해야 한다. 특히 잠수함정 승조원의 경우 좁은 공간에서 햇빛을 못 보며 주로 앉아서 장기간 근무해야 하며 폭발 위험성에 대비 항상 긴장해야 하므로 PTSD 위험이 높다. 외상후스트레스장애를 앓는 환자의 경우 성별에 따라 외상의 형태에 차이를 보인다. 남성의 경우 전쟁이나 외상 위험이 높은 직업적 사건 등과 관련이 된다면 여성은 물리적 폭행이나 강간 등과 연관된다. 소아청소년의 경우 집단 따돌림, 가정 폭력, 학교 폭력 등이 주요 트라우마가 될 수 있다.[253]

미국정신의학협회 APA 의 정신질환 진단체계인 DSM-5에 의하면 외상후스트레스장애 진단을 내리기 위해서는 핵심적인 4가지 증상이 1개월 이상 지속되어야 한다.[254] 첫째는 사고 후 침습 증상 intrusion syndrome 에 의해 반복되는 재경험, 둘째는 사고와 관련된 지속적인 회피 persistent avoidance, 셋째는 사고와 관련된 감정과 사고의 부정적인 변화 negative alteration, 넷째는 사고와 관련된 과도한 각성 hyperarousal 이다. 사고 후 침습 현상의 경우 고통스러운 악몽을 꾸거나, 당시 상황이 재현되는 것처럼 느끼고 행동하는 해리성 반응 즉, 플래시백 flashback 증상 등을 들 수 있다. 지속적인 회피는 일부러 사고 관련 장소, 기억 및 감정을 회피하려고 하는 것이다. 감정이나 사고의 부정적인 변화는 자신이 무능력하고 가치가 없다고 느끼거나, 심한 죄책감에 빠지기도 하고 모든 일에 흥미를 잃는 등의 증상이 해당된다. 과도한 각성은 "자라 보고 놀란 가슴 솥뚜껑 보고 놀란다"는 속담처럼 지나치게 놀라는 생리적 반응을 보이거나 불면증 등이 해당된다. 생물학적 원인을 보면 교감신경을 항진시키는 노르에피네프린 노르아드레날린 분비가 증가하였고 스트레스 시 증가되는 코티졸 농도도 증가하였다. 반면에 극심한 통증을 이겨내는 자연 진통제인 엔도르핀의 농도가 낮았고 세로토닌도 결핍되었다.[255] 즉, 심한 스트레스를 받고 있고, 스트레스 극복에 도움을 주는 엔도르핀이나 세로토닌이 부족하여 우리 몸은 SOS를 요청하고 있는 상태인 것이다.

증상은 대개 사건 발병 후 3개월 이내 시작되지만 30년 이후에 발생하기도 한다. 치료를 하지 않고 자연 경과를 보면 평생 동안 30%는 완전히 회복되고, 30%는 경한 증상, 30%는 중등도 증상을 보이며 나머지 10%는 계속 악화되는 양상을 보인다.[256] 자연 완치는 30%에 불과하고 70%는 평생 증상을 갖고 살아야 하므로 초기에 적절한 치료가 꼭 필요하다. 치료는 약물치료와 인지행동치료가 대표적이나 사건 관련 자극을 단계별로 노출시키는 노출치료 exposure therapy 나 EMDR 안구운동 민감소실 및 재처리 이라고 불리는 치료 방법도 보조적으로 많이 시행하고 있다. 심리적, 신체적 긴장을 풀기 위해서는 명상이나 근육 이완법도 효과적이다.

최근에 후각 연구의 세계적 권위자인 레이첼 허즈 박사는 외상후스트레스장애 치료에 있어 후각 가상현실치료 OVR, olfactory virtual reality 방법을 소개하고 증상 완화에 효과적이라고 발표하였다.[257] 기존의 가상현실치료에 후각적 자극을 추가하는 것이다. 기존에는 후각 자극을 트라우마와 관련된 불쾌한 냄새로 활용하여 공포감의 몰입도를 높이는 목표로 활용이 되었으나 허즈 박사의 제안은 마음이 편해지는 향을 활용하는 것이다. 즉, 가상환경을 통해 사고와 관련된 상황을 노출시켜 불안감을 극대화한 후 기분 좋은 향으로 마음을 진정시키는 것이다. 일종의 단계 노출치료와 후각을 활용한 릴랙스 훈련이 합쳐진 개념이다. 이러한 콘셉트는 20여 년 동안 내가 개발했던 알코올 중독을 위한 가상현실치료 프로그램과 유사하다. 가상 음주 상황을 통해 음주 충동을 최대한 증가시킨 후 편안한 풍경이 있는 장면과 기분 좋은 향을 제공하여 음주 충동을 감소시키는 방법이었다. 당시 향은 유자 향을 사용하였는데 개인 취향을 고려하지 않고 모든 환자에게 동일하게 제공하였다. 임상적 경험상 외상후스트레스 환자에게도 후각 가상현실치료는 매우 유용할 것으로 보인다. 다만 환자가 가장 좋아하는 향기가 편안한 기분을 유도할 수 있기 때문에 개인 맞춤형 향의 개발이 선행되어야 하며 생물학적 이완 효과를 극대화하기 위해서는 반드시 천연 성분의 에센셜 오일을 활용해야 한다.

아로마테라피도 외상후스트레스장애의 증상 완화에 도움을 준다. 최근 연구에 따르면 외상후스트레스장애 환자에게 버가못 bergamot 에센셜 오일을 활용하여 증상을 호전시켰다고 발표하였다.[258] 흡입법을 활용하였으며 2주 동안 하루 네 번 시행하였는데 시간대는 오전 6~8시, 오전 11시~오후 1시, 오후 4~6시, 자기 전이었다. 잠들기 전을 제외하고 세 번은 손바닥에 2방울을 떨어뜨린 후 30초 동안 흡입하거나 다섯 번 심호흡하는 방식을 택했고, 잠들기 전에는 아로마 디퓨저에 5방울을 떨어뜨린 후 다음 날까지 계속 공기 중에 분사하도록 하였다. 결과는 효과적이었다. 심리적 안정, 불안 감소, 수면 호전, 긍정적 기분의 증가 및 회피 행동의 감소를 보였다. 이는 외상후스트레스장애 4개의 핵심 증상 중 사건 기억이 떠오르는 침습 현상을 뺀 나머지 3개의 증상이 호전된 놀라운 결과이다. 버가못 오일은 시트러스 계열의 오일로 싱그러운 과일 향과 꽃 향이 조화를 잘 이루어 심리적 긴장을 완화하고 기분을 전환하는 데 매력적인 향적 매력을 갖는다. 생물학적으로는 대뇌의 억제성 신경전달물질인 가바의 작용을 강화하는 역할을 한다.[259][260] 가바의 활성화는 신경 세포의 활동을 억제하여 긴장과 불안을 완화하며 깊은 수면을 돕는다. 또한 스트레스 반응 시 분비되는 스트레스 호르몬인 코티졸 cortisol 수치를 감소시켜 스트레스 해소에도 도움을 준다.[261][262] 동물 실험이긴 하나 오렌지 오일이 외상후스트레스장애의 증상 호전에 도움을 주는 것으로 연구되었다.[263]

에센셜 오일을 활용하여 PTSD 환자의 악몽을 호전시킨 흥미로운 논문도 있다. 트라우마와 관련된 악몽은 불면 증상을 만들고 다음 날 일상생활에 상당한 지장을 주게 된다. 따라서 악몽 증상을 호전시키는 것은 삶의 질 향상에 매우 중요하다. PTSD 환자를 대상으로 수면 동안 자신이 좋아하는 향을 맡게 하여 꿈의 내용이 달라지는지 분석한 논문 결과가 있다.[264] 수면 동안 향을 맡게 하는 방법은 다음 3가지 장점을 갖는다. 첫째는 후각 자극은 수면 중에도 대뇌 피질 자극이 가능하며 높은 농도에서도 각성을 유발하지 않아 중간에 깨지 않고 수면을 계속 유지할 수 있다.[265][266] 둘째는 건강한 성인의 경우에도, 수면 후각 자극은 수면의 질을 높이고 아침 활기를 증가시킨다.[267][268] 셋째는 후각 자극과 꿈의 내용과는 관련이 있었는데 후각 자극이 얼마나 좋아하는 향이냐에 따라 달라졌다.[269] 결국 향을 통해 수면 중 후각을 자극하는 것은 잠을 깨우지 않고도 꿈의 감정적인 톤을 조절할 수 있는 유용한 방법이다.[270] 임상 시험에서 사용된 향은 로즈, 라벤더, 오렌지와 복숭아 향이었고 피험자가 가장 좋아하는 향을 사전에 선택하게 하였다. PTSD 환자의 경우 트라우마 이후 향에 대한 선호도가 달라질 수 있으므로 어떤 향을 맡으면 가장 기분이 좋은지 사전 평가 하는 것이 중요하다.[271] 임상 실험 결과는 긍정적이었다. 수면 중 후각 자극을 통해 부정적인 꿈의 내용이 다소 호전되었다.[272] 향후 수면 중 향을 통한 후각 자극은 악몽을 개선하고 수면의 질을 높이는 데 있어 비용 대비 매우 유용한 방법으로 후속 연구 및 활용 가치가 높다고 하겠다.

요약하면, 외상후스트레스장애는 침습 증상, 지속적인 회피, 부정적인 기분 및 과잉 각성의 4가지 핵심 증상을 가지며 자연 치유 확률은

30%에 불과하므로 적극적 치료를 받아야 한다. 약물과 인지행동치료가 기본이며 그 외 노출치료, EMDR, 명상 등을 병행할 수 있다. 최근 기분 좋은 향을 활용한 후각 가상현실치료^{OVR}에 대한 연구가 활발히 진행되고 있다. 아로마테라피의 경우 버가못 오일과 오렌지 오일이 증상 완화에 효과적이었다. 또한 악몽을 개선하기 위해 수면 중 에센셜 오일을 제공했더니 증상이 개선되었다. 사용된 에센셜 오일은 로즈, 라벤더, 오렌지와 복숭아 향 중에 개인이 선호하는 향을 선택하였다. 향후 긍정적 기분을 최대화하기 위해서는 다양한 개인 맞춤 향에 대한 개발이 필요할 것으로 보인다.

치매

치매는 앞서 '후각과 기억'에서 자세히 언급했기 때문에 이번 장에서는 치매 증상에 도움을 주는 아로마테라피에 대해서만 간단히 언급하고자 한다. 치매의 전 단계인 경도인지장애^{MCI}와 치매 환자의 인지기능 저하는 혈중 아세틸콜린의 감소와 많이 연관되어 있다. 따라서 현재 주로 처방되는 치매 치료제도 아세틸콜린을 증가시키는 약물이다. 에센셜 오일 중 아세틸콜린을 증가시키는 대표적인 3가지 오일은 로즈마리^{rosemary}, 유칼립투스^{eucalyptus}, 페퍼민트^{peppermint}이다. 3가지 오일 모두 혈중 아세틸콜린의 분해를 막아 아세틸콜린을 증가시킨다.[273][274][275] 이러한 역할은 오일 속의 1,8-시네올$^{1,8-cineole}$ 성분과 관련이 있는 것으로 알려졌다.[276] 한 연구에 의하면 치매 환자에게 한 달 동안 아로마테라피를 시행한 결과 인지기능의 향상 소견을 보였다.[277] 아침에는 각성을 포함한 인지기능 호전에 도움을 주는 로즈마리와 레몬 오일을, 저녁에는 진정 효과가 있는 라벤더와 오렌지 오일이 사용되었다.

치매의 경우 일단 발병이 되면 계속 악화하는 질병이므로 예방하는 것이 치료 못지않게 중요하다. 운동, 독서나 사회 활동 등의 장려는 일반적으로 널리 알려진 치매 예방법이다. 아로마테라피를 활용하여 노인의 인지기능을 호전시킨 사례가 최근 논문으로 발표되었다.[278] 60~85세 노인을 대상으로 하였고 잠자는 첫 2시간 동안 아로마 디퓨저를 통해 7가지 종류의 에센셜 오일을 매일 바꿔가며 시행하였다. 에센셜 오일의 종류는 로즈, 오렌지, 유칼립투스, 레몬, 페퍼민트, 로즈마리, 라벤더 오일이었고 6개월간 지속되었다. 임상 시험 전과 후의 신경심리학적 검사 RAVLT, 청각 언어 학습 테스트와 기능성자기공명영상 fMRI을 촬영하여 대뇌 및 인지기능의 변화를 평가하였다. 청각 언어 학습 테스트 검사는 주로 기억력과 학습 능력을 평가하기 위해 사용되는 심리검사로서 주의력, 단기 기억, 장기 기억, 정보를 처리하는 능력 등을 평가하는 데 유용하다. 임상 결과는 대상군이 대조군에 비해 기억력 평가에 사용되는 단어 목록 테스트에서 인지기능이 226%나 증가한 것으로 나타났다. 뇌영상 촬영에서도 갈고리 섬유다발 uncinate fasciculus에서 기능적 활성도가 증가된 것으로 관찰됐다.

갈고리 섬유다발의 경우 변연계와 전전두엽을 연결하는 통로로 나이가 들면서 점점 악화하며 특히 치매 환자의 악화 수준이 증가한다. 삽화적 기억이나 사회적 감정, 기억 회상 등에 중요한 역할을 하며 음악을 듣거나 춤을 출 때도 기능적 활성도는 증가한다. 이번 연구의 놀라운 성과는 춤을 추거나 음악을 듣는 등 적극적 활동 없이 단지 2시간의 수면 아로마테라피만으로 인지기능이 향상되고 대뇌의 기능적 변화가 유발되었다는 사실이다. 후각 자극의 경우 시상 thalamus 을 거치지 않기 때문에 수면에 방해를 주지 않고 서파 slow wave 를 증가시켜 숙면에도 도움을 준다. 또한 평소 후각 자극 연습은 치매 억제에 도움을 주는 인지 예비력 cognitive reserve 을 증가시켜 치매 예방에도 도움을 준다.[279][280] 인지 예비력은 개인이 학습, 경험, 교육, 사회적 상호작용 등을 통해 축적한 인지적 자원이다. 높은 교육 수준, 복잡한 문제를 해결하거나 창의성을 요구하는 직업, 친구 및 가족과의 적극적인 사회적 상호작용, 독서, 음악, 퍼즐 등 다양한 뇌 활동은 인지 예비력을 증가시킨다. 인지 예비력은 뇌의 손상이나 퇴화가 발생했을 때, 그 영향을 완화하거나 지연시키는 역할을 한다. 예를 들어, 알츠하이머병이 있는 경우, 높은 인지 예비력을 가진 사람은 증상이 나타나는 데 더 오랜 시간이 걸릴 수 있다. 향후 대규모 집단을 통한 후속 연구가 필요하겠지만 평소 후각 자극 훈련 및 수면 아로마테라피를 잘 활용한다면 저비용과 저노력으로 인지기능을 호전시킬 수 있는 매우 유용한 방법으로 기대된다. 또한 본 연구는 모든 대상군에게 동일한 에센셜 오일을 투여하였는데 효능을 최대화하기 위해서 개인의 상태에 맞춘 기능적 블렌딩 오일의 개발도 함께 이뤄져야 할 것으로 보인다.

3부

자연이 주는 행복:
에센셜 오일

1장.
라벤더(lavender)

학명: Lavendula angustifolia
과명: 꿀풀과(Labiatae)

역사

라벤더는 아로마테라피를 위한 가장 널리 알려진 허브 식물 중 하나로 끝없이 펼쳐진 보랏빛 들판이 연상된다. 라벤더 lavender 라는 명칭은 '씻다'라는 뜻을 가진 라틴어 'lavare'에서 유래되었다. 고대 이집트에서부터 사용되었으며 고대 로마인들은 목욕물에 라벤더를 첨가하여 상처를 씻어내거나, 스트레스를 해소하였다. 중세 유럽에 '흑사병'이라 불리는 페스트가 유행했을 때는 몸에 뿌려 악취를 제거하거나 질병 예방에 사용하였다. 하지만 라벤더가 결정적으로 유명해진 계기는 프랑스 화학자인 르네 모리스 가트포제 Rene Maurice Gattefosse 의 덕이 크다. 1910년 7월, 그는 실험실에서 실험을 하던 도중 큰 화상을 입은 후 급히 손을 라벤더 오일에 넣게 되었다. 이후 라벤더 오일을 계속 바르면서 상처가 치유되는 경험을 하였고 지속적 연구를 통해 1937년 '아로마테라피'라는 용어를 처음으로 사용하였다. 현대 아로마테라피가 시작된 시발점이 바로 '라벤더'이다.

식물의 생태 및 주요 성분

라벤더가 가장 유명한 지역은 프랑스 프로방스 지방이다. 불가리아, 영국, 스페인, 이탈리아 등도 주요 생산국이다. 여름에는 덥고 건조하며 겨울에는 온화한 지중해성 기후에서 잘 자란다. 라벤더 종류는 전 세계 30 여종이나 되지만 3가지 종이 유명하다. 첫째, 가장 일반적으로 사용되는 라벤더로 라벤더 앙구스티폴리아 Lavendula angustifolia 이다. '순종 라벤더 Lavendula vera, true lavender' 와 '영국 라벤더'라고 불리며 부드럽고 달콤한 향을 가지고 있다. 아로마테라피에서 주로 사용되는 라벤더이다. 프랑스 프로방스 지역에서 가장 많이 생산되지만 영국 라벤더로 불리는 이유는 17세기 영국에서부터 재배되었고 영국의 정원문화뿐 아니라 다양한 문학작품과 예술에서 주로 언급되기 때문이다. 둘째는 라벤더 라티폴리아 Lavendula latifolia 로서 '스파이크 라벤더'라고 불리는데 순종 라벤더보다 잎 향이 강한 편이다. 마지막으로 라반딘 lavandin 을 들 수 있는데 순종 라벤더와 스파이크 라벤더의 교잡종이다. 순종 라벤더보다 오일 생산량이 2배 이상 높아서 가격이 비교적 저렴하므로 향수, 비누, 화장품 등에 많이 사용되고 있다.

라벤더 오일을 추출하기 위해서는 먼저 라벤더꽃이 만개한 상태에서 신선한 꽃대를 수확한다. 수확한 라벤더는 수증기 증류법으로 추출되는데 증류 및 냉각 과정을 통해 물에 녹지 않는 에센셜 오일층과 수분층이 분리된다. 이후 추출된 오일은 불순물을 제거하여 순수한 라벤더 오일이 만들어진다. 라벤더 오일은 일반적으로 맑고 투명한 황금색 혹은 옅은 노란색을 띠며 기분 좋은 발삼 향과 함께 상쾌하고 달콤한 꽃, 허브 향이 어우러진 독특한 향을 가지고 있다. 순종 라벤더의 주요 화학 성분은 알코올 성분인 리날룰 linalool 과 에스테르 성분인 리날릴 아세테이트 linalyl acetate 가 약 80~90%를 차지하고 있다. 일반적으로 알코올과 에스테르 화학 성분이 많은 에센셜 오일은 인체에 무해하고 피부에 자극이 없는 안전한 오일이다. 특히 라벤더에서 리날릴 아세테이트 성분 비율은 라벤더의 품질을 결정하는 중요한 요소이다. 라벤더는 높은 고도 약 600~1,500m 에서 재배되고 증류된다. 높은 고도에서 오일을 추출하는 이유는 높은 곳에서는 끓는 점이 100도 대신 92~93도로 낮아져서 리날릴 아세테이트의 추출 비율이 높아지기 때문이다. 반면에 라반딘과 스파이크 라벤더의 경우 케톤 성분인 캠퍼 camphor 를 함유하고 있어 피부 자극이 있을 수 있으므로 아로마테라피 에센셜 오일로는 적당하지 않다. 넓은 부위 도포는 피해야 하며 비누와 클렌저와 같은 씻어내는 제품으로 활용되는 것이 안전하다.

테라피 효능 및 주의 사항

아로마테라피에 대한 연구 중 라벤더 오일과 관련된 논문이 가장 많다. 라벤더는 크게 신체적 및 정신적 효과로 나뉘볼 수 있다. 신체적인 효과로는 첫째, 가트포제가 화상 치료에 라벤더를 활용한 것처럼 화상이나 모든 종류의 상처 치유 효과가 뛰어나다. 둘째로는 알코올과 에스테르 성분 모두 항염증 및 진통 효과를 가지므로 두통, 관절염이나 근육 통증 완화에 도움을 준다. 셋째는 세균이나 곰팡이에 대한 항균 효과로 여드름, 종기, 무좀 치료 등에 효과적이다. 넷째로는 호흡기에 작용을 하여 기침이나 감기, 목의 염증, 비염 증상 완화에 도움을 준다. 호흡기 증상 완화를 위해서는 아로마테라피의 여러 방법 중 흡입법을 권장한다.

정신적인 효과는 스트레스와 불안을 감소시키고 우울 증상을 호전시키며 수면 개선에 도움을 준다. 라벤더가 대뇌에 미치는 영향을 살펴보자. 먼저 대뇌의 억제성 신경전달물질인 가바의 작용을 강화하여 진정 및 이완을 유도한다.[281][282] 가바 물질은 수면 유도에도 관여하기 때문에 불면 증상에도 효과적이다.[283][284][285] 세로토닌은 우울증과 관련된 신경전달물질로서 세로토닌 수치가 낮아지면 우울증과 불안 증상이 증가한다. 라벤더 오일은 혈중 세로토닌 수치 증가에 도움을 주어 가벼운 우울 증상을 개선한다.[286][287] 우리 몸은 스트레스를 받으면 대뇌 신호에 따라 부신에서 스트레스 호르몬인 코티졸이 분비되어 맥박을 빠르게 하고 혈당수치를 올리는 등 스트레스에 신속한 대처를 한다. 하지만 스트레스가 지속되어 코티졸이 계속 분비되면 우울 및 불안 증상이 지속되는 악순환이 반복된다. 라벤더 오일은 혈중 코티졸 수치를 낮추어 스트레스를 줄이고 이로 인한 불안, 우울 증상을 완화시켜 준다.[288][289][290]

라벤더 오일은 임신 첫 3개월 이내 임산부의 경우 사용에 매우 주의해야 한다. 주요 성분인 리날룰과 리날릴 아세테이트 성분 모두 여성호르몬인 에스트로겐과 유사한 작용을 하여 초기 태아의 자궁 착상을 방해할 수 있기 때문이다. 다만, 태아가 출생한 이후에는 출생 직후부터 성인에 이르기까지 비교적 안전하게 사용할 수 있다. 또한 라벤더 오일은 진정 및 심리적 이완 효과로 혈압을 낮출 수 있어 저혈압인 사람의 경우 주의를 요한다.

2장.
로즈마리(rosemary)

학명: Rosemarinus officinalis
과명: 꿀풀과(Labiatae)

역사

로즈마리의 역사는 고대 이집트까지 거슬러 올라간다. 고대 이집트 사람들은 로즈마리 향기를 매우 좋아했고 이집트 왕조 무덤에서도 발견되었다. 고대 그리스와 로마인들은 로즈마리를 기억력과 지혜를 상징하는 식물로 여겨 학생들이 수업을 받을 때 로즈마리 가지를 착용하였다고 전해진다. 로마인들은 로즈마리를 매우 신성한 식물로 여기고 결혼식과 장례식에서 사용하였다. 결혼식장에서는 사랑과 충성을, 장례식장에서는 죽음을 기념하고 기억하는 의미로 사용했다.

중세 시대에는 약용 식물로서 소화 불량, 두통, 피로 회복 등에 활용하였고 고기 보존을 위한 향신료로도 사용했다. 중세 기독교 문화에서는 로즈마리를 성모 마리아와 관련지어 성스러운 식물로 여겨 많은 교회에서 장식용으로 사용되었다. 장례식에도 사용되었는데 고인에 대한 존경과 사랑을 표하고 죽음 이후의 삶을 기원하였다. 윌리엄 셰익스피어의 유명한 희곡 〈로미오와 줄리엣〉에서는 줄리엣이 로미오와의 사랑을 회상할 때 로즈마리가 등장하고, 줄리엣의 시신에 로즈마리를 올려놓는 장면이 나온다. 로즈마리의 꽃말이 '기억', '사랑 기억', '충성' 등으로 불리는 것도 이러한 역사적 의미와 관련이 있다.

식물의 생태 및 주요 성분

로즈마리의 어원은 라틴어 로즈$^{ros, 이슬}$와 마리누스$^{marinus, 바다}$에서 유래되어 '바다의 이슬'이라는 뜻이다. 이는 로즈마리가 주로 지중해 지역 해안 근처에서 자생하기 때문에 붙여진 이름으로 온난한 지중해성 기후와 배수가 잘되는 토양에서 잘 자란다. 로즈마리 오일이 대량 생산되는 나라는 주로 지중해 연안 국가로 프랑스, 이탈리아, 스페인, 튀니지 등이 해당된다. 특히 프랑스의 프로방스 지방은 라벤더뿐 아니라 로즈마리도 많은 양이 생산된다. 로즈마리 오일은 꽃과 잎을 수증기 증류 하여 얻어지며 색깔은 투명하거나 연한 노란색을 띤다. 향은 허브와 약간 침엽수 향이 섞인듯한 특징으로 상쾌하고 강렬한 느낌을 준다.

로즈마리 오일에 대한 화학 성분은 케모타입^{chemotype}에 따라 성분 조성이 달라진다. 케모타입은 동일한 식물종에서 생산된 에센셜 오일이라도 다른 지역에서 생산되는 경우 화학적 조성이 뚜렷이 달라지는 것을 말한다. 로즈마리의 주요한 케모타입은 캠퍼 보르네올camphor-borneol, 시네올1,8-cineole, 버베논vernenone 3종류가 있다. 캠퍼 보르네올 케모타입의 경우 스페인에서 주로 재배되며 케톤 성분인 캠퍼의 함량이 상대적으로 높아서 국소 부위의 근육통에 효과적이다. 시네올 케모타입은 튀니지에서 주로 생산되며 특히 1,8-시네올 성분이 높아서 기관지염이나 천식과 같은 호흡기 질환의 치료에 좋다. 마지막으로 버베논 케모타입의 경우 대부분 프랑스에서 재배되며 일반적으로 우리가 알고 있는 로즈마리 오일이라고 이해하면 된다. 피부에 무난한 무자극성으로 피부 관리에 많이 활용된다.

테라피 효능 및 주의 사항

라벤더가 마음을 릴랙스하고 심리적 안정을 제공한다면 로즈마리는 정신적 각성 상태를 만들어 준다. 한 연구에 의하면 로즈마리 에센셜 오일을 흡입 후 뇌파EEG 검사를 시행한 결과 알파파는 감소하고 베타파는 증가하였다.[291] 일반적으로 알파파는 릴랙스 상태에서, 그리고 베타파는 정신적 각성 상태에서 증가하기 때문에 로즈마리 오일은 정신 자극제라고 볼 수 있다. 로즈마리는 집중력 및 기억력 향상에도 도움을 주는데 신경전달물질인 도파민과 아세틸콜린에 영향을 주기 때문이다. 도파민은 뇌에서 쾌락, 보상, 학습, 기억 및 기분 조절에 중요하다. 로즈마리 오일은 도파민의 분비를 증가시켜 학습 및 기억 능력을 향상시킨다.[292][293][294] 아세틸콜린은 인지기능과 매우 관련이 있는 신경전달물질로 치매 환자에게 상당히 감소되어 있어 치매 치료제의 경우 주로 아세틸콜린을 증가시키는 역할을 한다. 로즈마리 오일의 경우도 혈중 아세틸콜린의 분해를 막아 아세틸콜린을 증가시킨다.[295][296][297] 현재까지 로즈마리 오일 성분 중 어떤 물질이 인지기능과 관련되었는지 완전히 밝혀지지는 않았다. 다만, 현재 유력한 후보 물질 중 하나는 1,8-시네올1,8-cineole 성분이다. 로즈마리 오일 흡입 후 인지기능을 평가한 임상 논문 결과 인지기능이 호전될수록 혈중 1,8 시네올 농도도 함께 증가하는 양상을 보였다.[298] 1,8-시네올 성분은 일반적으로 점액을 묽게 하고 기침을 완화하는 등 호흡기 증상에 효과적인 화학 성분으로 알려져 있지만 대뇌의 인지기능 향상에도 기여하는 흥미로운 결과를 보임에 따라 향후 지속적 연구가 필요하다.

신체적 효과는 근골격계의 통증 완화, 호흡기 질환에서의 기침, 가래 증상 조절, 탈모 및 피부 관리를 들 수 있다. 각 증상에 대한 효과를 극대화하기 위해서는 관련 증상에 효과적인 로즈마리 케모타입을 고르는 것이 좋다. 근육 통증이나 관절염과 같은 경우는 캠퍼 보르네올 타입이 효과적이고, 기관지염이나 천식과 같은 호흡기 질환에는 시네올 타입이 적합하다. 피부 관리를 위해서는 피부 자극이 없는 버베논 타입이 무난하다. 버베논 타입의 경우 주름 완화와 모발 촉진 효과가 있어 노화 피부 및 탈모 관리를 위한 마사지 오일로 유용하다.

로즈마리 오일은 임산부, 간질 환자, 고혈압 환자의 경우 사용을 해서는 안 된다. 임산부의 경우 로즈마리 오일이 자궁 수축을 유도하여 조산이나 유산 위험이 있다. 간질 환자의 경우 캠퍼 등 케톤 성분이 간질을 악화시킬 수 있다. 또한 로즈마리 속에 포함된 캠퍼, 1,8-시네올 성분은 혈압을 올리는 효과가 있어 고혈압 환자에게는 추천하지 않는다.

3장.
버가못(bergamot)

학명: Citrus bergamia
과명: 운향과(Rutaceae)

역사

버가못이라는 이름은 이탈리아어 'bergamotta'에서 유래하였고 이는 이탈리아 북부의 작은 도시인 베르가모 Bergamo 와 관련이 있다. 17세기 초반 이탈리아에서 처음 재배되기 시작하였고 베르가모 도시도 주요 재배지 중 하나였다. 버가못은 17세기 유럽 전역으로 퍼져나가기 시작하였는데 향수 성분에 중요한 성분으로 활용되었다. 19세기 중반 버가못 오일은 '얼그레이 차'의 주요 성분으로 알려지면서 많은 인기를 받게 되었다. 얼그레이 차는 홍차에 버가못 오일을 첨가하여 만든 차로 19세기 초반 영국의 총리인 찰스 그레이 Charles Grey 백작의 이름을 따서 명명되었다. 독특한 향과 맛이 특징이며 유럽 문화 특히 영국 차 문화의 상징이 되었다. 20세기 산업화에 따라 버가못에 대한 수요가 증가하면서 재배가 활발히 이루어졌는데 향수, 비누,

화장품, 아로마테라피 제품 등 다양한 용도로 활용되었다.

식물의 생태 및 주요 성분

버가못은 오렌지와 비슷한 감귤류이지만 더 작고 타원형이다. 과일의 껍질은 녹색을 띠는데 익으면 노란색이 되며 향긋한 향이 특징이다. 과육은 다소 쓴맛과 신맛이 강해서 오렌지, 레몬 등 다른 시트러스 계열 과일과 달리 먹지를 못하고 껍질을 주로 활용한다. 따뜻하고 온화한 지중해성 기후에서 잘 자라며 주로 이탈리아 칼라브리아주 남부 지역에서 재배된다. 이탈리아는 세계적으로 가장 큰 버가못 생산 국가로 전 세계 버가못 오일 생산의 95%를 차지하고 있다. 그 외 5%는 인근 지중해 지역인 프랑스, 그리스, 튀니지 등지에서 소량 생산 되고 있다. 버가못 오일은 익은 버가못 과일의 껍질을 냉압착법으로 생산한다. 냉압착법은 버가못, 레몬, 그레이프프루트 등 시트러스 계열의 과일에서 오일을 추출할 때만 사용되는 방법이다. 과일 껍질에 열을 가하지 않고 물리적으로 압착만으로 에센셜 오일을 추출한다. 추출된 버가못 오일의 색깔은 녹색 혹은 올리브 녹색을 띤다. 향은 레몬이나 오렌지 등 다른 시트러스 계열 과일과 같이 상큼하고 달콤한 과일 향이 나지만 특이하게 은은한 꽃향기도 함께 지니고 있다. 꽃향은 잔향까지 지속된다. 또한 약간의 기름 냄새, 풀 향, 발삼 향이 바디향을 이루어 매우 독특하고 매력적인 향적 특성을 가지고 있다.

에센셜 오일의 주요 화학 성분은 모노테르펜 성분인 리모넨^{limonene,}

33%과 에스테르 성분인 리날릴 아세테이트$^{linalyl\ acetate,\ 31\%}$, 알코올 성분인 리날룰$^{linalool,\ 13\%}$이다. 에스테르 성분은 꽃 계열 오일에서 주로 높은 비율을 차지하고 꽃향기와 관련이 있으며 심리적 안정과 진정 효과를 가진다. 버가못은 과일인데도 은은한 꽃향기가 지속되는데, 이는 높은 에스테르 비율과 관련이 있다. 버가못 오일의 또 다른 특징은 리모넨, 리날룰, 리날릴 아세테이트 3가지 화학 성분이 적절한 비율로 구성되어 각 성분의 시너지 효과로 인해 우울증 완화에 매우 효과적이다.

하지만 버가못 오일 사용 시 주의해야 할 특징도 있다. 버가못 오일 속에는 푸로쿠마린^{furocoumarin} 성분의 일종인 버갑텐^{bergapten}과 버가모틴^{bergamottin} 물질이 들어 있는데 광감성^{phototoxicity}을 유발한다. 광감성은 관련 성분이 있는 오일을 바르고 햇빛에 노출되면 피부 발진이나 홍반, 색소 침착 등이 생기는 경우를 말한다. 버가못 오일을 사용할 경우 사용 후 최소 12~24시간 동안은 햇빛에 노출되지 않는 것이 중요하며 피부 적용은 주로 야간에 해야 한다. 하지만 버가못 오일 제품 중 '버가못 FCF$^{Furo\ Coumarins\ Free}$' 오일은 광독성이 없어서 안전하게 사용할 수 있다. 버가못 FCF 오일은 버가못 오일 추출을 냉압착법이 아닌 수증기 증류법으로 추출하여 광감성의 원인이 되는 푸로쿠마린 성분을 제거한 오일을 말한다.

테라피 효능 및 주의 사항

버가못 오일은 정신건강에 매우 유익한 오일이다. 먼저 싱그러운 과일 향과 꽃 향의 조화는 심리적 긴장을 완화하고 기분을 전환하는 데 매력적인 향 조합이다. 화학 성분은 대뇌에 2가지 주요 작용을 한다. 먼저 라벤더와 같이 대뇌의 억제성 신경전달물질인 가바GABA의 작용을 강화하는 역할을 한다.[299 300] 가바의 활성화는 신경 세포의 활동을 억제하여 과도한 신경 자극을 조절하며 불안 및 스트레스를 감소시킨다. 수면에도 관여하는데 수면 유도뿐 아니라 수면 주기를 조절하고 깊은 수면을 촉진하는 데 도움을 준다.

두 번째 대뇌 작용은 스트레스 반응 시 분비되는 스트레스 호르몬인 코티졸cortisol 수치를 감소시킨다.[301 302] 우리 몸은 다양한 스트레스 상황에 직면하면 대뇌의 시상하부와 뇌하수체를 거쳐 부신피질 자극 호르몬ACTH이 분비된다. 이어 부신에서 스트레스 호르몬인 코티졸이 분비되면 심박수도 증가하고 에너지원인 혈당 수치도 올려 스트레스에 대응하게 된다. 하지만 오랜 스트레스로 코티졸 수치가 계속 오르면 불안, 우울, 불면 등 정신 증상은 호전되지 않고 악화를 반복하게 된다. 버가못 오일은 스트레스 호르몬인 혈중 코티졸 수치를 낮춤으로써 스트레스 개선에 도움을 준다. 결국 버가못 오일은 가바의 활성화와 코티졸 감소라는 2가지 대뇌 작용을 통해 스트레스로 인해 유발된 불안, 우울 및 불면 증상 호전에 도움을 준다.

신체적 효과로는 먼저 항바이러스 효과를 들 수 있다. 주로 입술이나 구강 주위에 감염을 일으키는 1형 헤르페스 바이러스의 활성을 억제하며 티트리, 라벤더, 버가못을 같은 비율로 배합하면 시너지 효과를 볼 수 있다. 항균 및 항염 효과가 있어 방광염과 비뇨기 감염 초기에 좌욕을 시행하면 감염 확산 방지에 도움을 준다. 또한 피지 분비를 억제하는 효과가 있어 여드름이나 지성 피부의 피부 관리에 좋다.

버가못 오일 사용 시 가장 주의해야 할 것은 앞서 언급한 '감광성' 문제이다. 버가못 오일을 바르고 햇빛에 노출하는 것은 반드시 피해야 하며 불가피한 경우에는 광감성이 없는 버가못 오일 '버가못 FCF' 제품을 사용하도록 한다. 또한 처음 사용하는 경우 알레르기 반응 여부를 확인하는 것도 중요하다. 소량을 피부의 작은 부위에 테스트하여 알레르기 반응 여부를 확인하는 것이 좋다.

4장.
스위트오렌지(sweet orange)

학명: Citrus sinensis
과명: 운향과(Rutaceae)

역사

일반적으로 오렌지는 유럽이나 미국에서 처음 재배된 것으로 알고 있지만 사실 오렌지 나무 경작의 기원은 중국과 인도이다. 기원전 2,500년경부터 재배된 것으로 추정되며 이후 아랍 세계로 전파되었다. 이슬람 세력의 스페인 정복으로 오렌지가 유럽으로 전파되었고 15세기 유럽에 소개된 오렌지는 귀족 사회에서 큰 인기를 끌었다. 15세기 콜럼버스가 아메리카 대륙을 발견하면서 오렌지가 함께 전해졌고 이후 전 세계적으로 오렌지 재배가 확대되었다. 17세기에는 프랑스와 네덜란드 귀족들이 온실에서 오렌지를 재배하면서 유럽 전역으로 퍼져나갔다. 18세기에는 오렌지 주스가 널리 알려지게 되었고 현재 식품 향료, 비누, 세제, 화장품 및 향수 제품에 널리 사용되고 있다.

식물의 생태 및 주요 성분

오렌지는 열대와 아열대 기후에서 잘 자라며 최대의 생산 국가는 브라질이며 전 세계 에센셜 오일 수출의 36%를 차지한다. 다음으로는 미국으로 캘리포니아와 플로리다주를 중심으로 대규모 재배 및 에센셜 오일 생산이 이뤄지고 있다. 이스라엘도 주요 생산국이고 스페인, 이탈리아, 프랑스 등 지중해 국가는 오랜 역사를 가진 오렌지 재배 지역이다. 호주에서도 재배가 활발하며 우수한 품질의 에센셜 오일이 생산되고 있다.

아로마테라피에 활용되는 오렌지는 크게 비터 오렌지 bitter orange 와 스위트오렌지 sweet orange 로 나눌 수 있다. 스위트오렌지의 경우 우리가 흔히 알고 있는 오렌지를 말하고 비터 오렌지는 맛이 쓰고 신맛이 강하여 그대로 먹기보다는 가공을 통해 섭취한다. 스위트오렌지 나무는 비터 오렌지 나무보다 작으며 열매도 더 작고 덜 단단하다. 비터 오렌지 나무에 있는 가시가 스위트오렌지에는 없는 점도 차이점이다. 오렌지 에센셜 오일을 추출할 때는 스위트오렌지를 주로 사용한다. 비터 오렌지의 경우 광감성이 있기 때문이다. 비터 오렌지는 열매 이외에 꽃과 잎을 통해서 에센셜 오일을 추출한다. 꽃에서 추출한 것은 네롤리 neroli 오일, 잎을 통해서는 페티그레인 petitgrain 오일이 만들어진다.

스위트오렌지 오일은 다른 시트러스 계열 오일처럼 거의 익은 오렌지 과실의 껍질을 냉압착하여 추출한다. 오일의 색상은 일반적으로 연한 노란색에서 오렌지색을 띤다. 오렌지 오일의 화학 성분은 모노테르펜 성분인 리모넨limonene이 95%를 차지하며 시트러스 계열 오일 중 리모넨 성분이 가장 높다. 리모넨 성분은 항염증, 진통 효과뿐 아니라 우울증을 완화하고 마음을 진정시키는 효과를 갖는다.

테라피 효능 및 주의 사항

오렌지 오일은 무독성, 무자극성, 비과민성 오일로서 어린이에게도 매우 안전한 오일이다. 오렌지 오일의 정신적 효과는 먼저 강력한 항불안 효과를 들 수 있다. 오렌지 오일의 대뇌 작용을 통해 스트레스 호르몬인 코티졸의 분비를 감소시켜 불안 증상을 개선한다.[303] 오렌지 오일은 달콤하고 신선한 향으로 아이들이 좋아하는 향으로 어린이 치료에 효과적이다. 연구에 따르면 치과 치료를 받는 어린이에게 치료 동안 오렌지 오일을 맡게 했더니 불안 지수가 감소하고 타액에서 코티졸의 농도가 감소하였다.[304] 또한 입원하고 있는 어린이에게 일정 시간마다 오렌지 오일을 맡게 했더니 수면 개선에도 도움을 주었다.[305] 불면증 개선을 위해서 오렌지 오일과 라벤더 오일을 동등한 비율로 블렌딩하면 시너지 효과를 볼 수 있다.

신체적 효과는 근육의 경련을 억제하여 통증 조절에 효과적이다. 과민성대장 증상의 경우 기능적으로 과민해진 장 운동과 관련이 있는데 꾸준히 배 마사지를 해주면 증상 완화에 도움이 된다. 그 외에 다양한 통증에도 도움이 된다. 응급실에 내원한 골절 환자의 통증, 월경전증후군PMS을 앓고 있는 여성의 주기적인 통증, 분만 중인 산모의 산통 완화에 모두 좋은 효과를 보였다.[306][307][308] 오렌지 오일은 시트러스 계열의 오일이지만 버가못이나 레몬 오일처럼 감광성이 없어서 햇빛 노출에 대한 제약이 없다. 이와 더불어 무독성, 무자극성으로 피부 관리에 좋은 오일이다. 건성부터 지성, 여드름이 있는 모든 피부의 피부를 진정시키는 데 효과적이다. 또한 피부 재생 효과가 있어 노화된 피부나 각질 피부의 치료에도 도움을 준다. 오렌지 오일은 어린이부터 성인까지 모두 사용 가능할 수 있는 안전한 오일이다.

5장.
네롤리(neroli)

학명: Citrus auranticum var. amara
과명: 운향과(Rutaceae)

역사

네롤리 에센셜 오일은 비터 오렌지 나무의 꽃에서 추출한 것이다. 비터오렌지 나무는 원래 아시아에서 유래하였으며 10세기경 십자군 전쟁에 의해 팔레스타인에서 이탈리아로 처음 전파되었다. 에센셜 오일은 16세기 초에 처음으로 증류 추출 되었다. 네롤리라고 불리게 된 역사적인 계기는 이탈리아의 네롤라 Nerola 공국과 관련이 있다. 네롤라 공국은 이탈리아 중부에 위치하였고 14~18세기까지 예술과 문화의 중심지였다. 17세기 초 네롤라 공국의 공주인 안나 마리아 Anna Maria de La Tremoille 공주는 평소 장갑에 뿌리고 다닐 정도로 유난히 네롤리 오일을 좋아하였는데, 그로 인해 '네롤리'라는 이름이 붙여지게 되었다. 18세기에는 유럽 전역에서 큰 인기를 끌게 되었으며 특히 프랑스와 이탈리아에서 고급 향수의 주성분으로 활용되었다. 19세기 이후에는 향수 이외에도 스트레스 해소와 심리적 진정 목적으로 아로마테라피에 사용되었다. 현재 향수, 스킨케어, 아로마테라피 등 다양한 분야에 활용되고 있다.

식물의 생태 및 주요 성분

비터 오렌지 나무는 높이가 약 10m까지 자라는 상록수이다. 나무에 가시가 있으며 사철 푸른 잎과 흰색의 꽃을 피우는데, 꽃에서 추출한 오일이 바로 네롤리 오일이다. 스위트오렌지 나무가 따뜻하고 온화한 기후에서 잘 자라는 데 반해, 비터 오렌지 나무는 겨울철에 약간의 서리가 있는 지역에서도 견딜 수 있다. 스위트오렌지는 주요 생산 국가가 따뜻한 기후의 브라질이나 미국이지만, 비터 오렌지는 이탈리아나 스페인 등 주로 유럽과 미국에서 생산된다. 이탈리아의 시칠리아, 스페인의 발렌시아, 미국의 플로리다와 캘리포니아 주가 주로 생산되는 지역이다. 네롤리 에센셜 오일은 매우 고가의 오일이다. 비터 오렌지꽃 1,000kg에서 고작 1kg의 네롤리 오일만이 생산되기 때문이다. 따라서 향이 비슷한 다른 값싼 오일과 혼합을 하는 섞음질 adulteration 이 많은 오일로 알려져 있다. 하지만 아로마테라피 치료 효과를 위해서는 다른 오일과 혼합되지 않은 순수한 원액 오일이 반드시 필요하다.

네롤리 오일은 비터 오렌지꽃을 신선하게 수확하여 수증기 증류법으로 추출한다. 오일의 색깔은 일반적으로 연한 노란색에서 호박색을 띠며 고품질의 오일은 맑고 투명한 색상을 가진다. 향은 강렬하고 가벼우며 활력을 주는 꽃 향과 상큼한 시트러스 향이 조화를 이뤄 달콤하고 이국적 느낌을 준다. 네롤리 오일의 화학적 성분은 꽃에서 추출을 했지만 에스테르 성분이 1% 이내로 적고 모노테르펜 성분인 리모넨limonene, 22.4% 이 가장 높은 것이 주요 특징이다. 상큼한 시트러스 과일 향이 연상되는 상큼하고 매력적인 꽃향기가 나는 것도 바로 리모넨 비율이 높기 때문이다.

테라피 효능 및 주의 사항

네롤리 에센셜 오일의 가장 큰 효능은 스트레스 해소와 불안 개선 효과를 들 수 있다. 향적으로도 기분이 좋아지는 향이지만 리모넨을 중심으로 한 화학 성분은 대뇌 작용을 통해 스트레스와 불안을 감소시킨다. 작용기전은 라벤더, 버가못, 오렌지 오일과 마찬가지로 스트레스로 인해 증가된 코티졸 분비를 감소시킨다.[309] 네롤리 오일은 특히 폐경기 여성에 유익한 오일이다. 폐경기 대표적인 증상으로 우울이나 불안감 등 정서적인 변화, 불면증이나 수면의 질 저하를 들 수 있다. 네롤리 오일의 지속적인 사용은 폐경기 여성의 불안과 스트레스 지수, 그리고 수면의 질 개선에도 효과적이었다.[310][311] 태아 분만 시에도 유용한데 네롤리 오일을 디퓨저로 분무 혹은 거즈에 묻힌 뒤 흡입했을 때 산모의 불안 수치와 분만 시 통증의 강도가 유의하게 감소되었다.[312][313]

네롤리 오일은 심장 건강에 긍정적인 효과를 제공한다. 긴장 이완 효과를 통해 혈압을 낮추고 스트레스를 줄여 심장 부정맥 위험을 줄여준다. 또한 심장의 두근거림을 진정시키고 심장 수술을 받은 환자의 수술 후 환자들의 스트레스와 불안 증상을 줄여 수술 후 회복에 도움을 준다.[314] 신체적인 효과로는 오일을 활용한 복부 마사지를 통해 위경련 및 과민성대장증후군 개선을 돕는다. 위경련 및 과민성대장증후군의 경우 소화계 평활근의 경련 및 비정상적인 운동과 관련이 있다. 네롤리 오일은 이러한 신경성 긴장을 완화시켜 증상 호전에 도움을 준다. 마사지 오일로는 네롤리와 오렌지 오일의 블렌딩을 추천한다. 네롤리는 무독성, 무자극성, 비민감성 오일로 피부 관리에 적합한 오일이다. 모든 유형의 피부에 적용이 가능하고 여드름 및 피부 염증 완화에 효과적이다. 특히 피부 세포 재생을 촉진시키므로 피부의 노화 방지에 효과적이다.[315]

6장.
일랑일랑(ylang ylang)

학명: Cananga odorata
과명: 포포나무과(Annoaceae)

역사

일랑일랑은 '꽃 중의 꽃'이라는 말레이시아 말에서 유래하였으며 인도네시아와 마다가스카르섬에서 주로 자생하는 식물이다. 19세기 빅토리아 시대의 대영 제국은 아시아, 아프리카, 아메리카 등으로 식민지를 확장하면서 세계에서 가장 큰 제국이 된 시기이다. 또한 산업혁명으로 인한 사회 경제적 변화로 인해 빈부 격차가 심화된 시기이기도 하다. 향수 제조 기술의 발달로 향수 산업이 급격히 발전하였는데 당시 향수는 개인의 정체성과 사회적 지위를 표현하는 중요한 수단이었다. 부유층을 중심으로 고급 향수에 대한 수요가 증가하면서 향수 제조업체들은 새로운 향료를 찾는 데 집중하였다. 1878년 유럽에 처음 소개되었는데 당시 이국적인 향에 매료되어 많은 사랑을 받았고 이후 미국으로 전파되었다. 20세기 초에는 아로마테라피의 발전으로 향수뿐 아니라 스트레스 해소와 정서적 안정에 도움을 주는 오일로 활용되었다. 인도네시아에서는 결혼식 밤에 신혼부부의 침대에 일랑일랑꽃을 뿌려놓는 풍습이 있다. 성적 매력을 높이고 부부 관계를 좋게 하기 위한 의도이다. 종교적 의식이나 전통 행사에서도 자주 사용되는데 독특한 향기는 신성한 분위기를 조성한다.

식물의 생태 및 주요 성분

일랑일랑은 주로 습한 저지대 열대 지방에서 잘 자란다. 일랑일랑꽃은 별 모양으로 보통 6개의 꽃잎을 가지고 있고 색상은 노란색에서부터 연한 녹색까지 다양하다. 세계에서 일랑일랑 에센셜 오일이 가장 많이 생산되는 나라는 마다가스카르섬이며 고품질의 일랑일랑을 생산한다. 다음으로는 인도네시아이며 그 외 레위니옹섬, 코모로섬과 필리핀 등에서도 적은 양을 생산하고 있다. 일랑일랑 에센셜 오일은 Cananga odorata종의 꽃을 신선하게 따서 분별 증류법 fractional distillation 으로 추출된다. 분별 증류법은 혼합물의 성분이 끓는점에 따라 분리되는 원리를 이용한다. 혼합물을 가열하면 가장 끓는 점이 낮은 성분이 먼저 기화되고 이후 냉각되어 액체로 응축한다. 이 과정을 반복하여 각 성분을 분리하게 된다. 일랑일랑꽃을 분별 증류 했을 때 처음 30분~1시간 이내로 증류하여 얻어지는 것이 엑스트라 extra 등급이고, 점점 증류 시간이 지나면서 1등급, 2등급, 3등급의 오일이 추출된다. 엑스트라 등급에서는 가벼운 성분이 많이 추출되고 시간이 지날수록 세스퀴테르펜 같은 무거운 성분이 많이 추출된다. 따라서 높은 등급일수록 향이 가볍고 부드러우며 낮은 등급은 무겁고 진하다. 엑스트라 등급과 1등급, 2등급을 섞은 오일을 컴플리트complete 등급이라고 하는데 아로마테라피에서는 최고의 품질과 효능을 갖춘 오일로 평가된다.

일랑일랑 에센셜 오일의 색깔은 일반적으로 연한 노란색으로 맑고 투명하다. 향기는 이국적인 꽃향기가 나는 달콤한 향을 가지고 있다. 강한 향기 강도를 가지고 있어 과도하게 사용 시 메스꺼움이나 두통을 유발할 수 있다. 장미, 자스민, 라벤더 등 다른 향료와 잘 어울려 향수의 탑노트로 많이 활용된다. 일랑일랑 에센셜 오일의 화학적 성분은 오일 등급에 따라 달라진다. 가장 먼저 추출되는 엑스트라 등급의 경우 에스테르 성분인 벤질 아세테이트benzyl acetate가 25% 함유되어 있지만 3등급 오일의 경우 4% 정도에 불과하다. 벤질 아세테이트는 꽃향기와 함께 진정 효과를 제공한다. 엑스트라 등급의 경우 에스테르 성분과 함께 알코올 성분인 리날룰linalool도 다량14% 포함되어 있다. 따라서 인체에 무해한 비교적 안전한 오일에 해당한다. 하지만 등급이 낮은 오일의 경우 세스퀴테르펜 성분이 증가하므로 일부 사람들에게는 알레르기 반응이나 두통을 유발할 수 있다. 따라서 아로마테라피를 위해서는 엑스트라나 컴플리트 등급처럼 최고 등급의 오일을 사용하는 것이 좋다.

테라피 효능 및 주의 사항

일랑일랑 오일은 정신건강에 좋은 오일이다.

정신적 스트레스로 인한 불안, 우울 증상을 줄여 심리적 안정에 도움을 준다. 대뇌 작용기전을 보면 먼저 스트레스로 인한 코티졸 수치를 줄여 불안 및 스트레스 증상을 줄인다.[316] 또한 일랑일랑 오일은 혈중 세로토닌 수치를 증가시킨다.[317,318] 세로토닌은 정서와 불안 및 수면 조절에 중요한 신경전달물질로 현재 가장 많이 처방되는 항우울제는 세로토닌을 증가시키는 약물이다. 따라서 일랑일랑 오일은 스트레스 관련 우울과 불안 및 불면 증상 개선에 도움을 준다.

일랑일랑 오일의 중요 화학 성분은 에스테르 성분인 벤질 아세테이트이며 모발과 두피 건강에 도움을 주어 모발 영양제로 많이 활용된다. 구체적인 효능은 첫째, 모발 건강을 개선하고 모낭을 강화하여 튼튼한 모발이 자라도록 돕는다. 둘째는 두피의 피지 생산을 조절하여 과도한 기름을 억제하고 기름진 비듬을 예방한다. 셋째는 항균 및 항염 특성으로 두피 감염 및 염증 억제를 통해 건강한 두피를 유지시켜 준다. 일랑일랑 오일은 식물성 에스트로겐 성분을 포함하고 있어 여성 호르몬과 유사한 작용을 한다. 이는 생리주기와 관련된 증상 즉, 생리통이나 생리전증후군PMS 증상의 완화에 도움을 준다. 피부 관리에도 좋다. 일랑일랑 오일은 피부에 수분을 공급하고 부드러운 피부를 만들어 준다. 여드름이나 피부 염증을 완화시켜 피부 트러블도 개선한다. 또 다른 효과는 꽃 계열 오일로서 혈압을 낮추는 효과가 있어 고혈압 환자의 혈압 저하에 도움을 준다. 마지막으로 일랑일랑 오일은 성 욕구 증가에 도움을 주어 최음제로도 활용된다. 주의할 점은 향기의 강도가 세기 때문에 너무 과용하면 두통이나 메스꺼움 등의 증상이 생길 수 있다. 또한 혈압을 낮추는 효과가 있어서 저혈압 환자의 경우 주의해서 사용해야 한다.

7장.
로즈(rose)

학명: Rosa damascena, Rosa centifolia
과명: 장미과(Rosaceae)

역사

꽃의 여왕으로 불리는 장미는 약 5,000년 전부터 인류와 함께해 온 꽃이다. 고대 이집트에서는 장미를 미의 상징과 함께 신성한 꽃으로 여겨 신들에게 바치는 제물로 사용되었다. 클레오파트라의 장미 사랑은 유별났는데 단순한 미의 상징을 넘어 정치적 목적으로도 사용하였다. 그녀는 장미의 향기를 통해 자신의 매력을 발산하면서 로마의 율리우스 카이사르와 안토니우스 등 권력자와의 관계를 강화하였다고 전해진다. 고대 그리스와 로마에서도 장미는 사랑과 미의 상징이었다. 그리스 신화에서 아프로디테는 사랑과 미의 여신으로 장미는 그녀와 관련된 상징적인 꽃이다. 아프로디테가 바다에서 태어날 때 그녀의 발아래에서 장미가 출생하였고 장미의 다양한 색깔은 사랑의 복잡한 감정을 표현하였다. 로마 네로 황제는 장미 마니아였다.

평소 장미 목욕을 즐기고 엄청난 장미 꽃잎을 파티에 동원하였으며, 궁전 안에 장미 공원을 만들었다. 로마 시대에 공중목욕탕 문화가 발달하면서 서민들도 장미 목욕을 즐겼는데 특히 결혼식과 축제에 중요한 역할을 하였다.

10세기 중세 시대에 페르시아 과학자 아비체나에 의해 증류법이 개발되면서 최초의 로즈 오일 및 로즈 워터가 제조되었다. 이후 십자군 원정으로 중동에서 유럽 전역으로 로즈 오일이 전파되었고 이후 다양한 향수 원료로 활용되었다. 중세 유럽 시대에 로즈 오일은 향수뿐 아니라 의약품으로도 활용되었다. 두통, 생리통, 소화 질환 등의 치료뿐 아니라 특히 피부 질환에 효과적으로 알려져 귀족들 사이에서 큰 인기를 끌었다. 이후 향수와 의약품으로 널리 활용되었으며 20세기 이후 아로마테라피가 대중화되면서 스트레스 완화와 심리적 안정 및 피부 건강을 위하여 많이 사용되고 있다.

식물의 생태 및 주요 성분

로즈는 장미과에 속하는 식물로 보통 2~3m 자라며 다양한 색상과 형태의 꽃을 가지고 있다. 아로마테라피에서 주로 사용하는 장미 종류는 다마스크 장미 Rosa damascena 와 캐비지 장미 Rosa latifolia 이다. 다마스크 장미의 경우 주로 중동에서 유래된 장미로 향기가 강렬하고 풍부하며 꽃 색깔은 주로 분홍색과 흰색이다. 터키와 불가리아 지방이 주요 생산지이다. 반면에 캐비지 장미는 양배추처럼 보인다고 해서 '캐비지'라는 이름이 붙여졌고 연한 분홍부터 흰색까지 다양하며, 강하고 달콤한 향기를 가지고 있다. 주로 유럽 특히 프랑스의 그라스 지방에서 많이 재배된다. 로즈 에센셜 오일이 전 세계에서 가장 많이 생산되는 나라는 불가리아이며 모든 로즈 오일 중 가장 높은 품질을 자랑한다. 다음으로는 터키이고 모로코, 인도도 최근 아로마테라피 제품을 위해 로즈 생산량을 늘리고 있다. 프랑스는 고급 향수 산업의 재료로서 로즈 오일을 생산하고 있다. 오일 추출을 위해서는 오전 5시에서 10시에 꽃을 직접 손으로 따야 하는데 이때가 꽃이 벌어져서 오일 함량이 최고이기 때문이다.

로즈 에센셜 오일은 추출 방법에 따라 로즈 오또 rose otto, 로즈 앱솔루트 rose absolute 2가지로 나뉜다. 로즈 오또의 경우 다마스크 장미를 수증기 증류법으로 추출한 것이다. 노란색을 띠며 가볍고 깨끗하면서 맑은 장미 향을 가진다. 반면에 로즈 앱솔루트는 캐비지 장미를 용매 추출법으로 추출한다. 일반적으로 황금색에서 갈색을 띠고 진한 농도를 가지고 있으며 로즈 오또보다 묵직하고 진한 장미 향을 갖는다. 로즈 에센셜 오일은 매우 비싼 고급 오일로 유명하다. 장미 꽃잎 3,500~5,000kg에서 로즈 오또 에센셜 오일 1kg만 수확이 가능하여 에센셜 오일 수율은 0.02~0.03%에 불과하기 때문이다. 로즈 에센셜 오일은 가장 복잡한 성분을 가진 에센셜 오일로 알려져 있다. 현재까지 300여 종의 화학적 성분이 밝혀졌지만 아직 밝혀지지 않은 성분이 더 많다. 알려진 주요 화학 성분은 제라니올 geraniol, 시트로네롤 citronellol, 네롤 nerol, 리날룰 linalool 및 페닐에틸 알코올 phenylethyl alcohol 등 주로 알코올 성분으로 피부에 무자극이고 인체에 안전하다.

장미 향의 중심 성분은 페닐에틸 알코올이며 시트로네롤, 네롤 등의 성분이 장미의 향을 더욱 풍부하게 한다.

테라피 효능 및 주의 사항

로즈 에센셜 오일은 천연 신경 안정제로 효과적이다. 스트레스로 인해 증가된 혈중 코티졸 수치를 낮춤으로써 스트레스 개선뿐 아니라 불안 증상 완화에 도움을 준다.[319] 불면증 완화에도 효과적이다. 한 연구에 따르면 심장질환으로 중환자실에 입원하고 있는 환자에게 로즈 에센셜 오일을 베개에 떨어뜨린 후 일정 기간 수면의 질을 평가한 결과 수면 지수가 개선되었다.[320] 로즈 에센셜 오일은 우울증을 완화하는 데에도 도움을 준다. 로즈 에센셜 오일은 우울증과 관련된 신경전달물질인 세로토닌의 혈중 수치를 올림으로써 우울 및 불안 증상 호전에 기여하는 것으로 연구되었다.[321] 로즈 에센셜 오일의 대뇌 작용기전은 앞서 언급한 일랑일랑과 유사하다. 2가지 오일 모두 코티졸을 감소시키고 세로토닌을 증가시키기 때문이다. 따라서 로즈와 일랑일랑 오일은 블렌딩 시 약리학적으로 시너지 효과를 기대할 수 있다.

로즈 오일은 여성들의 피부 관리에 매우 효과적인 고급 오일이다. 구체적인 효능은 첫째로 피부의 수분을 유지하고 보습 강화 기능을 갖는다. 따라서 건조한 피부를 예방하고, 부드럽고 촉촉한 피부를 유지하는 데 도움을 준다. 둘째로 피부를 진정시키고 염증을 완화하는 데 도움을 준다. 특히 여드름이나 피부 트러블 관리에 효과적이다. 셋째는 활성 산소를 차단하는 항산화제가 포함되어 있어 주름을 줄이고 노화 예방에 도움을 준다. 넷째는 항균 작용이 있어 피부 감염을 예방하고 상처 치유를 촉진하는 데 도움을 준다. 마지막으로는 피부의 혈액 순환을 원활하게 하여 피부톤을 윤기 나게 하는 데 도움을 준다. 로즈 에센셜 오일은 여성의 생식기 건강에도 도움을 준다. 여성 호르몬의 균형을 통해 여성 생리주기와 관련된 생리통, 과도한 생리 출혈, 불규칙한 생리 주기 등의 증상을 완화한다. 또한 심리적인 안정감을 통해 생리전증후군^{PMS}의 증상 감소에도 도움을 준다.

로즈 에센셜 오일 사용 시 주의 사항은 임신 초기에는 사용을 금한다. 여성 유사 호르몬 효과가 있으므로 임신 초기에는 태아의 착상을 방해하여 유산 가능성이 있기 때문이다. 또한 다른 값싼 오일과 섞음질한 가짜 로즈 오일을 조심해야 한다는 것이다. 로즈 오일은 매우 고가의 오일이므로 시중에는 가짜 로즈 오일이 많은 편이다. 아로마테라피 시행 시 순수 원액이 아닌 섞음질한 오일을 사용할 경우 예기치 못한 부작용이 나타날 수 있다. 특히 피부 관리에 가짜 로즈 오일을 사용하면 심한 피부 트러블이 생길 수 있어 각별한 주의가 요망된다.

8장.
레몬그라스(lemongrass)

학명: Cymbopogen citratus
과명: 볏과(Graminaceae 혹은 Poaceae)

역사

레몬그라스는 스리랑카와 인도, 동남아시아가 원산지이다. 고대 인도의 전통 의학 체계인 아유르베다^{Ayurveda}에서 소화 개선과 항균 효과로 사용되었다. 고대 중국에서 레몬그라스는 감기, 복통, 위통 등을 위한 약용 식물로 사용되었다. 요리의 향미를 더하는 재료로도 활용되었는데 특히 고기 요리와 함께 많이 사용되었다. 중세 유럽에서는 다양한 목적으로 사용되었는데 특히, 향신료로서의 가치가 높이 평가되었다. 19세기에 들어오면서 식품 산업에 널리 사용되기 시작하였다. 특히, 차와 음료의 향미를 더하는 데 활용되었고 아시아 요리에서 중요한 재료가 되었다. 현대에는 아로마테라피의 대중화로 스트레스 완화와 기분 전환에 사용되고 있다. 그 외 화장품 재료와 항균 및 항염 효과로 인해 건강 보조제로도 많이 활용된다.

식물의 생태 및 주요 성분

레몬그라스 lemongrass 는 '레몬 향기가 나는 풀'이라는 의미를 가지고 있다. 열대 및 아열대에서 자생하는 식물로 고온다습한 환경에서 잘 자란다. 높이가 1~2m까지 자라며 긴 잎이 특징이며 억새를 닮았다. 잎은 날카롭고 질기며 강한 레몬 향을 가지고 있다. 스리랑카가 원산지이지만 태국, 인도, 미얀마, 베트남, 말레이시아, 필리핀 등 동남아를 중심으로 생산되고 있다. 레몬그라스 에센셜 오일의 세계 최대 생산지는 인도이며 주로 아로마테라피와 화장품 산업에 사용된다. 태국의 경우 전 세계에서 가장 많이 레몬그라스를 생산하지만 아로마테라피와 요리 목적으로 활용이 된다. 스리랑카에서 생산되는 레몬그라스는 아로마테라피보다는 향료와 차로 주로 소비된다.

레몬그라스 에센셜 오일은 주로 줄기와 잎을 수증기 증류하여 추출한다. 오일의 색깔은 옅은 노란색에서 황금색을 띠며 상쾌하고 시원한 레몬 향이 특징이다. 향기 강도는 매우 강하며 풀 향과 시트러스 향이 기분 좋은 조화를 이룬다. 오일의 주요 화학 성분은 알데히드 성분인 시트랄 citral 이 70~80%를 차지한다. 시트랄 성분은 레몬과 유사한 상쾌한 향을 가지고 있으며 강력한 항균 물질로 곰팡이 및 세균에 대한 저항력을 높여준다. 특히 레몬그라스는 벌레들이 싫어하는 향으로 모기나 해충 퇴치에 매우 유용하다. 시트랄 성분은 진정 작용이 있어 스트레스와 불안 증상을 줄이는 데 유용하다.

테라피 효능 및 주의 사항

레몬그라스는 향적으로도 상쾌한 레몬 향기를 가지고 있어 기분 전환 및 생기를 회복하는 데 도움을 준다. 시트랄이 주요 화학 성분인 레몬그라스는 불안 증상을 완화시키는 데 효과적인데 특히 대뇌 신경전달물질인 가바를 증가시키는 것으로 밝혀졌다.[322] 한 연구에 따르면, 레몬그라스 오일을 계속 사용한 실험군에서 대조군보다 불안 지수가 유의하게 감소하였다.[323] 가바는 대뇌에서 중요한 역할을 하는 억제성 신경전달물질이다. 신경계의 과도한 흥분 상태를 억제하는 역할을 하는데 일반적으로 신경 안정제라고 알고 있는 대부분의 정신과 약물이 가바를 증가시켜 불안 및 불면 증상을 완화시킨다. 가바를 증가시키는 대표적 에센셜 오일은 버가못과 라벤더를 들 수 있다. 따라서 라벤더, 버가못, 레몬그라스의 적절한 블렌딩은 불안을 감소시키고 심리적 안정을 극대화하기 위한 좋은 조합이 될 수 있다.

레몬그라스 오일은 근육통 완화에도 효과적이다. 넓은 부위는 피부 자극의 우려가 있으므로 타박상이나 운동 부상 부위에 국소적으로 사용하면 좋다. 페퍼민트나 스피어민트와 블렌딩하면 효과가 증진될 수 있다. 또한 레몬그라스 오일은 면역체계를 강화하여 감염에 대한 전반적인 저항력 및 건강 증진에 도움을 준다. 피부 관리에도 좋다. 특히 모공을 닫아주고 피지 분비를 좋게 하여 여드름이나 지성 피부 관리에 좋다. 하지만 레몬그라스 오일은 알데히드 성분이 대부분을 차지하고 있어 피부를 자극할 수 있다. 따라서 아주 낮은 비율로 사용해야 하고 로션이나 크림 등 피부에 흡수되는 제품보다는 클렌징이나 비누 등 주로 씻어내는 용도로 활용하는 것이 안전하다.

9장.
클라리세이지(clary sage)

학명: Salvia sclarea
과명: 꿀풀과(Labiatae)

역사

클라리 clary는 라틴어의 sclarea에서 유래하는데 '맑고 투명하다 clear'라는 의미를 가진다. 세이지 sage는 '치료하다', '구하다'라는 의미가 있는데 이는 고대부터 사람의 눈의 질환을 치료하는 데 사용되어 붙여진 이름이라고 한다. 고대 그리스와 로마 시대부터 약용 식물로 사용되었다. 눈의 염증의 완화, 소화 불량, 진통, 신경 진정 등 다양한 목적으로 사용되었다. 중세 시대에도 눈에 대한 치유 성분이 있다고 믿어 사람의 눈을 정화하는데 많이 쓰였다. 그로 인해 '그리스도의 눈'이라는 별칭까지 얻게 되었다. 중세 유럽에서는 클라리세이지가 여성의 건강에 좋다고 여겨지면서 주로 생리통 완화 및 출산 지원을 위해 사용되었다. 또한 맥주를 양조할 때 홉 대신 다양한 허브와 향신료를 사용했다. 클라리세이지도 그중 하나로 맥주의 풍미를 높이는 데 기여했다. 담배에도 사용이 되었는데 담배의 향을 개선하고자 담배에 혼합하여 사용했다. 18세기 이후 클라리세이지가 에센셜 오일로 추출되었고 19세기에는 활발한 의학적 연구로 클라리세이지의 항염 및 진정 효과가 과학적으로 입증되었다. 20세기 이후 아로마테라피의 대중화되면서 클라리세이지 오일은 스트레스 감소, 불안 완화, 여성 건강을 위한 다양한 용도로 활용되고 있다.

식물의 생태 및 주요 성분

클라리세이지는 꿀풀과의 다년생 식물로 보통 60~90cm 정도 자라며 직립형 줄기와 하트 모양의 큰 잎을 가지고 있다. 꽃은 옅은 푸른색, 핑크, 보라색 혹은 흰색이 여러 개 모여 피며, 주로 여름에 개화한다. 클라리세이지의 원산지는 주로 지중해 지역이며 에센셜 오일은 프랑스, 이탈리아, 스페인 등 주로 유럽에서 많이 생산된다. 특히 프랑스의 프로방스 지역이 유명하다. 그 외 이란과 터키 등 중동 국가와 미국 캘리포니아 지역 등이 유명하며 최근에는 중국에서도 재배가 증가하고 있다. 클라리세이지 오일은 꽃과 잎을 수증기 증류 하여 추출한다. 오일의 색깔은 무색에서 연노랑 또는 옅은 올리브색을 띤다. 향은 신선하고 상쾌한 풀 향과 부드럽고 달콤한 과일 향, 꽃 향이 섞인 매력적인 향기를 가지고 있다. 오일 화학 성분의 약 90%가 인체에 해가 없는 에스테르와 알코올 성분으로 구성되어 있어 안전한 오일에 속한다. 에스테르 성분인 리날릴 아세테이트 linalyl acetate, 60~70%, 알코올 성분인 리날룰 linalool, 10~20% 이 주성분이다. 주요 성분

중 스클레로올^{sclareol} 성분은 여성 호르몬 유사 효과가 있어서 여성의 생리주기 및 호르몬 균형 등에 많은 도움을 준다.

테라피 효능 및 주의 사항

클라리세이지 에센셜 오일은 '행복 유도 오일'이라는 별명에서 알 수 있듯이 행복감과 편안함을 느끼게 하는 오일이다. 클라리세이지 오일의 가장 큰 효능은 정신적인 효과이다. 진정 효과가 뛰어나 스트레스를 개선하고 불안 증상을 감소시킨다. 또한 기분을 좋게 하고 우울 증상을 완화하는 데 도움을 준다. 한 연구 결과 대뇌 신경전달물질인 도파민을 증가시키는 것으로 밝혀졌다.[324] 도파민은 대뇌의 핵심 신경전달물질 중 하나이다. 쾌락과 관련된 보상 회로에 작용하여 긍정적인 행동을 강화하는 데 도움을 준다. 또한 기분과 정서 조절에 중요한 역할을 한다. 우울증의 경우 혈중 세로토닌 감소뿐 아니라 도파민도 감소된다. 도파민을 증가시키는 성분은 항우울제의 주요 성분 중 하나이다. 도파민은 기억력이나 집중력 등 인지기능에도 관여하고 운동 기능 조절에도 영향을 준다. 에센셜 오일 중 도파민을 증가시키는 대표적인 오일은 로즈마리를 들 수 있다.[325] 로즈마리 오일은 인지기능을 향상시키는 오일로 알려져 있는데, 정신 각성이 필요한 경우나 노인의 기억력 향상을 위해 많이 활용된다. 로만 캐모마일 오일도 도파민을 증가시키는 오일로 알려져 있다. 로만 캐모마일의 경우 에스테르 성분이 주성분으로 진정 효과가 강한 오일로 알려져 있으나 도파민 증가에 따른 정신 각성 효과도 있는 것으로 밝혀졌다.[326] [327] 클라리세이지, 로즈마리, 로만 캐모마일 오일의 경우 모두 도파민을 상승시키는 약리학적 효과가 알려진 만큼 3가지 오일을 적절히 블렌딩하면 우울증 완화뿐 아니라 인지기능 개선에도 유익할 것으로 보여진다.

클라리세이지 오일의 두 번째 주요 효능은 여성에게 긍정적 효과를 제공한다. 오일 속의 스클레로올 성분이 여성 호르몬인 에스트로겐 유사 작용을 하여 여성 생식계에 긍정적인 영향을 주기 때문이다. 생리 주기와 관련된 생리불순이나 생리전증후군 PMS 의 증상 완화에 효과적이다. 폐경기 증상 완화에도 도움을 준다. 클라리세이지 오일을 사용한 결과 폐경기 여성의 우울 지표는 호전되었다. 이와 함께 혈중 코티졸 농도는 감소하고 세로토닌 농도는 증가하였다.[328] 코티졸의 감소는 스트레스 개선과 관련이 있고 세로토닌 농도가 증가하면서 우울 증상도 개선된 것으로 보인다. 그 외 클라리세이지 오일은 피지 분비를 조절하기 때문에 지성 피부, 기름진 모발, 비듬 등에 도움을 준다. 에스테르 성분은 기관지 경련을 완화하는 효과가 있어서 천식이나 경련성 기침에도 유용하다.

주의 사항으로는 여성 유사 호르몬 작용으로 인해 임신 전 주기 동안 사용을 금한다. 단 출산 시에는 근육 수축 기능이 있어 분만 유도 오일로 사용이 가능하다. 혈압을 낮추는 효과가 있어 저혈압 환자는 주의해야 한다. 또한 알코올을 마시고 클라리세이지 오일을 사용하면 안 된다. 알코올과 오일의 성분이 상호작용 하여 환각 작용을 일으킬 수가 있기 때문이다. 졸음을 유발할 수 있으므로 운전 중에는 사용을 피해야 한다.

10장.
제라늄(geranium)

학명: Pelargonium graveolens
과명: 쥐손풀이과(Geraniaceae)

역사

제라늄이라는 말의 어원은 새의 부리 모양을 가진 열매 형태와 관련이 있다. 두루미를 의미하는 그리스어 'geranos'에서 유래되었다. 제라늄은 고대 이집트에서 향기로운 식물로 사용되었다. 제라늄의 잎과 꽃을 사용하여 향수와 미용 제품을 만들었으며 신성한 의미를 지니기도 했다. 로마인들은 제라늄을 정원에 심어 장식용으로 사용하였고, 그 향기를 즐겼다. 중세 유럽에서는 여러 의사와 약사들이 제라늄의 효능을 연구하였는데 주로 피부 질환 치료에 활용되었다. 19세기 중반, 프랑스에서 제라늄 에센셜 오일의 상업적 생산이 시작되면서 제라늄은 향수 산업에서 중요한 역할을 하였다. 특히 고급 향수의 주요 성분으로 사용되었고, 유럽 전역으로 퍼져나갔다. 현재 제라늄 에센셜 오일은 아로마테라피에 널리 사용되고 있는데 스트레스 완화와 피부 개선을 위해 오일로 많이 활용된다.

식물의 생태 및 주요 성분

제라늄은 일반적으로 높이가 30cm에서 1m 까지 자라며 둥글고 두툼한 잎을 가지고 있다. 잎은 보통 갈라진 형태로서 향기가 강한 특징이 있다. 일반적으로 250개 이상의 자연종과 교배종, 수천 개의 재배종이 있을 정도로 변종이 많다. 흔히 보는 제라늄은 원예종으로 에센셜 오일에 사용되는 제라늄과는 다른 과이다. 에센셜 오일이 생산되는 버번 제라늄^{Bourbon geranium}은 제라늄 속의 특정 품종으로 품질이 가장 우수하다. 꽃은 여러 색상^{핑크, 빨강, 흰색}으로 피며 여름철에 주로 개화한다. 제라늄의 원산지는 남아프리카이며 17세기 유럽으로 전파되었다. 현재 제라늄 에센셜 오일의 세계 최대 생산지는 남아프리카공화국이다. 다음으로는 프랑스의 프로방스 지역으로 향수 산업을 위해 많이 재배된다. 그 외 인도, 모로코, 터키도 활발히 생산되는 나라이다. 제라늄 에센셜 오일은 잎과 줄기에서 수증기 증류로 추출된다. 버번 제라늄 오일의 색상은 녹색 빛이 도는 올리브색 오일로 뚜렷한 녹색을 띤다. 향기는 일반적으로 장미와 비슷한 향이지만 풀잎 냄새가 섞여 독특한 느낌을 준다. 버번 제라늄 오일의 화학 성분은 다른 제라늄보다 제라니올^{geraniol}, 시트로네롤^{citronellol} 비율이 50% 이상으로 높아 향기와 효능에서 독특한 특성을 지닌다. 그 외 리날룰, 에스테르 성분이 대부분을 차지하고 있어 비교적 인체에 해가 없는 안전한 오일에 속한다.

테라피 효능 및 주의 사항

제라늄 에센셜 오일은 '조절과 균형의 오일'이라는 별명을 가지고 있다. 정신적, 신체적 균형을 회복하는 데 도움을 주기 때문이다. 정신적으로는 불안 증상을 호전시킨다. 항불안 효과에 대해 작용기전을 보면 스트레스로 인해 증가되는 코티졸의 분비를 감소시켜 맥박이나 혈압 등 자율신경계의 흥분 상태를 가라앉힌다.[329] 한 연구에 따르면 급성 심근 경색으로 입원 중인 환자를 대상으로 산소 마스크 안쪽에 제라늄 오일을 떨어뜨린 뒤 불안 지수를 관찰했더니 불안 정도가 유의하게 감소하였다.[330] 스트레스 시 코티졸을 감소시키는 에센셜 오일로는 제라늄 이외에도 로즈, 오렌지, 네롤리, 버가못, 일랑일랑, 프랑킨센스 오일을 들 수 있다.[331] 꽃 향, 시트러스 향 등이 주로 해당되는데 서로 약리학적 효과가 비슷하므로 함께 블렌딩하면 스트레스 완화에 시너지 효과를 볼 수 있다. 이와 함께 자신이 좋아하는 향을 맡으면 불안 증상이 감소하고 기분 전환에 도움이 되므로 블렌딩 시 개인의 향적 취향을 고려하는 것도 중요하다.

신체적인 균형의 경우는 첫째, 호르몬 균형을 유지하는 데 도움을 줄 수 있다. 제라늄은 여성 호르몬인 에스트로겐과 유사한 작용을 할 수 있어 생리불순, 월경전증후군[PMS], 폐경기 증상의 완화에 도움을 준다. 둘째는 피부의 피지 조절에 도움을 준다. 전반적 호르몬 균형 유지를 통해 피지 생성을 조절하여 건성부터 지성까지 모든 타입의 피부 관리에 적합하다. 또한 피부의 노화 예방, 주름 개선 세포 재생에도 도움을 주며 피부에 자극이 없으므로 로션이나 크림, 클렌징 제품 모두 가능하다. 제라늄 오일은 이뇨성 및 림프계 촉진 효과가 있어서 셀룰라이트나 부종 등의 증상 관리에도 도움을 준다. 여성의 생리주기에 따른 다양한 증상, 피부 관리, 셀룰라이트 완화 등 다이어트에 모두 효과적이므로 여성에게는 매우 유익한 오일이다. 단, 주의 사항으로는 여성 유사호르몬 작용이 있기 때문에 임신 초기에는 사용을 하지 않는다. 또한 스트레스 호르몬인 코티졸 감소와 관련 있으므로 코티졸을 분비하는 부신피질에 직간접으로 영향을 준다. 따라서 호르몬 관련 암 환자는 사용을 금한다. 마지막으로 제라늄 오일은 무독성, 무자극, 비민감성 오일로 알려져 있으나 지나친 사용 시 향의 강도가 강하여 부작용이 생길 수 있으므로 과용하지 말 것을 권한다.

11장.
로만 캐모마일
(Roman chamomile)

학명: Anthemis nobilis
과명: 국화과(Compositae)

역사

캐모마일의 어원은 그리스어 'chamaimelon'에서 유래되었다. 'chamai 땅'와 'melon 사과'을 합친 말로, '땅에서 자라는 사과'라는 의미이며 로만 캐모마일의 향기로운 특성을 나타낸다. 로만 캐모마일은 고대 이집트에서부터 사용되었으며 이집트인들은 이 식물을 신들에게 바치는 제물로 사용했고 향기로운 특성으로 향수의 원료로도 사용했다. 고대 그리스에서는 히포크라테스가 로만 캐모마일의 약효를 기록하였고, 로마에서는 매우 중요한 약초로 여겼다. 다양한 용도로 사용했는데 특히 마음을 진정시키고 소화 작용을 돕는 효과로 유명했다. 향기를 신성하게 여겨 신전 바닥에 뿌리기도 했고 전투에서 군인들의 피로 회복을 위해 활용하기도 했다. 중세 시대에는 유럽 전역에서 약용 식물로 인식되어 주로 차로 만들어 마셨다. 소화 불량, 불안,

불면증 등에 효과적이었다. 17세기와 18세기 동안, 약초학의 발전으로 다양한 의약품 성분으로 사용되었는데 특히 침대에 놓인 베개에 넣어 불면증을 예방하는 데에도 사용되었다. 20세기 이후 현재까지 로만 캐모마일은 허브차, 아로마테라피, 스킨케어 제품 등에서 널리 사용되고 있다. 수많은 연구를 통해 로만 캐모마일의 진정 효과와 항염증 효과가 입증됨에 따라 많은 사람들이 자연 요법으로 하고 있고 유기농 재배가 증가하고 있다.

식물의 생태 및 주요 성분

로만 캐모마일은 20~30cm 정도 자라는 다년생 식물로 원산지는 주로 지중해 지역이다. 에센셜 오일로 사용하는 캐모마일 오일은 로만 Roman 과 저먼 German 으로 나눌수 있다. 로만과 저먼 캐모마일의 경우 먼저 꽃의 모양이 다르다. 로만의 경우 저먼보다 흰색 꽃이 작고 중앙의 노란색 부위가 평평한 편인데 비해 저먼은 꽃이 좀 더 크고 노란색 중앙 부위가 콘 모양으로 봉긋 돌출되어 있다. 재배 지역도 로만 캐모마일은 주로 지중해 지역에서 자라는데 저먼은 유럽 전역과 아시아에 걸쳐 자생한다. 효능은 로만의 경우 주로 심리적 안정과 소화 개선에 효과적이나, 저먼은 항염증 효과가 강하다. 따라서 로만과 저먼 캐모마일은 형태학적으로 비슷하게 생겼으나 학명도 다르고 식물학적 특성과 효능, 재배 지역이 완전 다르다.

로만 캐모마일 에센셜 오일이 세계적으로 가장 많이 생산되는 나라는 이탈리아이고 그 외 영국, 프랑스, 스페인 등 유럽 국가에서 대부분 생산된다. 에센셜 오일은 꽃을 수증기 증류하여 추출한다. 색깔은 연한 노란색을 띤다. 반면에 저먼 에센셜 오일은 진한 파란색을 보여 '블루 캐모마일'이라고도 부른다. 향은 부드럽고 달콤한 꽃향기가 특징이다. 약간의 허브 향과 함께 과일의 상큼함이 느껴지며, 마음을 진정시키고 편안한 느낌을 제공한다. 로만 캐모마일 품종에 따라 화학적 성분이 조금 다르지만 흰 꽃 품종이 노란색 꽃보다 진정 효과가 뛰어나 더 많이 활용된다. 흰 꽃 품종의 로만 캐모마일 오일은 에스테르 성분인 엔젤 에스테르 angelic ester 성분이 전체의 85%나 차지하며 이 성분이 주로 심리적 진정 효과와 항염증 효과와 관련된다.

테라피 효능 및 주의 사항

고대 로마 시대부터 스트레스를 완화하고 불안을 줄이기 위해 많이 활용되었듯이 현재까지도 오일의 주요 효능은 진정 효과이다. 스트레스를 완화하고 마음을 진정시키며 야간에는 수면에 도움을 주어 불면증을 위해 활용된다.[332 333 334] 최근 흥미로운 논문 결과가 발표되었다. 도파민을 증가시켜 정신 각성 등 인지기능 개선에 도움을 준다는 것이다.[335 336] 도파민은 쾌락과 관련된 대뇌 보상 회로에서 중요한 역할을 하며 기분 조절뿐 아니라 인지기능에 영향을 주어 집중력과 주의력 향상에 도움을 준다. 대표적인 에센셜 오일은 로즈마리이다. 모두 도파민을 증가시키는 대뇌 작용을 가지고 있으므로 2가지 오일의 적절한 블렌딩은 치매 증상 개선에 시너지 효과를 줄 수 있을 것으로 기대된다. 로만 캐모마일은 여성에 좋은 오일이다. 여성 유사 호르몬 효과가 있어서 무월경, 생리불순, 생리전증후군^{PMS} 치료 등에 도움이 된다. 따라서 여성에 좋은 대표적 오일인 클라리세이지, 자스민, 일랑일랑 등과 좋은 조합이 될 수 있다.

로만 캐모마일 오일은 대부분 에스테르 성분이어서 피부에 무독성, 비자극, 비민감성이므로 모든 피부 관리에 무난한 오일이다. 심지어 영국의 아로마테라피스트인 수잔 커티스가 제안한 유소아를 위한 아로마테라피 가이드라인에서도 로만 캐모마일은 출생 직후 신생아부터 사용이 가능하다고 언급했다. 출생 직후부터 사용 가능한 에센셜 오일은 라벤더와 로만 캐모마일 두 종류 뿐으로 신생아, 영유아 모두 안전한 오일이다. 로만 캐모마일의 에스테르 성분은 진정 효과뿐 아니라 염증 및 통증, 경련 완화에도 효과적이다. 생리통, 신경통 등 다양한 통증 완화에도 효과적이며 소아에도 안전한 오일이므로 어린이 치과 치료 시 통증을 줄이기 위해 활용된다. 천식 발작 등 갑작스러운 기관지 경련 완화에도 유용하다.

12장.
프랑킨센스(frankincense)

학명: Boswellia carterii
과명: 감람과(Burseraceae)

역사

프랑킨센스^{frankincense} 이름의 어원은 고대 프랑스어에서 '자유로운' 또는 '진정한'이라는 의미의 'frank'와 라틴어 'incendere ^{태우다}'에서 유래된 'insensum'이 합쳐진 것으로 진정한 향 또는 자유롭게 태워지는 향이라는 의미를 포함하고 있다. 여러 명칭으로 불리는데 유향, 올리바눔^{olibanum}, 매스틱^{mastic}, 보스웰리아^{boswellia} 모두 프랑킨센스를 지칭하는 말이다. 프랑킨센스는 고대부터 사랑받은 식물이다. 고대 이집트 투탕카문왕의 무덤에서 발견된 키피^{kyphi} 향수의 주원료이며 방부 효과를 위해 미라 제작에도 사용했다. 종교의식에도 매우 중요한 역할을 하였다. 성경에 의하면 동방박사가 아기 예수의 탄생 기념으로 황금, 몰약, 유향을 선물로 드렸는데 유향이 바로 프랑킨센스이다. 고대 그리스와 로마에서는 향료로 사용되며 신들에게 바치는 제물로도 활용되었다.

중세에는 기독교 의식에서 신성한 분위기를 조성하는 데 기여했고 성전환식이나 장례식에서도 사용되었는데 영혼의 정화와 신성함을 상징했다. 중세 의학에서는 프랑킨센스가 항염증 및 진통 효과가 있는 것으로 여겨 약재로 널리 사용되었다. 특히 호흡기 질환이나 피부 질환에 활용되었다. 중세 유럽을 휩쓴 페스트 유행 당시는 프랑킨센스가 감염을 예방하고 면역력을 높이는 효과가 있다고 여겼다. 또한 페스트로 인한 공포와 불안 속에서 많은 사람이 집 안에서 이 향을 태워 불쾌한 냄새를 없애고 마음을 진정시켰다. 근대 아로마테라피가 대중화된 이후 현재까지 스트레스 완화와 마음의 안정을 돕기 위해 많이 이용되고 있다. 그 외 화장품 및 고급 향수의 주요 재료로 활용되고 있다.

식물의 생태 및 주요 성분

유향 나무는 소형 나무 또는 관목 형태로 자라며, 높이는 2~8m에 달한다. 건조하고 암석이 많은 환경에서 잘 자라며, 원산지는 서인도, 아라비아반도, 아프리카 지역이다. 현재 세계 최대의 프랑킨센스 에센셜 오일의 생산지는 소말리아로서 품질이 뛰어난 오일을 제공한다. 예멘 지역도 전통적으로 프랑킨센스 오일 생산이 활발하며 인도, 오만, 수단 등에서도 생산되고 있다. 프랑킨센스의 오일의 제작 과정은 먼저 유향 나무에 칼자국을 내어 흘러내리는 진액을 모은다. 우윳빛의 흰 액체가 흘러나오는데 점차 액체는 적갈색 혹은 오렌지 브라운 색깔의 결정체인 수지로 굳는다. 수지를 모아 수증기 증류하여 에센셜 오일을 추출한다.

프랑킨센스 오일의 색깔은 옅은 노란색에서 황금색을 띠며 약간의 갈색 기운도 있다. 향은 따뜻하고 나무 같은 향이 특징이며 은은한 그린 레몬 노트의 상쾌함도 가지고 있다. 향적 특성으로 안정감과 평화로운 느낌을 주어 종교의식이나 명상 등에 자주 활용된다. 프랑킨센스 오일은 세계 생산지에 따른 많은 품종이 있는데 소말리아에서 생산되는 B.carterii가 가장 좋은 품질을 가지고 있어 아로마테라피에 적합하다. 주요 화학 성분은 에스테르 성분인 옥틸아세테이트 octyl acetate, 52%, 알코올 성분인 옥타놀 octanol, 8%, 모노테르펜 성분인 알파피넨 α-pinene, 4.6%으로 구성된다. 약 60%가 에스테르와 알코올 성분으로 조성되어 있어 독성이 없고 인체에 안전한 오일이다.

테라피 효능 및 주의 사항

프랑킨센스 오일은 마음을 편하게 해주는 오일이다. 정신적으로 항불안 효과를 갖는데 높은 에스테르 알코올 성분과 관련이 있다. 작용기전은 지속적 스트레스 시 분비되는 코티졸의 과잉 분비를 줄여 스트레스를 줄이고 심리적 안정감을 돕는다.[337][338] 특히 프랑킨센스 오일은 느리고 깊은 호흡을 돕는 효과가 있어서 명상 오일로 많이 활용된다. 명상 오일은 프랑킨센스 오일 이외에도 샌달우드 오일도 많이 사용된다. 여성 유사 호르몬 작용으로 여성의 생리, 생리전증후군^{PMS}, 폐경기 증상 완화에도 도움을 준다. 에스테르 성분은 경련 억제 및 진통 효과가 있는데 기관지 경련 등에 의한 천식 증상이나 두통, 근육통, 관절통, 생리통 완화에 효과적이다. 피부 재생 효과도 뛰어나 피부 재생제로 알려져 있다. 건조 피부, 노화 피부, 상처, 주름 등 전반적 피부 관리에 많이 활용된다. 프랑킨센스 오일은 일반적으로 무독성, 무자극성, 비민감성으로 보고되었다.

4부

향기로
행복해지는 습관

1장.
행복의 연구

 행복은 무엇인가? 단순한 감정일까 아니면 사고의 산물일까? 쾌락과 행복은 같은 의미일까? 행복은 과정일까 혹은 목표일까? 행복과 관련된 궁금증은 끊임이 없다. 행복에 대한 이런 고민은 고대 그리스 시대에도 존재하였고 현재도 여전히 진행 중이다. 행복에 대한 정의를 언급하기 전에 아주 유명한 행복 연구 2가지를 살펴보자. 첫 번째는 하버드 그랜트 연구^{Harvard Grant study}이다.[339][340] 그랜트 연구는 미국 하버드대학의 성인 발달에 대한 장기적인 연구 프로젝트 명칭이다. 1938년 미국 하버드 대학교 학부 2학년 268명을 대상으로 장장 75년 동안 이들의 인생을 추적 관찰 하였다. 당시 백화점 재벌인 W.T. Grant의 재정적 지원으로 프로젝트의 명칭은 '그랜트 연구'로 명명되었다. 1938년 하버드 의대 교수인 알리 복^{Arlie Bock}에 의해 시작되었고, 후임으로 1966년부터 42년간 정신의학과 교수인 조지 베일런트^{George E. Vaillant}가 프로젝트를 완성시켰다. 연구에 참여한 사람들은 미국의 존

F. 케네디 대통령을 비롯하여 다수의 상원 의원, 베스트 셀러 작가, 의사 등 최고의 엘리트들이었다. 하지만 연구가 시작된 뒤 10년 뒤 20명이 심각한 정신질환을 호소하였고 30년 후에는 연구 대상자의 1/3이 정신질환을 앓고 있었다. 외적으로는 성공한 최고의 엘리트 집단이었으나 이들은 스스로 행복하지 못하다고 평가하였고 알코올 중독, 이혼, 자살 등 수많은 정신적 문제가 발생하였다. 최종 연구 결과는 놀라웠다. 우리는 일반적으로 '돈'이 행복에 아주 중요한 요소라고 생각하지만 결과는 정반대였다. 행복과는 가장 관련이 없는 것으로 나타났기 때문이다. 행복한 삶에 있어 가장 중요한 요소는 의외로 단순했다. 바로 '인간관계'였다. '행복은 결국 사랑이다'라는 아주 평범한 사실이 진리로 증명이 되었다.

사람들은 인생을 살면서 수많은 시련과 불행을 경험한다. 하지만 삶의 굴곡에 휘둘리지 않고 행복한 삶을 회복하기 위해서는 인간관계를 통한 사랑이 가장 중요하다고 결론지었다. 더불어 좋은 인간관계를 위한 7가지 요소를 제시하였다. 고통에 적응하는 성숙한 자세, 교육, 안정적인 결혼 생활, 금연, 금주, 운동, 적당한 체중이 그것이다. 살아가면서 생기는 수많은 사건, 사고로 인한 심리적 고통에 대해 가족 및 주변 사람들과 함께 대처하고, 술·담배를 하지 않으며, 운동을 통해 신체적 건강을 유지하는 것이 행복과 장수의 비결인 셈이다.

두 번째 중요한 연구는 일란성 쌍둥이 행복 연구 happiness twin study 이다.[341] 미네소타 대학의 행동 유전학자인 데이비드 리켄 David Lykken 과 오크 텔레진 Auke Tellegen 에 의해 시행되었다. 일란성 쌍둥이를 대상으로

10년 동안 각자 결혼, 직업, 사는 곳이 다른 상태에서 행복 수치를 비교하였다. 결과는 한 사람이 행복하면 다른 쌍둥이도 행복했는데 이는 이란성 쌍둥이의 경우 연관성을 보이지 않았다. 결국 사람마다 부모로부터 물려받은 행복의 유전적 기질 즉, 행복의 기본 수준은 타고나며, 살아가면서 심각한 역경을 겪어도 결국은 유전적인 기본 수준으로 돌아간다고 주장하였다.[342] 이에 대한 예시로서 수십억 원의 로또에 당첨된 사람의 경우 오랫동안 행복이 지속될 것 같지만 1년 후에는 원래 수준으로 행복감이 떨어진다. 반대로 큰 교통사고로 전신마비가 된 사람의 경우 평생 불행이 지속될 것 같지만 역시 1년 후에는 원래의 행복 수준으로 돌아가게 된다고 한다. 즉, 인생의 수많은 역경이 행복 수준을 변화시킬 수 있으나 시간이 흐르면 유전적으로 미리 결정되어 있는 기본값으로 되돌아간다는 것이다. 심리학자인 소냐 루보머스키 등 2005은 행복을 결정하는 요소 중 유전적 요인이 차지하는 비중은 50%라는 연구 결과를 발표하였다.[343]

2가지 연구 결과를 종합하면, 누구나 좋은 인간관계를 통해 행복해질 수 있지만 행복의 50%는 이미 유전적 요인에 의해 타고 난다는 결과이다. 그렇다면 나머지 50%는 어떤 요인이 행복에 관여할까? 연구에 의하면 나머지 50% 중 돈, 결혼, 미모 등 환경적 요인이 차지하는 비중은 10%, 나머지 40%는 개인의 의도적인 행동에 달려 있다고 발표했다.[344] 요즘 많은 사람은 영끌로 비싼 집을 사고, 주식으로 큰돈을 벌어 부자가 되면 행복 수준이 크게 향상될 것으로 믿는다. 하지만 이러한 환경적 요인은 전체 행복 요인 중 10%에 불과하다는 것이다. 큰돈을 벌어 부자가 되어도 90%의 변수에 의해 짧은 행복에 그치거나 오히려 불행해질 수도 있다는 말이다. 코닥 필름 회사의 창시자인 조지 이스트만 George Eastman의 예를 들어보자. 그는 평생 동안 M.I.T. 대학에 450만 달러를 기부할 정도로 엄청난 부를 축적했다. 하지만 평생 독신으로 살았고 그의 말년은 요추협착증으로 추정되는 병에 걸려 우울증이 심해졌다. 결국 이스트먼은 77세인 1932년 "친구들이여, 나의 일은 모두 끝났다. 무엇을 더 바라겠는가?"라는 유언을 남기고 권총으로 생을 마감했다. 막대한 부를 가진 그였지만 행복지수는 형편없는 수준이었다.

이제 나머지 40%에 대해 알아보자. 40%는 우리 스스로 노력에 의해 바꿀 수 있는 영역이다. 매일 취하는 선택과 행동에 따라 충분히 행복해질 수 있는 것이다. 앞서 언급한 유전적 요인 50%의 경우 개인이 행복 유전자를 가지고 있는지, 가지고 있다면 다른 사람과 비교하여 몇 %나 더 많은지 유전자 검사를 해보기 전에는 알지 못한다. 혹여 유전자 검사를 하여 객관적인 행복 수치를 평가했다 하더라도 개인의 의지로 변화가 어렵다면 측정의 의미는 없다. 10%에 해당하는 환경적 요인도 개인의 의지로 바꾸기에는 한계가 있다. 직장에서 받는 월급을 인상하고, 나에게 딱 맞는 결혼 상대를 찾으며, 좋은 아파트로 이사 가는 것 등은 내가 마음먹는다고 바로 성취될 문제는 아니다. 결국 지금 행복을 위해서는 선천적 및 환경적 요인인 60%에 집착하기보다 나머지 40%에 집중을 하는 것이 최선의 선택이다.

자유 의지로 40%의 행복을 만들어 나갈 수 있다는 것은 매우 희망적인 메시지이다. 하지만 40%에도 행복을 저해하는 중요한 2가지 복병이 숨어 있다. 첫째는 쾌락 적응 능력이다. 돈이나 부동산 등 물질적인 행복에 집착할수록 쾌락 적응 원칙은 예외 없이 적용된다. 로또 1등에 당첨되면 평생 행복할 것 같지만 고작 1년 만에 당첨 전의 행복 수준으로 복귀한다. 이는 도파민을 분비하는 대뇌 쾌락 중추 메커니즘과 관련이 있다. 당첨이라는 엄청난 행운이 대뇌 쾌락 중추를 자극하여 도파민을 분비하면 짜릿한 행복감을 일시적으로 느낄 수 있다. 하지만 대뇌 쾌락 중추는 금방 내성이 생기고 지속적인 행복감을 위해서는 점점 높은 자극 강도가 요구된다. 로또 1등 당첨보다 더 큰 행운이 연거푸 이어져야 한다는 말이다. 갑자기 하늘에서 돈벼락 맞을 가능성만큼이나 현실적으로 실현이 어려운 얘기다.

둘째는 상대적인 행복이다. "사촌이 땅을 사면 배가 아프다"는 속담처럼 상대방을 의식하고 비교하는 인간 심리는 행복을 저해하는 요인이 된다. 일례로 국산 중형차를 타다가 대형차로 바꾸고 주변 사람들이 부러워하면 기분이 좋아진다. 일시적인 행복감이 생긴다. 하지만 점차 고급 외제 승용차에 관심을 갖고 자신의 차량과 비교하기 시작하면 행복감은 점점 반감된다. 심지어 외제 승용차를 살 수 없는 자신의 처지를 비관할지도 모른다. 또 다른 예로 직장에서 1억의 동일한 연봉을 받던 회사 동료가 승진을 하여 연봉 1,000만 원을 더 받게 되었다고 치자. 나보다 업무능력이 뛰어나지 않았는데도 상사들과 좋은 관계를 유지한 덕분에 승진을 한 동료를 보면 어떤 생각이 들까? 부러움보다는 질투심이 더 생길 것이고 1억 연봉의 행복은 오래가지 않을 것이다. 남들에 대한 질투가 행복감을 갉아먹는 것이다. 따라서 40%의 행복을 위해서는 전략이 필요하다. 나는 행복하다고 아무리 자기 암시를 해도 저절로 행복이 찾아오지 않는다.

그럼, 행복을 위해서는 어떤 노력이 필요할까? 주변에 진정으로 행복한 사람들을 자세히 관찰해 보면 아무것도 하지 않고 가만히 있기보다는 다양한 활동을 즐긴다. 자신이 좋아하는 일을 찾아 목표를 세우고, 성취하려고 노력하며, 사람들과 잘 어울리는 성향이 있다. 전 영국 총리였던 벤저민 디즈레일리Benjamin Disraeli의 명언대로 행동 없는 행복은 있을 수 없다.[345] 요약하면, 행복을 결정하는 요소 중 40%는 당신의 자유 의지로 바꿀 수 있다. 매일 당신이 어떻게 행동하고 생각하느냐에 달려 있는 것이다. 몇 가지의 팁은 사람들과의 '인간관계'가 가장 중요하고, 쾌락 적응 능력을 적절히 회피하며, 상대방과 비교하지 않는 방식으로 나만의 행복을 만들어 나가는 것이다. 행복을 위해 어떤 목표를 세우고 생각과 행동을 하기 위해서는 행복의 정의와 구체적인 행복 전략에 대해 알아볼 필요가 있다.

2장.
행복의 정의와 행복 전략

　인간의 행복은 고대로부터 삶의 큰 관심거리였다. 고대 그리스 시대의 철학자인 아리스토텔레스 이후 현재에 이르기까지 수많은 철학자, 심리학자, 경제학자들이 행복에 대한 연구를 통해 개념을 정의해 왔다. 아리스토텔레스는 그의 책인 《니코마코스 윤리학》에서 행복론을 다음과 같이 정의하고 있다. 행복 개념은 크게 헤도닉 행복 hedonic happiness 과 에우다이모니아 행복 eudaimonia happiness 2가지로 나눌 수 있다.[346,347] 헤도닉 행복은 쾌락과 고통의 경험에 기반한 행복 개념이다. 순간적인 즐거움이나 쾌락을 추구하는 것으로, 감각적이고 즉각적인 만족을 강조한다. 예를 들어 맛있는 음식을 먹거나 즐거운 활동을 할 때 느끼는 행복을 들 수 있다. 이는 개인의 욕구와 필요를 충족시키는 데 초점을 맞추며, 타인이나 사회와의 관계는 상대적으로 덜 중요하게 생각한다.

이와는 달리 에우다이모니아 행복은 더 깊고 포괄적인 행복 개념으로, '잘 살아가는 것' 또는 '인간으로서의 최선의 상태'를 의미한다.[348] 이는 단순한 쾌락을 넘어, 의미 있고 가치 있는 삶의 추구를 강조한다. 에우다이모니아는 순간적 쾌락이 아니라, 덕을 실천하고 이성을 통해 이루어지는 지속적인 행복 상태이다. 또한 개인뿐 아니라 타인과의 관계가 중요한데 가족, 공동체와의 사회적 연대가 행복의 중요한 요소로 작용한다고 보았다. 아리스토텔레스의 행복론은 현대까지 행복 이론에 큰 영향을 미치고 있다.

현재 행복의 개념에 대해 가장 폭넓은 지지를 받고 있는 이론은 '긍정 심리학적 행복론 positive psychology happiness'이다. 긍정 심리학은 1998년 미국의 심리학자인 마틴 셀리그만 Martin Seligman 에 의해 시작되었다. 기존의 심리학이 정신질환에 중점을 두고 부적응 행동과 부정적 사고에만 초점을 맞추던 관점을 탈피하여 개인의 강점과 장점을 통해 삶의 질 향상을 목표로 하였다.[349] 초기에는 진정한 행복 authentic happiness 이론을 통해 3가지의 행복 유형을 주장하였다. 쾌락적인 삶 pleasant life, 몰입하는 삶 engaged life 그리고 의미 있는 삶 meaningful life 이 그것이다.[350][351]

첫째, 쾌락적인 삶의 경우 긍정적인 감정을 최대한 경험하고 즐기는 삶을 의미한다. 아리스토텔레스의 헤도닉 행복과 유사한 개념이다. 맛있는 음식을 먹거나 여행, 취미 활동 등 쾌락을 주는 경험을 중시하나 일시적인 감정에 의존하므로 지속적인 행복이 보장되지 않는다. 둘째, 몰입하는 삶은 '플로우 flow' 상태 즉, 시간의 흐름을 잊고, 활동에 완전히 집중하는 상태로 긍정적 감정과는 완전히 다르다.[352 353 354] 개인의 능력과 강점을 활용하여 한계를 넘어서는 도전적 활동을 통해 성취감을 느낀다. 그러나 몰입적 삶의 경우 특정 활동에 의존하기 때문에 이러한 활동이 없으면 행복감을 느끼기 어려울 수 있다. 마지막으로 의미 있는 삶이다.[355 356] 개인이 자신의 삶에 의미와 목적을 부여하는 삶이다. 이 유형의 삶은 가족이나 친구 등 다른 사람이나 사회 공동체 등 타인과의 관계를 중시한다. 아리스토텔레스의 에우다이모니아 행복과 유사한 개념이라고 볼 수 있다. 3가지의 관계는 상호 보완적이며 진정한 행복을 위해서는 모두 필요한 요소이다. 즐거운 기분으로 일상을 즐기고, 자신이 좋아하는 일에 몰입하며, 다른 사람과의 원만한 교류를 통해 삶의 의미를 찾는 것이 진정한 행복의 요소이다.

하지만 행복의 평가가 주로 긍정적 기분에 의해 자주 변화되고 좀 더 다차원적 측면에서 정의될 필요가 있어 현재는 '웰빙 well-being'의 개념이 더 많이 사용되고 있다. 웰빙은 신체적, 정신적, 사회적, 정서적 건강을 모두 포함하며 행복의 상위 개념이다.[357] 기존 3가지 요소의 진정한 행복 이론은 현재 5가지 요소의 웰빙 이론으로 확장되었으며 행복을 정의하는 가장 대표적인 이론이다. 긍정 심리학의 웰빙 이론은 5개의 앞 글자를 따서 '팔마 PERMA 이론' 혹은 '플로리시 이론'으로 불린다. 기존의 행복 이론의 목표가 삶의 만족도를 증가시키는 것이라면 팔마 웰빙 이론의 목표는 플로리시 flourish 이다. '플로리시'의 사전적 의미는 '번창하다'라는 뜻으로 긍정 심리학에서는 우리의 모든 능력이나 잠재 능력을 발휘 및 번성시켜 활짝 꽃을 피우는 것을 의미한다. 단순히 느끼는 행복한 감정을 넘어서는 개념으로 긍정 심리학의 창시자인 마틴 셀리그만Martin Seligman이 제안하였다.

팔마 모델은 P positive emotions, 긍정 감정, E engagement, 몰입, R relationship, 관계, M meaning, 의미, A accomplishment, 성취의 5가지 요소로 구성된다 [358]. 긍정 감정 P은 기존의 쾌락적 행복 pleasant life에서 확장하여 감사, 기쁨, 따뜻함, 낙관적인 생각 등도 포함한 즐거운 삶을 의미한다. 맛있는 음식을 먹는 것뿐만 아니라 운동이나 취미 생활을 즐기는 것 등도 모두 포함된다. 몰입 E은 특정 활동에 빠져서 시간 가는 줄 모르고 집중하며 그 자체를 즐기는 것이다. 책 읽기에 몰입하거나 음악에 빠져 하나가 되는 순간 등이 그 예시에 해당한다. R 관계은 다른 사람과 함께하는 삶으로 사람들과 사랑하고 기뻐했던 모든 경험이 해당된다. 다른 사람들과 함께 식사를 하거나 취미 활동을 즐기는 경우는 긍정 감정 P 개념도 포함이 된다. M 의미은 나 자신보다 더 큰 사회에 기여함으로써 자신감을 얻고 가치 있다고 느끼는 것이다. 가족을 위한 헌신이나 정치, 종교, 전문직, 창의적인 활동 등에 목표 의식을 갖고 참여하는 것 등이 포함된다. 삶의 방향에 대한 개념이다. A 성취는 개인의 목표를 설정하고 달성하는 과정으로 개인의 자존감을 높이고 삶의 만족도를 증가시킨다. 여기서 성취는 오직 이기기 위해서나 물질을 추구하는 것뿐 아니라 성공, 성취 후 기쁨, 그 자체가 좋아서 도전하는 형태도 포함된다.[359]

결국, 긍정 심리학에서 플로리시는 개인이 행복하고 만족스러운 삶을 살기 위해 필요한 다양한 요소들을 통합한 개념이다. 플로리시는 단순한 행복을 넘어서, 개인 자신의 잠재력을 최대한 발휘하고, 삶의 다양한 측면에서 긍정적인 경험을 누리는 것을 강조한다. 이는 개인의 정신적, 정서적, 사회적 웰빙을 증진시킨다. 즉, 정신적으로 스트레스와 불안감을 줄이고, 긍정적인 관계를 통해 사회적 지지를 얻으며, 공동체와의 유대감을 강화하며 삶의 의미와 목적을 찾음으로써 개인의 동기와 목표 달성을 촉진한다.

그렇다면 행복은 삶의 과정일까 목표일까? 아리스토텔레스의 행복론이나 긍정 심리학의 초기 행복 이론의 경우는 행복을 삶의 주요 목표로 생각하고 있다. 반면 긍정 심리학의 플로리시 개념은 행복을 과정으로 보는 경향이 강하다. 플로리시는 단순히 행복한 상태나 결과가 아니라, 개인이 삶에서 경험하는 다양한 긍정적인 요소들이 상호작용 하며 형성되는 지속적인 과정이다. 물론, 플로리시의 결과로서 행복감을 경험할 수 있으나 이는 과정의 결과물이다. 플로리시를 통해 개인이 행복을 느끼게 되는 것은 그 과정에서의 성장과 경험이 만들어 낸 결과이다. 행복이 과정이거나 목표이든 간에 행복은 긍정적이고 짜릿한 경험이다. 문제는 행복감의 유효기간은 제각기 다르다는 것이다. 오래 지속되기도 하고 신기루처럼 바로 사라지기도 한다. 이는 행복감이 감정과 사고의 복잡한 상호작용의 결과이기 때문이다. 일종의 대뇌 속 매직이다.

행복과 관련된 대뇌 메커니즘을 보면 행복은 긍정적인 감정 상태이므로 감정 및 쾌락과 관련된 변연계가 주요 역할을 한다. 변연계는 감정의 조절 센터인 편도체, 기억의 저장고인 해마, 자율신경계를 통제하는 시상하부가 포함되어 있다. 특히 행복은 쾌감과 관련이 있어 변연계 속의 보상 회로 brain reward circuit 와 밀접하게 관련이 있다. 행복에 대한 인지적인 해석은 전전두엽과 관련이 있어 결국 행복감은 변연계와 전전두엽의 상호작용에 따른 종합적인 결과물로 볼 수 있다. 유의성 가설 valence hypothesis 에 의하면 감정의 긍정적 또는 부정적 특성이 뇌의 좌우 반구에서 다르게 처리가 된다고 알려져 있다.[360 361 362] 즉, 우측의 경우 슬픔이나 두려움 같은 부정적인 정서에 더 관여하고 왼쪽의 경우 행복이나 기쁨과 같은 긍정적인 감정을 주로 관장한다. 따라서 행복감은 오른쪽보다 왼쪽 전전두엽이 상대적으로 더 활성화된 상태와 관련이 있다.

행복감을 느끼기 위해 신경전달물질이 신경 세포 뉴런 간의 신호전달을 통해 감정, 기억, 학습 등 신경 정신계의 기능에 중요한 역할을 한다. 대표적인 신경전달물질은 도파민 dopamine, 세로토닌 serotonin, 엔도르핀 endorphin, 옥시토신 oxytocin 4종류이다.[363] 도파민은 '보상의 물질 reward molecule'로서 대뇌 보상 회로에 작용하여 쾌감과 보상 행동을 통해 행복감을 느끼게 한다.[364] 맛있는 음식을 먹거나 성적 쾌감을 느낄 때 도파민을 방출하여 쾌감을 느끼는데 아리스토텔레스의 헤도닉 행복과 밀접한 관련이 있다. 세로토닌은 '확신의 물질 confidence molecule'이라고 불리며, 만족감, 행복, 낙관적 사고를 통해 긍정적 기분을 유지하는 데 핵심 역할을 한다.[365] 수면과 식욕 조절에도 중요한 역할을 한다. 우울증의 경우 대부분 혈중 세로토닌 성분이 감소되어 있는데 병의원에서 많이 처방하는 가장 흔한 항우울제의 경우 세로토닌 성분을 증가시키는 약물이다. 세로토닌은 유산소 운동을 하거나, 햇빛을 쬐는 행위, 친구나 애인 등 사랑하는 사람과의 긍정적 사회 작용을 통해 많이 분비된다. 명상이나 이완 및 마사지 요법을 통해서도 증가된다.

엔도르핀의 경우 '진통의 물질 pain-killing molecule'로 알려져 있으며 통증 완화와 기분 개선을 통해 행복감을 느끼게 한다. 엔도르핀은 신체가 스트레스나 통증 시 자연스럽게 분비되며, 행복감과 쾌감을 유도한다. 주로 유산소 운동, 특히 달리기와 같은 지속적인 운동을 할 때 경험하는 쾌감과 행복감의 상태를 러너스 하이 runner's high 라고 부르는데 이때 주로 분비되는 물질이다. 스트레스를 심하게 받거나, 신체와 심리적 통증 발생 시에도 스트레스를 줄이고 통증 완화를 통해 행복감을 증진한다.[366] 반면에 웃음도 엔도르핀을 분비하는 강력한 방법 중 하나이다. 그 외 운동을 하거나 음악 듣기, 그림이나 춤추기 등 창의적인 활동 및 마사지 등을 통해서도 엔도르핀의 수치를 높일 수 있다. 마지막으로 옥시토신은 '애착의 물질 bonding molecule'로 불리며 사랑, 유대감, 행복과 관련이 있다.[367] 옥시토신은 산모가 출산 시 자궁 수축을 통해 출산을 도우며, 모유 수유 중에도 분비되어 모자간의 애착 관계 형성에 중요한 역할을 한다. 포옹이나 사랑을 할 때 많이 분비되므로 '사랑 호르몬'으로도 불린다. 옥시토신은 사랑과 유대감, 행복을 증진시키는 중요한 물질로 신체적 접촉이나 긍정적인 사회적 상호작용을 통해 분비가 증가하며, 이는 우리의 정서적 안정과 행복에 큰 영향을 미친다.

행복감은 느끼는 것도 중요하나 일시적으로 그치지 않고 오랫동안 지속되는 것이 보다 중요하다. 도파민은 다량 분비 시 순간의 쾌락과 희열을 느끼게 하지만 동일한 자극이 반복되면 쉽게 내성이 생기는 단점이 있다. 점점 자극의 강도를 올려야 비슷한 쾌감을 유지할 수 있다. 이것은 알코올 중독 환자에게서 흔히 볼 수 있는데 불안을 줄이고 동일한 쾌감을 느끼기 위해 점점 음주량이 증가하게 된다. 알코올뿐 아니라 마약 등 물질 중독의 경우 흔히 행복을 찾다가 길을 잃은 상태에 비유한다. 처음 접했을 때는 기분 좋은 황홀경에 빠져 쾌락이 곧 행복이라고 믿고 점점 집착하게 된다. 헤도닉 행복을 경험한 것이다. 하지만 쾌락이 영원할 것으로 착각하고 같은 행위를 반복하면서 결국 행복의 내성이라는 늪에 빠지게 된다. 알콜이나 마약, 음식, 섹스 등의 행위에 집착하는 것은 쾌락의 역치를 증가시켜 결국 행복의 길을 잃고 도중에 미아 신세가 되는 것이다.

아리스토텔레스는 헤도닉 행복보다는 에우다이모니아 행복에 삶의 목표를 두었고, 긍정 심리학에서도 플로리시를 위해서 긍정 감정뿐 아니라 몰입, 관계, 의미, 목표를 위한 다양한 활동을 주장하였다. 신경생리학적 측면에서도 도파민뿐 아니라 세로토닌, 엔도르핀, 옥시토신을 균형적으로 분비할 수 있는 생활 습관이 필요하며 이는 지속적인 행복을 유지시키는 데 핵심이다. 행복을 위한 생활 습관은 먼저 규칙적 운동, 균형 잡힌 식습관, 충분한 수면 등 신체 건강을 위한 습관이 기본이 되어야 한다. 덧붙여 긍정적인 사고를 갖고, 다양한 취미 활동에 도전하며, 좋은 사람들과 사회적 관계를 유지함으로써 정신건강의 증진에도 신경 써야 한다. 즉, 4가지 신경전달물질이 균형 있게 분비되기 위한 다양한 활동이 생활 습관을 통해 학습되어야 한다. 이를 위해 후각을 활용한 행복 습관 연습은 좋은 촉매제 역할을 할 수 있다. 후각은 감정의 조절 중추인 편도체뿐 아니라 장기 기억을 떠올리는 해마에 직접 영향을 주어 과거의 행복한 기억을 쉽게 소환할 수 있기 때문이다. 다음으로는 후각을 활용한 행복 습관에 대해 알아보자.

3장.
후각 행복 습관 만들기

숲속의 산림욕을 즐기자

숲속에 들어서면 도심과 다른 신선하고 상쾌한 공기를 느낀다. 녹색의 자연과 밝은 새소리로 기분이 좋아진 영향도 있겠지만 엄연히 숲속 공기는 밖과 다르다. 신선한 숲속 냄새의 비밀 중 하나는 피톤치드 phytoncide 이다. 피톤치드의 어원은 phyton 식물과 cide 죽이다의 합성어이다. 식물의 생존을 위협하는 박테리아, 곰팡이, 해충을 퇴치하기 위하여 식물 자체 내에서 생산하는 휘발성 유기화합물을 통칭하며 강력한 항미생물 효과를 갖는다. 공기 중으로 분사하므로 식물 자체의 면역뿐 아니라 숲속 환경 유지에 매우 중요한 역할을 한다.[368] 피톤치드는 외부로 분비되지 않고 세포 내 존재하는 형태와 공기 중으로 분비되는 휘발성 물질로 나눌 수 있다. 우리가 보통 부르는 피톤치드는 후자를 의미하며 약 3만여 종 이상이 존재한다.[369] 성분은 주로 테르펜^{terpene} 계 화합물로 대부분 식물에서 분비된다. 하지만 일반적으로 침엽수에서 분비되는 피톤치드만을 피톤치드로 정의하는 경향이 있는데 이는 본래의 정의가 축소된 것이다.

여기서 잠깐, 피톤치드와 에센셜 오일의 차이에 대해 이해할 필요가 있다. 에센셜 오일은 허브 식물에서 물리적 방법을 통해 얻어진 휘발성 물질이다. 식물에 침투한 세균, 곰팡이를 죽이고, 해충이나 천적으로부터 보호하며, 스스로 상처를 치유하는 등 식물 생존의 엑기스인 셈이다. 에센셜 오일은 나무뿐 아니라 꽃, 잎, 뿌리 등 다양한 부위에서 추출된 모든 방향성 물질을 통칭하는 용어이다. 이에 반해 피톤치드는 나무에서 공기 중으로 분사되는 방향성 물질만 해당하므로 피톤치드도 에센셜 오일의 유형 중 하나인 셈이다. 이를테면, 피톤치드는 '우드 에센셜 오일^{wood essential oil}'이다. 피톤치드와 에센셜 오일은 식물의 광합성을 통해 만들어진다. 광합성은 식물의 엽록체가 공기 중의 이산화탄소와 햇빛을 흡수하여 화학 에너지를 만드는 과정을 말한다. 화학 에너지는 식물 세포의 에너지를 제공하는 포도당과 피톤치드와 같은 에센셜 오일을 생성하게 된다. 소나무나 편백나무 등 침엽수에서 분비되는 피톤치드의 주요 화학 성분은 모노테르펜 계열인 알파피넨^{α-pinene}, 베타피넨^{β-pinene}이다. 알파피넨과 베타피넨 모두 항균 및 항염 효과뿐 아니라 기침을 완화하여 호흡기 질환에 도움을 준다. 특히 스트레스를 완화하고 불안감을 줄여 정신적 안정에 도움을 준다.

한 연구에 따르면 알파피넨 성분을 투여 시 수면을 증가시키는 행동을 촉진하는데 이때 가바 수용체^{GABA receptor}에 직접 작용하여 효과를 나타내었다.370 가바 물질은 뇌에서 가장 중요한 억제성 신경전달물질로 수면제나 신경 안정제의 작용 효과와 관련 있다. 즉, 피톤치드의 주성분인 알파피넨 성분의 심리적 안정 효과가 과학적으로 입증된 셈이다. 현재, 소나무, 편백나무, 전나무 등 침엽수의 피톤치드에 대한 효능이 많이 연구되어 있으므로 가급적 침엽수가 울창한 숲속을 걷는 것이 정서적 안정에 효과적이다. 경기도 보건환경연구원2016 연구 결과에 따르면 피톤치드는 수종은 침엽수림, 계절은 여름, 하루 중에는 이른 아침이 가장 농도가 높은 것으로 발표했다.371 따라서 등산이나 산림욕을 한다면 침엽수림에서 7월 아침에 하는 것이 가장 효과적이다.

신선한 숲속 냄새의 비밀 두 번째는 도심보다 높은 산소량이다. 대기 속 공기에는 평균적으로 질소78%, 산소21%, 아르곤0.93%, 이산화탄소0.039%, 그리고 미량 기체들로 이루어져 있다. 하지만 도심은 자동차 배기가스, 지구 온난화 등으로 평균 산소 농도는 19% 정도에 불과하다. 이에 비해 숲속의 산소 농도는 21.9%로 약 2~3% 높다.372 숲속 식물들이 광합성을 통해 산소를 숲속으로 계속 방출하기 때문이다. 2~3% 정도의 차이지만 쾌적한 느낌은 완전히 다르다. 산소 농도가 19~20% 정도 되면 답답함을 느끼고 18% 이하로 떨어지면 산소 결핍 상태가 되어 두통, 식욕 부진, 구토 등의 증상이 생길 수 있다.373

풍부한 산소와 피톤치드가 쾌적한 숲속 향기의 주연이라면 사람을 기분 좋게 만드는 또 다른 냄새가 있다. 바로 흙냄새이다. 비 온 뒤 더욱 선명하게 느껴지는 흙냄새를 '페트리코르petrichor'라고 부르는데 1964년 호주 과학자에 의해 처음으로 명명되었다.374 페트리코르는 흙

속의 분포하는 지오스민geosmin이라는 물질과 관련 있다.[375] 지오스민은 스트렙토마이세스Streptomyces라고 불리는 토양 속 세균이 만들어내는 일종의 테르펜terpene 화합물이다. 이 미생물은 토양에서 유기물을 분해하며, 이 과정에서 생성되는 화합물이 비와 함께 공기 중으로 퍼져 독특한 향기를 형성한다. 사람의 코는 특히 지오스민 물질에 예민하므로 아주 적은 농도라도 냄새를 맡을 수 있는 것이다. 하지만 비 온 뒤 흙 냄새에 행복한 이유는 어렸을 적 기억을 소환해 주는 추억의 메신저 역할을 하기 때문이다. 비를 맞으면서도 친구와 가족과 즐겁게 놀았던 기억 속에 페트리코르는 항상 존재했기 때문이다. 최근에는 페트리코르 성분을 인위적으로 합성하여 향수로 만든 제품이 출시되고 있다. 실제 흙냄새를 맡는 것과는 다소 차이가 있겠지만 과거의 행복한 기억을 소환하는 좋은 매개체가 될 수 있을 것이다.

숲은 인류의 생존에 필수적인 음식과 심리적 안정을 제공하는 삶의 원천이다. 고대로부터 현재에 이르기까지 숲에서 휴양하거나 치료하는 다양한 활동이 이어져 오고 있다.[376] 국민 건강 측면에서 숲에서의 다양한 활동을 개발한 대표적 나라는 일본이다. 1982년 일본 산림청장이었던 아키야마 도모히데Akiyama Tomohide가 '삼림욕forest bathing, shinrin yoku'이라는 용어를 처음 사용하였고 이후 한국에도 이 단어가 소개된 이후 현재는 '산림욕'으로 명칭이 바뀌게 되었다. 이후 세계적으로 숲 치료forest therapy에 대해 관심을 가지면서 체계적 연구와 프로그램 개발이 지속되었다. 우리나라의 경우 2005년에 산림치유포럼Korean Forest Therapy Forum이 창립되어 숲 치료에 대한 교육과 연구가 지속되어 오고 있다.

숲 활동은 생리적으로 부교감신경을 활성화시켜 혈압과 맥박을 감소시키고 스트레스 호르몬인 코티졸 농도를 감소시킨다.[377] 우울증 환자를 대상으로 병원과 숲에서 각각 인지행동치료를 시행한 치료 결과도 고무적이었다. 한 달 동안 시행했는데 숲 프로그램을 받은 환자군에서 우울 증상이 더 호전되었고 스트레스 수치도 더 감소하였다.[378] 면역 기능도 호전되었는데 숲을 바라보거나 걷는 행동만으로도 대표적 면역세포인 자연살해세포 NK cell 의 활성이 증가되고 면역 글로불린인 IgG, A, M이 증가하였다.[379] 하지만 숲 치료나 전문 체험 프로그램을 통해서만 신체적, 정신적 건강이 호전되는 것이 아니다. 그저 숲길을 걷는 것만으로도 행복감을 느끼기엔 충분하다. 피톤치드, 풍부한 산소, 흙냄새가 제공하는 후각적 재료에 녹색의 자연과 바람, 새소리 등 시청각 양념이 맛있게 버무려지면 숲속은 행복 요리 그 자체가 된다. 이번 주말에 친구나 가족 등 마음이 편한 사람들과 함께 숲속 여행을 떠나는 것은 어떨까?

커피와 차의 향기에 빠져보자

길을 걷다가 카페에서 문득 커피 향이 흘러나오면 마음이 편안해지고 왠지 들어가고 싶은 마음이 발동한다. 커피콩 볶는 냄새까지 풍기면 어릴 적 행복한 기억이 떠올라 입가에 미소가 저절로 번진다. 시장 귀퉁이 방앗간에서, 깨 볶는 냄새를 맡으며 참기름을 기다리는 설렘, 눈 내리는 추운 겨울 연통 난로 위에서, 양은 주전자 속 보리차가 뿜어내는 따뜻한 구수함이 생생하게 오버랩된다. 커피

콩을 로스팅할 때나 깨나 콩을 볶을 때 그리고 보리차 냄새는 서로 비슷하다. 한국인에게 보리차 냄새는 매우 익숙하고 정겹다. 생수가 지금처럼 널리 판매되기 전 옛날에는 집집마다 물을 끓여 마셨다. 볶은 보리를 넣고 팔팔 끓이면 고소한 냄새가 방 안 전체를 뒤덮었다. 특히 겨울에는 난방 역할도 하여 고소함에 따뜻함까지 배가되었다. 운 좋게 따뜻한 햇빛이 방 안을 비추면 나른함이 밀려오면서 이보다 더 행복할 순 없었다. 한국인의 정겨운 보리차 문화인 것이다.

이후 보리차 냄새에 익숙한 사람들은 커피 믹스에 길들여졌다. 보리차처럼 구수하면서 프림의 부드러움, 설탕의 달달함이 추가되니 보리차 냄새의 업그레이드 버전인 셈이다. 그래서 큰 대접에 커피 믹스를 풀어서 숭늉이나 보리차처럼 마시는 시골 할머니의 모습은 낯설지 않다. 현재 아메리카노가 커피 문화의 주류가 되었지만 나와 같은 중년 이후의 나이라면 누구나 커피 냄새 속에 보리차의 기억이 떠오를 것이다. 커피 향을 좋아하는 이유는 저마다 다르다. 커피 향이 소환하는 행복한 기억이 저마다 다를 것이기 때문이다. 커피 향과 긍정적 경험이 연상 학습 되어 행복한 장기 기억으로 저장된 것이다. 커피가 좋은 심리적인 이유이다.

하지만 커피 향은 심리적 요인뿐 아니라 생물학적으로도 마음을 안정시킨다. 국내 연구팀이 실험 쥐 연구를 통해 커피 원두 향만 맡아도 기분 전환에 효과가 있는지 분석했다.[380] 결과는 고무적이었다. 잠을 못 자게 하여 스트레스를 받게 한 실험 쥐들을 두 그룹으로 나눴다. 한 그룹에게만 커피 향을 맡게 했더니 커피 향을 맡은 쥐들에게서만 뇌 속

스트레스를 감소시키는 단백질이 활성화되었다. 또 다른 연구로, 치과 치료 중에 커피 향을 맡게 했더니 심박수도 감소하고 타액의 α-아밀라제와 코티졸 수치가 감소하였다고 보고하였다.381 타액 중 α-아밀라제와 스트레스 호르몬인 코티졸 수치는 스트레스 수준을 알아보는 객관적인 평가 도구이다. 많은 사람이 치과 진료를 기피하고 치료 중에는 불안해한다. 치료 중의 드릴 소리나 소독약 냄새 등은 불안을 가중시키기도 한다. 하지만 치료 중 커피 향을 맡게 하였더니 심장 박동수도 줄어들고 스트레스 수치도 감소하였다. 커피를 직접 마시지 않고 커피 냄새만으로도 심리적 안정에 도움을 준 것이다. 앞으로 생활에 응용한다면 커피를 마시지 않고 향을 맡기만 해도 치과 진료뿐 아니라 다양한 스트레스 상황에서 마음을 안정시키는데 도움이 될 것으로 보인다.

커피 향으로 짧은 시간 내에 기억력이 호전된 연구 논문도 있다.382 젊은 남성을 대상으로 커피 향을 맡게 한 후 집중력이나 기억력 등 인지기능을 평가했더니 그렇지 않은 집단에 비해 인지기능이 유의하게 증가하였다.383 커피의 카페인 성분은 대뇌 신경을 자극하여 인지기능을 향상시킨다. 즉, 흥분성 신경전달물질인 노르에피네프린norepinephrine, 도파민dopamine 글루타메이트glutamate 의 분비를 증가시키고 억제성 신경전달물질인 가바 분비를 억제하여 대뇌 자극제 역할을 한다.384 385 386 비록 커피 향 속에는 마시는 것보다 카페인 함량이 적게 들어 있으나 단지 향을 맡기만 해도 짧은 시간 내에 인지기능이 향상된 것이다.387 위 논문 결과들을 종합하면 평소 커피를 즐기거나 그렇지 않은 사람 모두에게 커피 향을 맡는 것만으로도 스트레스를 줄이고 집중 및 기억력을 향상시킬 수 있다는 내용이다.

그렇다고 모든 사람에게 커피나 커피 향을 권할 필요는 없다. 커피 대신 사람들이 많이 이용하는 차 중에 녹차green tea가 있다. 녹차에는 카페인 성분뿐 아니라 카테킨catechin과 테아닌theanine 성분도 들어 있다. 카테킨의 경우 발열 작용 및 체내 지방을 감소시키는 효과가 있어 장기적으로 체중 감소에 도움을 준다.[388][389] 테아닌의 경우 진정 효과가 있으며 카페인으로 인한 흥분 효과를 억제하는 역할을 한다.[390] 따라서 녹차는 카페인 성분이 들어 있어도 테아닌의 작용으로 카페인 작용을 상쇄하므로 카페인에 예민한 사람들도 안심하고 마실 수 있다. 커피 향과는 달리 녹차 향은 밋밋하다. 하지만 계속 맡고 있으면 은근한 달달함이 올라온다. 한입 마시면 처음엔 특유의 떫은맛으로 이질감이 느껴지나 침샘이 자극되면서 이내 부드럽게 중화된다. 또한 넓은 녹차밭의 풍요와 사찰의 고요함이 연상되면서 마음은 금세 평온해진다. 커피 냄새가 즐거움과 활력의 매력을 가진다면, 녹차는 여백과 평온함의 묘미가 있다. 심리적인 안정감과 함께 녹차 향도 인체의 생리적 변화를 유발한다. 녹차 향 속에는 대표적으로 리날룰linalool이라는 알코올 성분이 들어 있으며 임상 연구를 통해 녹차 향을 맡기만 해도 항스트레스 효과를 보였다.[391][392][393] 또한 녹차 향을 맡은 후 오른쪽 전두엽에서 뇌파EEG의 베타β파가 증가하였고 기억력 검사 수치의 증가를 보였다.[394] 뇌파의 베타파는 집중력과 상위 인지기능을 반영하는 데 좋은 지표로 활용이 된다.[395] 결국 녹차 향의 경우도 커피 향처럼 기분을 안정시키고, 스트레스를 완화하며, 집중력이나 기억력 등 인지기능 호전에 도움을 준다.

행복 습관을 위하여 매일 커피나 티타임을 만들어 보자. 하지만 아침에 일어나자마자 공복에 마시는 습관은 건강을 해칠 수 있다. 아침에 잠에서 깬 후 30~45분 사이에는 스트레스 호르몬인 코티졸cortisol의 수치가 최고치에 도달한다. 이때 커피를 마시게 되면 카페인 성분과 상호작용으로 코티졸 수치를 더욱 올려 면역체계에도 악영향을 주고 오히려 스트레스에 취약한 상태를 만든다. 따라서 기상 후 2시간 이후에 커피를 마시는 것이 좋다. 억지로 잠을 깨려고 일어나자마자 마시는 커피는 오히려 독이 될 수 있는 것이다. 오전 7~8시에 기상할 경우 오전 10시경이 가장 적당한 시간이다. 녹차도 마찬가지이다. 일어나서 바로 공복에 마실 경우 강력한 항산화 성분과 폴리페놀 성분이 위산 분비를 자극하여 소화를 방해할 수 있다. 모닝커피나 녹차 타임 모두 늦은 아침에 마음의 여유를 갖고 시작해 보자. 커피를 마시지 못하는 사람의 경우는 내가 있는 공간을 커피 향으로 채워보자. 커피 향의 풍미를 제대로 느끼려면 드립 커피를 활용하는 것이 좋다. 분쇄된 원두에 뜨거운 물을 천천히 부으면 본연의 커피 향이 우러난다. 녹차의 경우도 티백보다는 다기 세트를 활용하여 뜨거운 물에서 우러나는 은은한 녹차 향을 즐겨보자.

혼자도 좋지만 가능하면 여러 사람과 함께 즐겨보자. 좋은 대인관계를 유지하는 것은 행복의 중요한 요소이다. 또한 생활 습관 형성을 위해 하루 중 가능한 시간을 정해서 매일 매일 꾸준히 하는 것이 중요하다. 마지막으로 드립 형태의 천연 커피향을 노인 요양원이나 병원에서 활용해 보자. 커피 향만으로도 마음의 안정과 인지기능 호전에 도움이 되기 때문이다. 단, 인공 커피 향이 아닌 천연 향을 활용해야 하며 늦은 아침이나 낮 시간이 적당하다. 더불어 로즈마리나 페퍼민트 등 인지기능 증가와 관련 있는 에센셜 오일과 시간차를 두어 함께 활용해 보기를 추천한다.

갓 구운 빵 냄새를 즐기자

요즘 MZ 세대들에게 '빵지순례'라는 유행어가 인기이다. 전국의 맛있는 빵집을 돌아다니면서 SNS에 사진과 경험담을 올리고 공유하는 것이다. 대전의 **당을 비롯하여 전국에 오랜 역사를 가진 빵 맛집은 많다. 옛날에는 소수 빵 마니아층 중심의 맛집 탐방이 이어졌다면 SNS 이후 빵지순례는 어느덧 사회적 트렌드가 되었다. 사람들이 빵에 열광하는 이유는 사람마다 다르겠지만 결론적으로 빵과 관련된 행복감 때문이다. 행복에 영향을 주는 요인은 다양하다. 빵 냄새나 모양, 식감 등 빵 자체의 요인뿐 아니라 빵과 관련된 즐거운 기억 등 심리적 요인도 영향을 준다.

누구나 갓 구운 빵 냄새를 맡으면 기분이 좋아진다. 이것은 빵이 구워질 때 발생하는 마이아르 반응 Maillard reaction 과 관련이 있다.[396] 마이아르 반응은 1912년 프랑스의 화학자인 루이 카미유 마이야르 Louis Camille Maillard 에 의해 처음으로 명명되었다. 음식을 140도 이상의 고온으로 가열하면 음식 속의 당과 아미노산이 화학 반응을 하여 갈색 물질인 멜라노이딘 melanoidin 과 함께 맛있는 냄새가 만들어지는 과정을 의미한다. 보통 고기, 빵, 커피, 양파, 견과류 등을 굽거나 볶을 때 발생한다. 갓 구운 빵 냄새도 마이아르 반응의 결과물이다. 마이아르 반응에 의해 밀가루 반죽 속의 당분이 여러 종류의 화합물로 변화되는데 이 중 '피라진 pyrazine' 성분이 갓 구운 빵 냄새를 만드는 주요 물질이다.[397] 마이아르 반응을 통해 향긋한 빵 냄새 외에도 빵의 겉표면을 갈색으로 만들어 먹음직스럽게 만들고, 빵 껍질을 바삭하게 하여 식감을 자극한다. 갓구운 빵과 함께 커피를 마시는 것은 좋은 궁합이다. 커피콩을 로스팅할 때에도 마이아르 반응이 생기는데 신선한 빵 냄새와 맛있는 커피 향이 서로 시너지를 이루어 향의 풍미를 증가시키기 때문이다.

그런 의미에서 먼저 추천하는 후각 행복 습관은 늦은 아침 브런치 메뉴로 갓 구운 토스트와 커피 한 잔을 마시는 것이다. 후각뿐 아니라 다른 감각도 충족시켜 보자. 눈앞에 펼쳐진 멋진 풍경과 좋아하는 음악을 들으면서 시청각적 즐거움도 함께 느껴보자. 오감이 충족되는 감각적 행복이다. 주로 대뇌 보상 회로를 자극하여 도파민을 분비하는 일종의 쾌락적 행복인 셈이다. 긍정 심리학에서의 즐거운 삶 즉, P 긍정 감정 요소는 충족된다. 하지만 쾌락이나 즐거움 위주의 행복은 점점 즐거움의 강도가 점점 줄어들 수 있다. 보완책이 필요하다. 먼저 행복한 냄새와 멋진 공간 속에서 나만의 독서 삼매경에 빠져보자. 독서를 통해 몰입 flow 의 즐거움에 빠진다면 E 몰입 요소를 충족시킬 수 있어 행복감이 좀 더 오랫동안 지속될 수 있다. 독서 습관은 남들에게 보여주기 위한 요식 행위가 아니라 나의 내면적 성장을 위해 꾸준히 지속되어야 한다. 좋은 사람들과 함께 담소를 나누는 것은 R 관계 요소를 충족시킨다. 가족이나 친구 혹은 마음이 맞는 사람들과 정을 나누는 과정에 사랑 호르몬으로 불리는 옥시토신 oxytocin 분비가 활발해질 수 있다. 즉, 감각적 행복에 내면의 성장 혹은 원만한 대인관계를 위한 다양한 활동을 추가한 것이다.

집 안에서 분위기 내기가 어렵다면 내가 좋아하는 베이커리 카페를 아지트로 삼아 지속적으로 활용해 보자. 다음으로 추천하는 후각 행복은 직접 빵지순례를 해보는 것이다. 여기서 주의할 점은 SNS에 올라와 있는 빵집 코스를 그대로 따라 하고 '좋아요'에 집착을 한다면 행복은 일시적일 것이다. 남을 추종하거나 비교를 통해 느끼는 행복감은 진정한 행복을 깎아 먹는 주요 요인이다. 내가 주도하는 행복을 만들어 보자. 우선 맛있는 빵집 지도를 직접 만든다는 계획을 세우고 발품을 팔면서 미션을 시행해 보자. 그리고 스스로 노력으로 만들어진 빵지 순례 맛집을 무료로 사람들에게 공개해 보자. SNS에 올린 자신의 무료 맛집 정보에 대해 대부분의 사람은 고마워하겠지만 일부는 평가 절하 할 수도 있다. 하지만 직접 맛집 지도 계획을 세우고 실천하는 과정에서 경험한 값진 경험들은 지속적 행복의 자산이 된다. 빵 냄새가 좋아 시작한 작은 실천이 진정한 행복으로 이어질 수 있다. 진정한 행복감을 느끼게 되면 일부 자신을 비방하는 사람들의 의견도 너그럽게 용서할 수 있는 마음의 여유가 생긴다.

마지막으로 빵지순례를 하는 과정 중간중간에 등산이나 숲 체험 코스를 함께 추가해 보자. 갓 구운 빵 냄새에만 관심을 가지다 보면 자칫 미션이 무료해지기 쉽다. 흥미를 돋우기 위해 다른 후각 코스와의 콜라보를 권하며 이 중에서 숲 체험 코스를 가장 추천한다. 침엽수가 뿜어대는 피톤치드 향, 향긋한 흙냄새의 조합은 갓구운 빵 냄새와는 한 차원 다른 후각적 매력이다. 더불어 등산이나 숲 체험을 통해 충분한 운동 효과도 있으므로 빵으로 인한 체중 걱정에서 벗어날 수도 있다. 마음이 통하는 사람들과 함께 걸으며 사회적 소통을 하는 과정에서 플로리시의 팔마 5요소가 모두 충족된다. 요약하면, 갓 구운 빵 냄새로 인한 감각적 행복에서 머물지 않고 독서를 통한 몰입, 사람들과의 사회적 교류, 무료 맛집 지도와 같은 목표 설정 및 미션 수행 등의 다양한 활동을 통해 지속적, 진정한 행복에 도달할 수 있다.

나만의 공간에 향을 입히자

집 안에서 행복한 생활을 즐기기 위해서는 먼저 좋아하는 실내 인테리어 콘셉트를 정하는 것이 우선이다. 미니멀, 내추럴, 모던, 북유럽, 앤틱 등 어떤 종류를 정하느냐에 따라 가구나 조명의 모양 및 배치 등이 달라진다. 이와 함께 분위기에 맞는 색상을 선택하게 된다. 방마다 기능이 다르므로 이를 고려하여 색상을 선택하는 것이 좋다. 블루나 그린 같은 쿨 컬러 cool color 의 경우 차분하고 안정적인 느낌을 주며, 심리적으로 편안함을 제공한다. 반면에 레드나 오렌지 같은 웜 컬러 warm color 의 경우 에너지를 주고 흥분을 유발한다.[398][399][400][401] 따라서 이러한 기본 원리에 따라 각 공간의 인테리어 색상을 선택하는 것이 좋다.

먼저 침실의 경우는 수면이 중심이 되어야 하므로 블루가 가장 무난하고 그린도 좋은 대안이다. 반면 공부방이나 서재의 경우 집중력을 높여야 하므로 레드 계통의 따뜻한 색상이 좋을 것 같지만 역시 블루 계열의 색상이 적합하다. 블루는 차분함과 안정감을 주어 집중력을 높이는 데 도움을 준다. 특히 밝은 블루는 창의성으로 정신 자극에 도움을 준다. 그린은 자연을 연상시키며, 눈에 편안한 색상으로 스트레스를 줄이고 집중력을 향상시킨다. 거실은 가족과 친구들이 모이는 공간으로, 레드 계열의 색상은 활기차고 따뜻한 분위기를 만들어 준다. 화장실은 청결함과 넓은 느낌을 주고 싶으면 화이트가 적당하고 세련되고 모던한 느낌을 위해서는 그레이 색상이 적당하다. 주방은 콘셉트에 따라 블루, 레드, 옐로우, 화이트 계열 모두 가능하다. 화이트는 청결하고 밝은 느낌을 주고 그린은 자연적인 느낌으로 신선한 식재료와 잘 어울린다. 블루는 차분한 분위기를 만들며 주방에서 편안한 느낌을 제공한다. 옐로우는 에너지를 주고 주방을 밝고 활기차게 만든다. 레드의 경우는 식욕을 자극하는 색상으로 주방에 활력을 불어넣는다.

색상이 정해졌으면 마지막 화룡점정은 공간에 맞는 향을 선택하는 것이다. 침실의 경우 주로 편안함과 안정감을 주며, 수면을 촉진하는 데 도움을 주는 에센셜 오일이 적합하다. 가장 일반적이고 널리 활용되는 오일은 라벤더이다. 라벤더 오일은 대뇌의 억제성 신경전달물질인 가바의 작용을 강화하여 불안을 완화하고 불면 증상에 도움을 주므로 침실에 첫 번째로 추천하는 에센셜 오일이다.[402 403 404] 또한 스트레스 호르몬인 코티졸의 혈중 수치를 낮추는 효과가 있어 지친 하루를 끝내고 스트레스를 완화하여 편안한 잠자리를 제공해 준다.[405 406 407]

두 번째 추천 오일은 바닐라 vanilla 오일이다. 최근 연구 결과 전 세계 사람들이 가장 좋아하는 냄새는 바로 '바닐라'로 밝혀졌다.[408] 이는 바닐라의 주성분인 바닐린 vanillin 의 심리적 안정 효과[409] 이외에도 출생

후 첫 냄새인 모유의 친숙함과 관련 있다. 달콤하고 파우더리한 향의 특성상 라벤더나 일랑일랑, 로즈 등 다른 향과도 잘 어울리므로 단독 혹은 블렌딩하여 활용한다.

세 번째는 로만 캐모마일 Roman chamomile 오일이다. 라벤더와 로만 캐모마일의 경우 모두 에스테르와 알코올이 주성분으로 매우 안전한 에센셜 오일에 속한다. 저먼 캐모마일 German chamomile 이 주로 소염, 항균 효과가 뛰어나다면, 로만 캐모마일은 스트레스를 완화하고 수면 촉진에 도움을 준다.[410][411][412]

네 번째는 로즈 rose 오일이다. 로즈 오일은 여성들이 가장 좋아하는 에센셜 오일 중 하나이다. 피부 미용뿐 아니라 스트레스로 인해 증가된 혈중 코티졸 수치를 낮춤으로써 스트레스 개선에 도움을 주며 특히 불면에 도움을 주므로 침실에 적합한 오일이다.[413][414] 하지만 매우 고가인 오일로 경제적인 부담이 단점이다.

다섯 번째는 버가못 bergamot 오일이다. 시트러스 오일 특유의 싱그럽고 향긋한 향이 기분 전환에 도움을 준다. 오일의 대뇌 작용 효과는 라벤더와 비슷하다. 대뇌 억제성 신경전달물질인 가바의 작용을 강화하여 불안을 완화하고 수면 촉진을 돕는다.[415][416] 또한 스트레스 호르몬 코티졸 수치를 감소시켜 스트레스를 완화한다.[417][418] 라벤더와 버가못은 작용 효과가 비슷하므로 함께 활용하면 시너지 효과를 볼 수 있다.

마지막으로는 샌달우드 sandalwood 오일이다. 샌달우드는 '절 향'으로 알려져 있으며 오래된 나무 향 속에 달콤함이 묻어 있는 매력적인 향적 특성을 갖는다. 신경을 안정시키는 효과가 있어 불안이나 긴장 등을 완화하고 수면에 도움을 준다.[419] 숲속의 느낌과 사찰의 경건한 느낌이 결합된 익숙한 향으로 조용하고 동양적인 취향을 좋아한다면 추천한다. 요약하면, 바닐라 향 이외에 라벤더, 로만 캐모마일, 로즈 향 등의 플로럴 향, 시트러스 향인 버가못과 우디 향의 샌달우드가 심리적 안정에 도움을 주는 대표적인 오일로, 침실의 기능과 잘 맞는 에센셜 오일이다. 발향 형태는 디퓨저나 스프레이도 좋지만 에센셜 원액을 베개나 이불에 한두 방울 떨어뜨려도 효과적이다.

공부방이나 서재의 경우 책을 보거나 문서 작업을 하는 경우가 많다. 집중력을 높이고 정신을 맑게 하며 에너지 증진에 도움이 되는 오일이 적합하다. 대표적인 3가지 오일은 로즈마리 rosemary, 유칼립투스 eucalyptus, 페퍼민트 peppermint 이다. 대뇌 신경전달물질인 아세틸콜린 acetylcholine 의 경우 인지기능과 매우 관련이 있는 성분으로 치매 환자에게서 감소되어 있다. 따라서 집중력을 높이고 기억력을 향상시키기 위해서는 아세틸콜린 성분을 증가시키는 에센셜 오일이 필요하다. 로즈마리, 유칼립투스, 페퍼민트 오일 모두 혈중 아세틸콜린의 분해를 막아 아세틸콜린을 증가시킨다.[420][421][422] 이러한 역할은 오일 속의 1,8-시네올 1,8-cineole 성분과 관련이 있는데[423] 3가지 오일 모두 높은 함유량을 보인다. 하나씩 사용해도 되지만 3가지 오일을 함께 활용 시 시너지 효과를 기대해 볼 수 있다. 아세틸콜린의 증가에 도움을 주는 또 다른 오일은 시트러스 오일 중 레몬 오일이다.[424][425] 레몬 오일은 상쾌하고 기분 좋은 향으로 심리적으로 기분 전환에도 도움을 주기 때문에 서재나 공부방에 적합하다. 스프레이나 디퓨저 모두 추천한다.

거실은 편안하고 아늑한 분위기를 조성하며, 가족이나 손님과의 소통을 촉진하는 장소이다. 침실과 비슷하게 마음을 안정시키고 스트레스를 해소하는 데 도움을 주는 오일이 적합하다. 대표적인 릴랙스 오일은 라벤더 오일이다. 가바를 증가시켜 신경을 이완시킨다. 스트레스 호르몬인 코티졸의 분비를 줄여 스트레스 해소에 좋은 오일로는 오렌지와 버가못과 같은 시트러스 오일과 로즈와 일랑일랑과 같은 플로럴 계열의 오일을 들 수 있다.[426 427 428 429] 오렌지나 버가못 오일의 경우 상큼하고 기분 좋은 향으로 분위기를 밝게 하며 일랑일랑이나 로즈 오일과 같은 플로럴 오일의 경우 공간을 고급스럽고 로맨틱한 분위기를 만들어 준다. 그 외 시더우드 cedarwood 같은 우디 향은 나무 향이 제공하는 따뜻하고 안정감으로 편안한 분위기를 만드는 데 도움을 준다. 따라서 시트러스 향처럼 가볍고 상쾌한 느낌, 플로럴 계열의 부드럽고 감미로운 느낌, 우디 향처럼 편안한 숲속 느낌을 개인 취향에 따라 선택하면 된다. 제품은 디퓨저나 스프레이 모두 적합하다. 스프레이 제품의 경우 패브릭 가구나 커튼에 뿌리면 향이 오래 지속된다. 단, 흰색 섬유 제품에 스프레이를 뿌릴 경우 자칫 착색으로 인해 얼룩이 질 수 있어 가능한 진한 색상을 택하도록 한다.

화장실에는 청결하고 상쾌한 느낌을 주며, 불쾌한 냄새 제거에 도움을 주는 오일이 적합하다. 세균, 바이러스 및 곰팡이균까지 광범위한 항미생물 효과로 청결 유지에 가장 추천하는 오일은 티트리 tea tree 오일이다.[430 431] 티트리 향은 신선하고 깨끗한 느낌의 풀 향으로 상쾌한 기분을 유도하여 스트레스 해소에도 도움을 준다. 탈취 해소 및 기분 전환에 좋은 오일은 레몬, 라임, 오렌지와 같은 시트러스 오일과 유칼립투스, 페퍼민트와 같은 민트나 캠퍼 향이 도움이 된다. 라벤더 오일과 같은 릴랙스 오일도 스트레스에 도움이 되므로 추천한다. 제품 형태는 은은하게 향이 풍기도록 디퓨저를 사용하되 용변을 본 후 혹은 세면대에서 악취가 올라오는 경우 탈취 목적으로 스프레이를 활용해 보자.

마지막으로 주방은 청결을 유지하고 불쾌한 냄새를 제거하며, 식욕 증가에 도움을 주는 오일이 좋다. 가장 추천하는 오일은 레몬 오일이다. 탈취 효과가 뛰어나 주방세제 향으로도 많이 활용되며 새콤한 향으로 침샘을 자극하므로 식욕을 증가시키고 요리를 할 때 기분을 좋게 한다. 다른 시트러스 오일인 오렌지나 라임 오일도 탈취 효과가 있어 대체제로 활용 가능하다. 레몬그라스 오일도 효과적이다. '레몬 향기가 나는 풀'이라는 뜻으로 볏과 식물이다. 태국의 음식 '똠양꿍'에 들어가는 재료로 탈취 효과와 함께 항바이러스 및 항진균 효과가 뛰어나다.[432] 그 외에 강력한 항미생물 효과를 갖는 티트리 오일, 공기 정화에 탁월하고 상쾌한 느낌을 주는 유칼립투스 오일도 추천할 만한 오일이다. 주방은 디퓨저 형태가 무난하나 스프레이로 뿌릴 경우 자칫 음식에 향이 섞일 수 있으므로 조심하도록 한다. 마지막으로 공간 향을 기획할 때 같은 공간에 계속 동일한 향만 뿌리게 되면 점차 향적 매력이 감소하게 된다. 수개월에 한 번씩 주기적으로 에센셜 오일의 종류를 교체해 보는 노력이 필요하다.

향기로운 음악에 취해보자

　　　　　　　　　　지금 전 세계는 〈APT〉 노래에 열광하고 있다. 블랙핑크의 로제와 미국 유명 가수 브루노 마스가 함께 부른 신곡으로 글을 쓰고 있는 현재 유튜브 조회수 2억 7천만 뷰를 돌파 중이다. 유튜브라는 인터넷 매체가 큰 역할을 했지만 빠른 시간 내에 이렇게 전 세계인의 마음을 홀릴 수 있는 것은 음악의 위대한 힘 덕분이다. 음악은 인류의 탄생 이후부터 함께한 세계 공통의 언어이다. 원시시대 언어가 만들어지기 전부터 음악으로 소통했고 음악으로 놀이 문화를 발전시켰다. 제사나 종교의식 등 엄숙한 분위기에도 사용되었고 서민의 희로애락을 자유롭게 표현하는 창작의 수단으로도 널리 활용되었다.

　음악은 민족이나 문화에 따라 조금씩 차이가 있으나, 인간의 감정을 다룬다는 공통점이 있다. 아리랑 민요를 듣고 있으면 한이 서린 우리 한민족의 애틋한 정서가 느껴진다. 나뿐만 아니라 한민족이라면 누구라도 비슷한 감정을 느낄 것이다. 비슷한 정서를 서로 공유하며 공감하기 때문이다. 우리가 힘들 때에는 기분 전환을 위해 신나는 노래도 즐기지만 나를 위로하는 노래에 더 끌린다. 실연의 아픔을 겪고 있는 사람이라면 슬픈 노래를 들으며 혼자 눈물을 흘리기도 한다. 음악 속 가사에 몰입하여 역지사지의 입장이 되면 공감에 따른 감정적인 반응이 나오는 것이다. 여기에 감정을 섞어 직접 노래하다 보면 감정의 카타르시스까지 느끼기도 한다. 스트레스를 받거나 마음이 우울할 때 부르는 노래 한 곡은 훌륭한 마음 치료제이다. 감정을 이해하고 공감하며 표현하는 것이 바로 음악이 주는 힐링의 원천이다.

감정적 요소뿐 아니라 음악의 또 다른 매력은 과거 추억과 관련된 기억을 쉽게 소환할 수 있는 것이다. 대입 시험을 준비하면서 위로받은 음악, 첫사랑과의 추억이 묻어 있는 사랑스러운 음악, 친구들과 노래방에서 자주 불렀던 18번 애창곡 등은 언제 들어도 그 시절의 행복한 기억 속으로 쉽게 빠져들게 만든다. 우리 부모님 세대들이 트로트에 행복해하는 것처럼, MZ 세대들의 지금 유행 음악은 수십 년 후 행복을 부추기는 추억 거리가 될 것이다. 음악이 감정과 옛날 기억을 풍부하게 담고 있는 이유는 청각 대뇌 회로가 인간의 감정 조절에 중요한 변연계와 밀접하게 연결되어 있기 때문이다. 변연계에는 감정 조절 중추인 편도체, 기억을 소환하는 해마, 감정 표현을 조절하는 자율신경계 중추인 시상하부가 포함되어 있다.

또한 맛있는 음식을 먹을 때처럼 음악을 들을 때도 도파민이 방출되어 쾌감을 느낀다. 대뇌 보상 회로인 측좌핵 nucleus accumbens 과 복측 피개영역 ventral tegmental area 을 활성화하여 도파민을 분비하기 때문이다.[433][434] 이것은 기능성 자기공명 영상 fMRI 연구를 통해 다시 증명되었고,[435] 자신에게 익숙하고 좋아하는 음악일수록 더 많이 활성화되고 도파민 방출도 더욱 증가했다.[436][437] 그렇다면 다른 장르보다 음악이 좀 더 인간의 감정을 자극하는 이유는 무엇일까? 그동안 음악이 몸과 마음을 어떻게 변화시키는지에 대해서는 명확하게 밝혀지지 않았는데 올해 초 이에 대한 궁금증을 풀 수 있는 단서가 발표되었다.[438] 다이코쿠 다쓰야 Tatsuya Daikoku 일본 도쿄대 교수 연구팀은 음악 화음과 특정한 감정 반응 사이에 신체 감각이 매개한다는 것을 밝혔다. 음악 화음이 입력되면 심장과 복부 쪽의 2가지 서로 다른 신체 감각이 고

유의 신체 감각 코드를 형성하여 특정 감정 및 나아가 행복감이 유발된다는 것이다.[439] 즉, 외부의 음악 코드에 대응하는 내부 신체 코드가 존재하는 것이다. 우리가 종종 좋은 음악을 들을 때 심장이 빨리 뛰거나 몸에 전율을 느끼는 경험을 한다. 감정 변화에 따른 신체의 변화일 수도 있으나 신체의 변화가 만들어내는 감정의 변화일 수도 있는 것이다. 감정이 먼저인지 신체가 먼저인지는 아직 명확하게 밝혀지지는 않았으나 2가지 모두 진실일 수 있다. 중요한 것은 음악이 다른 콘텐츠보다 더 감정적 반응을 유도하므로 긍정적 감정뿐 아니라 행복을 증진시키는 데 좀 더 효과적 수단이라는 것이다.

그렇다면 일상의 행복을 위해서 음악을 어떻게 활용하는 것이 좋을까? 가장 쉬운 것은 내가 좋아하는 음악을 즐겨 듣는 것이다. 요즘엔 유튜브나 음원 사이트를 쉽게 접할 수 있어 언제 어디서나 좋아하는 음악을 마음껏 들을 수 있다. 하지만 수동적으로 음악을 단순히 듣는 것만으로는 행복이 오래 지속되지 않는다. 진정한 행복을 위해서는 다른 사람들과 음악적 활동을 함께하는 사회적 노력이 필요하다. 연구에 따르면 다른 사람들과 함께 노래를 부르거나 춤을 추는 등 음악을 통한 사회적 교류가 증가할수록 좀 더 강한 긍정적 경험 및 행복감으로 이어졌다.[440][441] 이러한 적극적 사회 활동과 행복감 사이에는 양방향적으로 긍정적 관계를 보였다. 즉, 행복감이 높을수록 춤이나 음악 콘서트 등에 참여 빈도가 증가하였고 반대로 춤이나 음악 콘서트에 적극적으로 참여할수록 행복감은 증대되었다.[442] 또한 자존감이나 자기 확신 역시 증대되어 행복감에 긍정적인 영향을 주었다.[443] 젊은 MZ 세대들이 아이돌 그룹의 콘서트에 적극적으로 참여하거나 SNS를 통해 춤을 챌린

지하는 행위 등은 모두 행복지수를 높이는 긍정적 활동이다. 더불어 중장년층을 중심으로 젊은 트로트 가수들의 콘서트 및 팬 미팅에 적극적으로 참여하는 활동들도 사회적 연대감을 통해 우울증을 예방하는 좋은 방법이다. 혼자서 음악을 들을 경우 쾌락 중추의 도파민만 분비되므로 즐거움에 대한 내성이 쉽게 생길 수 있다. 반면에 음악을 통한 다양한 사회적 관계가 형성이 되면 세로토닌과 옥시토신이 함께 분비됨으로써 진정한 행복을 오래 경험할 수 있다.

음악은 불안이나 스트레스를 줄여 행복감 증진에도 효과적이다. 스트레스 상황에서 음악을 들을 때 스트레스 호르몬인 코티졸의 수치가 감소하고 도파민이 증가되었는데 이는 음악을 통한 긍정적 감정을 통해 스트레스가 치유된 것이다.[444] 소아청소년의 경우도 음악을 듣고 있으면 치과 치료나 의학적 시술 시 불안이나 통증 수치가 감소되었다.[445 446] 치매 노인의 경우 요양원이나 요양병원에서 다양한 음악 활동은 기분을 안정시키는 데 도움을 주었다. 좋아하는 노래를 듣거나, 단체로 노래 부르기, 음악과 함께하는 가벼운 율동 등의 요법을 통해 불안이나 우울감이 감소하고, 기분을 향상되었으며, 인지기능까지 호전되었다.[447 448 449] 향후 노인 요양원에서 음악 요법이 널리 활용되면 행복감과 인지기능의 두 마리 토끼를 모두 잡을 수 있는 좋은 프로그램이 될 수 있을 것이다.

음악과 함께 기분 좋은 아로마 향을 맡는 것은 행복감을 증진시키는 좋은 방법이다. 우리는 보통 스트레스를 받을 때 좋아하는 음악을 듣거나 에센셜 오일을 활용한 아로마테라피를 별도로 시행한다. 2가지 방법 모두 편도체에 작용하여 마음을 편안하게 하고, 쾌락 중추에서 도파민을 분비함으로써 즐거움과 쾌감을 느낀다. 하지만 음악을 들으면서 에센셜 오일을 맡으면 행복감은 배가 된다. 시너지 효과 때문이다. 한 연구에 따르면 간호 학생의 실습 시 불안 및 스트레스를 줄이기 위해 에센셜 오일과 음악의 병합 요법을 시행하였는데 실험 결과 실험군에서 대조군보다 불안 수치가 유의하게 감소하고 간호 실습 기술이 향상되었다.[450] 이때 사용한 에센셜 오일은 심리적 이완에 도움을 주는 마조람과 오렌지 오일이었다. 유사한 논문으로 간호사의 병원 업무 시 스트레스 감소를 위해 음악과 함께 라벤더, 캐모마일 오일을 맡았는데 결과는 효과적이었다.[451] 치과 시술 동안에도 라벤더 에센셜 오일과 음악을 함께 들은 뒤 혈압, 심박수 및 불안 수치가 유의하게 감소하였고 기능성 자기공명 영상fMRI에서도 변화 소견을 보였다.[452] [453] 외과 수술을 받은 후 제라늄 오일과 음악을 통해 환자의 수술 후 불안을 감소시켰다.[454] 병합 요법은 주로 스트레스 및 불안 감소 효과가 컸으며 사용된 에센셜 오일은 주로 심리적 이완과 관련된 라벤더, 캐모마일, 마조람, 오렌지 오일 등이었다.

일상생활에서도 직접 활용해 보자. 가장 먼저 자신이 가장 좋아하는 음악을 선택해 보자. 흥을 돋우는 음악보다는 마음이 차분해지는 음악을 먼저 선택해 보자. K-POP이든 클래식 음악이든 상관없다. 다음엔 릴랙스에 도움이 되는 에센셜 오일을 선택한다. 심리적 이완에 도움을 주는 가장 대표적 오일은 라벤더 오일이다. 그 외 로만 캐모마일이나 오렌지 오일도 무난하다. 로즈나 일랑일랑과 같은 꽃 향도 추천할 만하며 시트러스 오일인 버가못과 레몬 오일도 상쾌하고 기분 좋은 매력을 제공한다. 숲속 향기를 좋아한다면 시더우드나 샌달우드 오일도 좋은 선택이다. 음악과 에센셜 오일 향이 서로 시너지 효과를 내려면 2가지 조합이 결합되어야 한다. 따라서 당분간 1번 음악을 들을 때는 1번 향만을 맡아 서로 결합시킨다. 일정 기간 이후 1번 음악과 1번 향의 결합이 완료되면, 1번 음악만 들어도 머릿속에는 1번 향이 자동으로 떠오를 것이다. 반대의 경우도 마찬가지이다. 이런 방식으로 2번 음악과 2번 향, 3번 음악과 3번 향을 결합시켜 보자. 학습이 효과적으로 되면 서로 시너지 효과를 발휘하여 릴랙스 효과는 극대화될 것이다. 퇴근 후 집에서 눈을 감고 안마 의자에 누워 음악과 향을 맡아보자. 청각, 후각, 촉각이 통합되어 감각적 행복감은 증대될 것이다. 욕심을 내본다면 마음이 편해지는 실내 인테리어까지 신경 써보자. 오감이 만족스러운 나만의 힐링 공간 '케렌시아querencia'를 완성할 수 있을 것이다. 릴랙스된 분위기에 좋아하는 책을 읽으며 몰입의 즐거움까지 누린다면 진정한 행복감은 오래 지속될 수 있다. 행복은 멀리 있지 않다. 집 안에서 향과 음악만 추가되어도 행복감의 차이는 크다.

향기로 기분 좋은 운동을 즐기자

남녀노소 모두 이제 운동은 일상생활이 되었다. 운동하는 목적도 다양하다. 젊은 남성 및 여성들은 멋진 몸매 만들기에 관심이 많다. 남성들은 멋있는 식스팩을, 여성들은 아름다운 애플힙에 대한 로망을 갖는다. 하지만 나이가 들어 중년 이후가 되면 몸매보다도 신체 건강이 우선이 된다. 운동을 언급할 때 가장 먼저 떠오르는 곳이 피트니스 센터이다. 실내에서 유산소와 근력운동을 체계적으로 받을 수 있는 가장 일반적인 장소이다. 실외 활동의 경우 공원이나 둘레길의 트레킹이 대표적이며 최근 바이크나 산악 동호회도 많이 활성화되어 있다. 골프나 테니스 같은 레저 스포츠를 즐기는 사람도 점점 증가하는 추세이다. 신체 건강을 위해 일주일 동안 필요한 운동량은 얼마나 될까? WHO 가이드라인2020에 의하면 정상 성인의 경우 일주일에 중등도 운동을 최소 2시간 30분~5시간 혹은 고강도 유산소 운동을 최소 1시간 15분~2시간 30분을 하되 2일 이상은 근력운동을 포함시키도록 추천하고 있다.[455] 참고로 중등도 운동의 경우 약간 숨이 차고 옆 사람과 얘기를 나눌 수 있는 정도로 자신의 최대 심박수의 64~76% 정도를 의미한다. 고강도 운동은 너무 숨이 차서 옆 사람과 대화가 불가능하고 최대 심박수의 77% 이상을 의미한다.

더불어 WHO에서는 신체 활동에 대한 방법 및 효과에 대해 6가지로 요약을 하고 있다.[456] 첫째, 신체 활동은 심장과 신체 그리고 마음에 유익하다. 정기적인 운동은 심장질환, 2형 당뇨, 암 관리에 효과적이고 우울 불안 증상을 줄이며 전반적인 삶의 질 향상에 도움을 준다. 두 번째, 신체 활동량은 일주일 최소 운동량 기준으로 많으면 많을수록 좋다. 세 번째, 집안일 뿐 아니라 일, 스포츠, 레저, 보행이나 자전거 등 이동 수단 모든 것이 신체 활동이 될 수 있다. 네 번째, 근력 향상은 모든 사람에게 이익을 준다. 특히 65세 노인의 경우 근력운동은 신체 건강뿐 아니라 신체 균형 감각을 키워 낙상 방지에도 도움을 준다. 다섯 번째, 너무 많이 앉아서 일을 하는 행위는 건강에 좋지 않다. 심장질환, 2형 당뇨, 암의 발생을 증가시킨다. 마지막은 신체 활동은 모든 사람에게 도움을 준다. 임산부와 출산 여성, 만성 질환과 장애가 있는 사람들에게도 유익하다. 요약하면 운동의 종류에 상관없이 총운동량이 중요하며 일상생활 속의 집안일이나 직업적인 업무도 모두 신체 활동에 포함이 된다. 운동은 모든 사람들에게 유익하고 특히 65세 이상의 경우 근력운동이 필수적이다.

운동이 신체 건강에 미치는 효과는 대부분 잘 알고 있지만 정신적인 효과에 대해서는 정확히 알지 못한다. 특히 운동과 행복의 관계와 관련된 연구 논문은 상대적으로 많지 않은 편이다. 여러 연구에 따르면 운동은 청소년부터 노년에 이르기까지 전 연령에서 삶의 만족도와 행복감을 증진시켰는데 운동 강도가 높을수록 행복감이 더 증가하였다.[457] 특히 만성 질환 환자 혹은 노인의 경우 운동과 행복감은 더욱더 비례 관계를 보였다.[458][459] 심지어 야외 산책 정도의 신체 활동으로도 웰빙 수치가 증가하였다.[460][461] 초보자의 경우 4주 동안의 운동만으로도 삶의 만족도와 행복감이 증가하였다.[462] 그렇다면 운동을 통해서 행복해지는 것일까? 아니면 반대로 행복감이 운동에 긍정적 효과를 제공하는 것일까? 정답은 2가지 모두이다. 운동을 통해서 행복해지는 이유는 5가지 정도 밝혀졌다.[463] 첫째, 운동이 신체 건강을 증진시킴으로써 기분에 긍정적 영향을 미치는 것이다.[464][465] 둘째, 우울증이나 정신질환의 발생 위험을 감소시킴으로써 행복감이 증가하는 것이다.[466][467] 셋째, 사람들과 어울리는 횟수가 증가하여 사회적 고립에서 벗어나는 것과 관련이 있다.[468][469][470] 넷째, 운동이 직장인이나 학생들의 스트레스 해소 수단이 되어 행복감을 제공하는 것이다.[471][472] 다섯 번째, 주로 앉아서 활동하는 습관에서 활발하게 움직이는 생활 방식으로 바뀜으로써 행복감에 기여하는 것이다.[473][474] 앉아서 생활하는 습관의 경우 우울 및 불안 빈도를 증가시키고 행복감을 감소시키기 때문이다.[475][476][477]

반대로 행복은 운동에 긍정적 효과를 제공한다. 삶의 만족도와 행복감이 높은 사람들은 좀 더 신체 활동에 참여하려는 높은 욕구를 보였다.[478] 즉, 운동을 통해 행복감이 증가하면 행복감은 운동 지속 욕구를 증가시키는 선순환 역할을 하는 것이다. 하지만 일상생활에서 규칙적인 운동을 계속하는 것은 결코 쉬운 일이 아니다. 바쁜 업무 속에서도 부지런하지 않으면 자꾸 운동 시간을 빼먹게 된다. 특히 초보자의 경우 야심 찬 연초 계획으로 피트니스 센터의 연회비를 지불하지만 몇 달 만에 포기하는 사례가 빈번하다. 반복되고 단조로운 운동이 재미있을 리가 없다. 재밌게 운동할 수 있는 방법은 없을까? 운동을 통해 행복 신경전달물질인 엔도르핀이 분비되려면 고강도 이상의 운동을 통해 신체 통증을 경험해야 한다. 엔도르핀은 신체 통증을 완화시키기 위해 신체 내에서 분비되는 천연 진통제이기 때문이다. 엔도르핀이 분비되기까지는 단조로움과 고통을 감내해야 하는 일정 시간이 필요하다.

지루함을 달래기 위해 많은 사람들은 운동을 하면서 음악을 듣는다. 음악은 지루함과 기분 전환에 효과적인 좋은 친구이다. 이와 함께 아로마 향도 지루한 운동을 즐겁고 오래 할 수 있게 돕는 좋은 방법 중 하나이다. 한 연구에 따르면 운동 중 오렌지 에센셜 오일을 맡게 했더니 기분이 좋아져 주관적인 운동 강도가 감소하였다.[479] 이는 에센셜 오일에 의해 운동 중 불안 및 스트레스 수치가 감소된 것이 기분 향상에 기여한 것으로 생각된다. 또한 운동 중 피로감의 감소도 관찰되었는데 피험자는 무엇보다 운동이 어렵지 않고 시간이 빨리 지나간 것으로 인식을 했다.[480] 에센셜 오일의 긍정적 효과로 인해 긍정 심리학의 행복 요소인 몰입감 flow이 증가된 것이다.[481][482] 마지막으로 운동 후에도 즐거운 기분이 계속 지속되었는데 에센셜 오일의 효과와 관련이 있다.[483]

운동 중 에센셜 오일을 흡입하게 되면 코를 통해 바로 감정 조절 대뇌 중추인 변연계로 빨리 전달이 되므로 감정 조절이 용이하다. 또한 에센셜 오일은 변연계 중에서 자율신경계 조절에 관여하는 시상하부에 직접적인 영향을 준다. 심장질환이 있는 사람의 경우 자칫 무리한 운동은 심부전 발생 가능성을 높인다. 즉, 자율신경계의 불균형 상태가 되면 심박수가 증가하고 부정맥이나 심근 경색 등 발생으로 치사율이 증가한다. 따라서 심장에 취약한 사람일수록 운동 후 릴랙스를 통해 심박수를 정상으로 되돌리는 것이 중요하다. 관련 연구 결과에 따르면 유산소 운동 중 라벤더 오일을 맡게 하였더니 운동 후 부교감신경을 더욱 활성화하여 심박수 감소에 효과적이었다.[484] 이 효과는 에센셜 오일이 심장의 자율신경계에 직접 작용한 효과뿐 아니라 심리적 안정감을 제공한 영향도 반영된 것이다. 따라서 심혈관 질환이 있는 경우 운동 중 라벤더와 같은 진정 효과가 있는 에센셜 오일을 추천한다. 운동 후 피로를 완화시키는 데에도 에센셜 오일이 도움이 된다. 시트러스 오일이 효과적인데 레몬이나 오렌지보다도 버가못 오일이 가장 효과적인 것으로 나타났다.[485] 버가못, 레몬, 오렌지 오일 모두 산화스트레스 억제, 근육 손상의 방지, 혈당을 통한 에너지 공급 등을 통해 운동 피로 증상을 완화했지만 버가못이 피로 회복에 가장 효과적이었다.

에센셜 오일은 운동 중 통증 예방에도 효과적이다. 에센셜 오일을 흡입하면 마라톤이나 테니스 등 무릎을 많이 쓰는 스포츠 선수의 무릎 전면부 통증, 이른바 슬개대퇴증후군^{PFPS}의 예방에도 도움을 주는 것으로 밝혀졌다.[486] 다양한 헬스기구를 이용하는 동안 라벤더, 로즈마리, 페퍼민트가 블렌딩된 에센셜 오일을 맡게 하였더니 대조군에 비해 슬개대퇴증후군의 빈도가 감소하였다. 라벤더의 경우 자율신경계를 안정시켜 혈압과 스트레스를 감소시킨다.[487] 페퍼민트의 경우 운동 중 근육 통증과 피로를 감소시키는 데 효과적이다.[488] 로즈마리는 혈액 순환을 원활하게 하며 근육 피로나 류머티즘 치료에 효과적이다.[489] 3가지 에센셜 오일의 시너지 효과로 인해 근육 통증의 예방에 도움을 준 것이다. 요약하면, 운동은 행복과 관련이 있으며 에센셜 오일은 변연계에 직접 작용하여 운동을 통한 행복감 증진에 도움을 준다. 더불어 기분을 좋게 하여 운동을 덜 지루하게 하고, 운동할 때와 끝나고 나서의 피로감을 감소시키며 근육 통증까지 예방하는 데 도움을 준다. 특히 심장질환을 가진 경우 운동 후 자율신경계 안정에 도움을 주므로 함께 활용해 보길 바란다.

향기 나는 명상과 요가로 내면의 행복을 느껴보자

약 6년 전으로 기억한다. 실리콘밸리에 명상 열풍이 불고 있다는 신문 기사를 접했다. 최첨단 IT기술을 개발하는 실리콘밸리에서 5,000년의 아주 오랜 역사를 가진 명상에 관심을 보인다니 의외였다. 세계 최고의 인터넷 회사인 구글에서도 2007년부터 사내 명상 교육을 시행했다고 한다. 스티브 잡스, 오프라 윈프리, 마이클 조던, 빌 게이츠과 같은 세계 유명 인사들은 명상 마니아였고 홍보대사였다. 이후 2020년 코로나19 팬데믹으로 인해 전 세계의 국경이 봉쇄되면서 우울증 환자가 급증하였고 또다시 명상에 대한 관심이 증가되었다. 이젠 SNS의 영향으로 명상과 요가는 MZ 세대들의 핫 트렌드가 되었다. 과연 편리한 세상에 살고 있는 현대인들에게 명상과 요가가 인기있는 이유는 무엇일까?

명상meditation은 고대 인도에서 유래하였으며 이후 불교의 전파와 관련되어 전 세계로 퍼졌다. 현재는 미국보완통합건강센터NCCIH의 대표적인 심신의학 분야이다. 현재 널리 사용되고 있는 명상 기법은 마음 챙김 명상mindfulness meditation이며 이것은 스트레스 감소를 위해 1979년 매사추세츠 의대 메디컬센터의 존카밧-진Jon Kabat-Zinn 박사에 의해 개발된 명상법이다.[490] 수행 방법은 불교의 통찰 명상insight meditation에 기반한다. '마음 챙김' 단어의 뜻은 '매 순간 순간의 알아차림'을 의미한다. 현재의 순간에 발생하는 생각이나 느낌을 판단하거나 분석하지 말고 평안함과 안정감을 위해 주의를 기울이는 심리적 과정을 말한다.[491] 요가yoga도 역시 고대 인도에서 유래하였으며 명상과 함께 꾸준히 진화 및 발전을 하였다. 어원은 산스크리트어 'yuji 맺다, 묶다'에서 기원한다. 몸과 마음의 합일, 인간과 신의 합일 등의 의미를 가진다.[492] 요가도 일종의 명상이며 주로 운동과 결합되어 있다. 다양한 자세asana, 아사나와 호흡법pranayama, 프라나야마을 통해 신체를 움직이고, 이를 통해 신체적 정신적 균형을 이루는 방법이다. 현재 국내 및 서양에서 가장 널리 활용되는 요가 방법은 '하타 요가hatha yoga'이다. 요가와 명상 모두 정신적 안정과 신체적 건강의 증진에 도움을 준다는 점은 공통점이다. 하지만 명상은 신체적 움직임이 거의 없고 거의 마음의 평화와 집중에 초점을 맞추는 반면, 요가는 신체적 운동을 포함하여 에너지를 조화롭게 하는 데 중점을 둔다. 2가지 방법을 적절하게 사용한다면 정신 및 신체 건강에 시너지 효과를 볼 수 있다.

수십 년간 명상과 요가가 정신에 미치는 영향에 대해 집중적인 연구를 진행하였고 과학적으로 밝혀진 2가지 요소는 바로 불안 감소와 행복감 증대이다. 연구에 따르면 어릴 적 성적 학대를 받았던 외상후스트레스장애 환자를 대상으로 8주간의 마음 챙김 명상을 시행한 결과 PTSD 증상 및 불안 및 우울 증상이 유의하게 감소하였다.[493][494] 또한 3년 뒤 추적 연구에서도 불안 증상은 여전히 감소되어 있어 명상 요법의 효과가 일시적이 아닌 꾸준히 지속되었다.[495][496] 또 다른 연구로 범불안장애general anxiety disorder를 가지고 있는 환자에게 마음 챙김 명상의 효과를 확인하기 위해 시행 전과 후의 기능성 자기공명영상fMRI를 촬영하여 비교하였다. 대조군에 비해 불안 수치beck anxiety inventory가 감소하였고, 자기공명영상에서는 편도체amygdala와 전전두엽PFC, prefrontal cortex 관련 여러 부위의 연결성이 더욱 증가하였다.[497] 편도체는 감정 조절에 중요한 역할을 하고, 전전두엽은 이러한 감정을 조절하고 인지적 기능을 수행하는 데 기여한다. 이 두 영역 간의 연결성이 증가하면 감정 조절 능력이 향상되어 불안 증상의 완화에 도움을 줄 수 있는 것이다. 요가도 불안과 우울 증상에 효과를 보였다. 불안과 우울 증상을 가진 환자를 대상으로 집단 인지행동치료group

CBT, cognitive behavioral therapy와 개별적 요가를 각각 시행한 후 12개월 후에 비교 분석을 하였다. 요가 프로그램은 자세와 호흡법을 함께 활용하였다. 결과는 인지행동치료를 받은 집단에 비해 불안 및 강박 수치가 유의하게 감소하였다.[498] 요가와 명상의 경우 일단 시행 방법을 익히면 일상에서도 충분히 생활 습관으로 계속할 수 있으므로 불안 증상의 관리에 효과적이다.

명상과 요가의 정신적 효과 두 번째는 행복감 증진이다. 사실 명상과 요가를 평생 동안 계속하는 진정한 이유이기도 하다. 이를 위해서는 대뇌의 '디폴트 모드 네트워크default mode network'에 대해 이해할 필요가 있다. 요즘 아무것도 하지 않는 멍때리기 대회부터 불멍, 물멍, 숲멍 등 *멍이 유행이다. 지난 코로나19 이후 현실을 떠나 잠시 쉬고 싶은 욕망이 이러한 신조어를 부추기고 있다. 우리 뇌는 아무 일도 하지 않고 몸이 휴식을 취할 때 함께 쉴 것 같지만 휴식과 동시에 off에서 on 모드로 바뀌는 뇌 부위가 있다. 관련 부위를 통칭해서 '안정 상태 네트워크RSN, resting-state network'라고 부르는데 이 중 가장 알려진 부위가 디폴트모드 네트워크DMN 이다.[499] 내측 전두엽 피질medial prefrontal cortex, 후측 대상피질posterior cingulate cortex, 내측 측두엽medial temporal lobe으로 구성되며 휴식 시 자기 자신에 대한 생각이나 자서전적 기억을 회상할 때 활성화된다.[500] 디폴트모드 네트워크는 휴식 시 활성화되는 기능 외에도 행복과 관련이 있는데 연구 결과 이 부위의 기능적 연결성이 증대되면 행복감 감소와 관련성을 보였다.[501] 네트워크 활성 부위의 경우 주로 마음속에서 계속 고민하는 반추rumination 성향과 관련이 있는데 이러한 반추 성향이 증가함으로써 행복감 감소로 이어진 것으로 해석된다. 우울증 환자의 경우 디폴트모드 네트워크가 과잉으로 활성화되는데 이는 반추 성향이 증가된 것과 관련된다.[502]

명상이 디폴트모드 네트워크에 어떤 영향을 주는지 연구했는데 명상 숙련자의 경우 명상 동안 네트워크의 기능적 활성도가 감소하였다.[503] 이는 오랫동안 명상 훈련으로 디폴트모드 네트워크를 억제할 수 있는 능력이 증진됨으로써 마음의 평정심을 유지하는 것으로 생각된다. 또한 지속적인 명상 훈련은 삶에 대한 몰입, 목표 설정 및 실천을 촉진시켜 행복감을 증진시키는 것으로 연구되었다.[504] 즉, 명상을 통해 적극적으로 인생의 목표를 찾고 행동하는 방식으로 삶이 변화됨으로써 우울이나 불안감은 감소되고 행복감은 증가되는 것이다. 결국 꾸준한 명상은 대뇌의 기능적 변화와 함께 삶에 대한 태도를 변화시켜 행복에 긍정적 영향을 제공하는 것이다. 요가도 이와 비슷한 방식으로 영향을 준다. 요가 수련 이후 대뇌 영상을 통해 디폴트모드 네트워크[DMN]에 명상과 유사한 긍정적 변화가 관찰되었다.[505]

명상 및 요가와 함께 에센셜 오일을 사용하는 것은 긴장 완화 효과와 행복감을 배가시키는 좋은 조합이다. 에센셜 오일은 공기를 통해 코로 흡입하기 때문에 명상이나 요가 수행에 전혀 방해를 주지 않는다. 스프레이나 디퓨저 형태의 에센셜 오일을 사용하면 편리하다. 명상 오일 중에 가장 널리 알려지고 많이 활용되는 것은 프랑킨센스[frankincense] 오일이다. 성경에 따르면 동방박사가 예수의 탄생 기념으로 선물한 것으로 유향으로 많이 알려져 있다. 그 외 보스웰리아, 매스틱, 올리바눔 등으로도 불린다. 유향 나무의 진액이 굳어 생긴 수지로부터 얻어지며 향적 특성은 따뜻하고 나무 같은 향으로 안정감과 평화로운 느낌을 준다. 프랑킨센스 오일은 느리고 깊은 호흡을 돕는 효과가 있어 명상과 함께 사용하기 가장 좋은 오일 중 하나이다. 에스테르와 알코올 성분으로 지속적 스트레스 시 분비되는 코티졸의 과잉 분비를 줄여 스트레스를 줄이고 심리적 안정감을 돕는다.[506]

다음으로 추천할 에센셜 오일은 샌달우드 sandalwood 이다. 일명 백단향으로 불리는 나무의 심재와 뿌리 부분에서 추출한다. 가장 역사가 오래된 에센셜 오일로 힌두교, 불교 및 다른 종교의식에서 절대로 필요한 오일이다. 절에서 나는 절 향이라고도 불리며 우디 향보다는 부드럽고 약간 달콤한 느낌도 나는 독특한 향으로 마음이 차분해져 명상 오일로는 적격이다. 하지만 인도 정부에서 수령이 30년 이상의 목재에서만 오일 수확을 허용하므로 가격이 매우 비싸다. 대신 상대적으로 저렴한 호주산 샌달우드를 많이 사용하고 있다. 주의해야 할 점은 우울증 환자의 경우 우울 증상을 악화시킬 수 있으므로 가급적 다른 오일을 사용하길 바란다.

시더우드 cedarwood 나 베티버 vetiver 오일도 명상 오일로 좋은 조합이다. 시더우드 오일은 주로 아틀라스 시더우드를 말하는데 일종의 소나무인 레바논 삼나무의 목재, 톱밥 등을 통해 얻어진다. 고대 이집트의 미라 방부처리에도 사용한 오래된 역사를 가지고 있다. 소나무와 비슷한 향으로 숲속에 들어가 있는 느낌을 준다. 베티버 오일은 인도, 동남아시아에서 자생하는 볏과 식물의 뿌리에서 추출하여 젖은 흙냄새가 난다. 숲속의 느낌을 표현하는 데 적합하여 시더우드나 샌달우드 등과 함께 활용 시 더욱 효과적이다. 베티베롤^{vetiverol}이라는 알코올 성분이 주성분으로 심리적 이완 효과가 크기 때문에 극도로 심신이 지친 상태의 회복을 돕는다.

 마지막으로는 에센셜 오일의 어머니로 불리는 라벤더 오일이다. 수많은 논문을 통해 릴랙스 효과에 대해 가장 많이 검증된 오일로 명상이나 요가시 심신의 이완 효과를 강화시킬 수 있다. 단, 주의할 점은 명상으로 인한 이완 효과를 극대화하기 위해서는 알코올과 에스테르 성분이 가장 많이 들어있는 순종 라벤더$^{Lavendula\ angustifolia}$, 여성 라벤더를 사용하는 것을 권한다. 이에 비해 스파이크 라벤더$^{Lavendula\ latifolia}$, 남성 라벤더나 라반딘$^{lavendula\ \times\ intermedia}$, 순종 라벤더와 스파이크 라벤더의 교잡종은 주로 호흡기 치료나 비누 등을 만들 때 사용하므로 명상 오일로는 추천하지 않는다.

에필로그
후각행복학의 시작

현재까지 아로마테라피는 주로 전통 의학적 측면에서 이해 및 활용되었다. 하지만 최근 에센셜 오일에 대한 과학적 효능이 속속 입증되면서 아로마테라피에 대한 새로운 인식 필요성이 대두되고 있다. 이 책에서는 에센셜 오일이 생물학적으로 대뇌 회로에 어떤 영향을 주어 정신건강에 도움을 주는지 논문 중심으로 자세히 소개하고 있다. 다른 아로마테라피 책과는 다르게 다소 난해할 수 있으나 정확한 지식 전달을 위해 불가피한 부분이었음을 널리 이해 부탁드린다.

또한 이 책은 '후각행복학 olfactory happiology' 개념을 처음으로 도입하고 이에 대한 내용을 쉽게 설명한 입문서이자 지침서이다. '후각행복학'은 후각을 활용하여 행복에 이르는 길을 체계적으로 연구하는 분야이다. 후각은 3가지 관점에서 활용된다.

첫째는 생물학 biology 관점에서의 후각이다. 에센셜 오일을 활용한 아로마테라피가 대표적이다. 에센셜 오일이 어떤 대뇌 과정을 통해 정신적 안정과 행복감을 유도하는지 연구하는 것이다. 향후 긍정적 연구 결과는 불안, 우울, 불면 등 정신건강에 에센셜 오일을 적극 활용할 수 있는 과학적 근거를 만들 수 있다. 현재 작용기전이 밝혀진 에센셜 오일은 약 10여 종에 불과하나 좀 더 많은 에센셜 오일에 대한 연구가 필요하다. 또한 여러 에센셜 오일을 섞은 블렌딩 오일에 대한 효능 연구도 함께 진행되어야 한다.

둘째는 과거 기억의 회상^{reminiscence} 관점에서의 후각이다. 냄새나 향을 통해 과거 기억을 쉽게 소환할 수 있는 것은 해마 및 편도체의 역할이 크다. 치매 환자에서 과거 기억을 쉽게 회상하기 위해서는 냄새나 향을 통한 후각 회상 요법이 효과적이다. 과거 기억을 돕는 다양한 후각 소재의 개발이 이 분야와 관련된다. 개인의 과거 기억과 관련된 맞춤형 향의 개발을 통해 불안, 우울, 불면 등의 증상 호전뿐 아니라 행복감 증진에 도움을 줄 수도 있다.

셋째로 다중 감각의 융합 multi-sensory integration 관점에서 후각이다. '가상현실'의 경우 시각, 청각 및 촉각적 자극 기술에 대해서는 매우 발달되어 있으나 후각 기술과의 융합은 아직 초보 수준이다. 가장 몰입된 가상 환경을 만들기 위해서는 후각과의 적절한 융합이 필요하다. 또한 실내 인테리어 콘셉트에 맞는 향기 시각과 후각의 융합, 음악에 몰입할 수 있는 향기 청각과 후각의 융합, 안마 의자의 릴랙스 효과를 강화시킬 수 있는 향기 촉각과 후각의 융합, 모빌리티 실내 공간 향기 오감 융합 등의 개발이 적절한 활용 예시에 해당한다. 더불어 후각이 다른 감각과 적절하게 융합이 되기 위해서는 발향 장치의 개발도 병행되어야 한다.

'후각행복학'은 이제 막 첫발을 내디딘 신생 분야이다. 하지만 관심을 갖고 공을 들인다면 향후 일상생활뿐 아니라 IT산업 전반에 걸쳐 매력적인 유망 분야로 자리 잡을 것이다. 행복의 방법은 수도 없이 많다. 정답은 없다. 행복의 가치 또한 높고 낮음으로 구별하기 어렵다. 행복은 누구에게나 소중하기 때문이다. 행복에 이르는 수만 가지 방법 중 하나로서 '후각행복'을 소개하였다. 현재 불행하다고 느끼거나, 또 다른 행복을 꿈꾸는 모든 이에게 작은 희망의 불씨가 되길 진심으로 바란다.

미주

■ 1부. 행복의 길목: 후각

1장. 후각의 진화와 발달

01 Niimura, Y., Matsui, A., Touhara, K. (2014). Extreme expansion of the olfactory receptor gene repertoire in African elephants and evolutionary dynamics of orthologous gene groups in 13 placental mammals. Genome Res., 24(9),1485-96.

02 Bushdid, C., Magnasco, M.O., Vosshall, L.B., Keller, A.(2014). Humans can discriminate more than 1 trillion olfactory stimuli. Science, 21:343(6177), 1370-2.

03 Busse, D., Kudella, P., Grüning, N.M., Gisselmann, G., Ständer, S., Luger, T., Jacobsen, F., Steinsträßer, L., Paus, R., Gkogkolou, P., Böhm, M., Hatt, H., Benecke, H. (2014). A synthetic sandalwood odorant induces wound-healing processes in human keratinocytes via the olfactory receptor OR2AT4. J Invest Dermatol., 134(11), 2823-2832.

04 Maßberg, D., Hatt, H. (2018). Human Olfactory Receptors: Novel Cellular Functions Outside of the Nose. Physiol Rev., 1:98(3), 1739-1763.

05 Milardi, D., Colussi, C., Grande, G., Vincenzoni, F., Pierconti, F., Mancini, F., Baroni, S., Castagnola, M., Marana, R., Pontecorvi, A.(2018). Olfactory Receptors

06   in Semen and in the Male Tract: From Proteome to Proteins. Front Endocrinol (Lausanne), 23(8), 379.

06   McClintock, M. (1971). Menstrual Synchrony and Suppression. Nature, 229, 244-245.

07   Wyart, C., Webster W.W., Chen J.H., Wilson S.R., McClary A., Khan R.M. (2007). Sobel N. Smelling a single component of male sweat alters levels of cortisol in women. J Neurosci., 7:27(6), 1261-5.

08   Som, P.M., Naidich, T.P. (2013). Illustrated review of the embryology and development of the facial region, part 1: early face and lateral nasal cavities. Am J Neuroradiol., 34, 2233-2240.

09   Schaal, B., Hummel, T., Soussignan, R. (2004). Olfaction in the fetal and premature infant: functional status and clinical implications. Clin Perinatol., 31, 261-285.

10   Miller, S.S., Spear N.E. (2008). Olfactory learning in the rat neonate soon after birth. Developmental Psychobiology, 50, 554-565.

11   Hugill, K. (2015). The senses of touch and olfaction in early mother-infant interaction. British Journal of Midwifery, ,23, 238-243.

12   Varendi, H., Porter, R.H. (2001). Breast odour as the only maternal stimulus elicits crawling towards the odour source. Acta Paediatrica, 90, 372-375.

13   Romantshik, O., Porter R.H., Tillmann V., Varendi H. (2007). Preliminary evidence of a sensitive period for olfactory learning by human newborns. Acta Paediatrica, 96, 372-376.

14   Doucet, S., Soussignan, R., Sagot, P., Schaal, B. (2007). The "smellscape"of mother's breast: effects of odor masking and selective unmasking on neonatal arousal, oral, and visual responses. Dev Psychobiol., 49, 129-138.

15   Gary, K. Beauchamp Julie, A. Mennella. (2011). Flavor perception in human infants: development and functional significance. Digestion, 83 Suppl 1(Suppl 1), 1-6.

2장. 후각의 특징

16   Kim, H.H. (2012). The Effect of Complex Stimulation Training with Tactile sense, Proprioceptive sense, and Vestibular sense Applied Visual Occlusion on Cognition Ability, Attention and ADL in Children with Developmental Disabilities. Daegu University PhD Thesis, pp. 12.

17   Bushdid, C., Magnasco, M.O., Vosshall, L.B., Keller, A. (2014). Humans can discriminate more than 1 trillion olfactory stimuli. Science,343(6177), 1370-2.

3장. 후각 수용체

18 Firestein, S. (2004). A code in the nose. Sci STKE, 227, pe15

19 Mombaerts, P., Wang, F., Dulac, C., Chao, S.K., Nemes, A., Mendelsohn, M. et al. (1996). Visualizing an olfactory sensory map. Cell, 87(4), 675-86.

20 Burdach, K.J., Doty, R.L. (1987). The effects of mouth movements, swallowing, and spitting on retronasal odor perception. Physiol Behav., 41(4), 353-6.

21 Malnic, B., Godfrey, P.A., Buck, L.B. (2004). The human olfactory receptor gene family. Proc Natl Acad Sci USA, ,101(8), 2584-9.

22 Niimura, Y., Matsui, A., Touhara, K. (2014). Extreme expansion of the olfactory receptor gene repertoire in African elephants and evolutionary dynamics of orthologous gene groups in 13 placental mammals. Genome Res., 24(9), 1485-96.

23 Nurk, S. et al. (2022). The complete sequence of a human genome. Science, 376, 44-53.

24 Firestein, S. (2001). How the olfactory system makes sense of scents. Nature, 413, 211-8.

25 Iwema, C.L., Fang H., Kurtz D.B., Youngentob S.L., Schwob J.E. (2004). Odorant receptor expression patterns are restored in lesion-recovered rat olfactory epithelium. J Neurosci., 24, 356-69.

26 Menini, A., Lagostena, L., Boccaccio, A. (2004). Olfaction: from odorant molecules to the olfactory cortex. News Physiol Sci, 19, 101-4.

27 Bushdid, C., Magnasco, M.O., Vosshall, L.B., Keller, A. (2014). Humans can discriminate more than 1 trillion olfactory stimuli. Science, 21:343(6177), 1370-2.

28 Buck, L., Axel, R. (1991). A novel multigene family may encode odorant receptors: a molecular basis for odor recognition. Cell, 65(1), 175-87.

29 Julius, D., Katz, L. (2004). A Nobel for smell. Cell, 119, 747-52.

30 Ressler, K.J., Sullivan, S.L., Buck, L.B. (1993). A zonal organization of odorant receptor gene expression in the olfactory epithelium. Cell, 73, 597-609.

31 Malnic, B., Hirono, J., Sato, T., Buck, L.B. (1999). Combinatorial receptor codes for odor. Cell, 96, 713-23.

32 Moncrieff, R.W. (1949). "What is odor? A new Theory". American Perfumer, 54, 453.

33 Amoore, J.E. (1952). "The stereochemical specificities of human olfactory receptors". Perfumery & Essential Oil Record, 43, 321-330.

34 Malnic, B., Hirono, J., Sato, T., Buck, L.B. (1999). Combinatorial receptor codes for odor. Cell, 96, 713-23.

35 Luca Turin. (1996). A Spectroscopic Mechanism for Primary Olfactory Reception. Chemical Senses, Volume 21, Issue 6, pp. 773-791.

4장. 후각 대뇌 회로

36 Meisami, E., Mikhail, L., Baim, D., Bhatnagar, K.P. (1998). Human olfactory bulb: aging of glomeruli and mitral cells and a search for the accessory olfactory bulb. Ann N Y Acad Sci, 855, 708-15.

37 Kosaka, K., Toida, K., Aika, Y., Kosaka, T. (1998). How simple is the organization of the olfactory glomerulus?: the heterogeneity of so-called periglomerular cells. Neurosci Res, 30, 101-10.

38 Wilson, D.A., Xu, W., Sadrian, B., Courtiol, E., Cohen, Y., Barnes, D.C. (2014). Cortical odor processing in health and disease. Prog Brain Res., 208, 275-305.

39 Serratrice, G., Azulay, J.P., Serratrice, J. (2006). Olfaction et gustation. In: EMC Neurologie. Paris: Elsevier, 17-003-M-10.

40 Johnson, D.M., Illig, K.R., Behan, M., Haberly, L.B. (2000). New features of connectivity in piriform cortex visualized by intracellular injection of pyramidal cells suggest that 'primary' olfactory cortex functions like 'association' cortex in other sensory systems. J Neurosci., 20, 6974-82.

41 LeDoux J. (2003). The emotional brain, fear, and the amygdala. Cell Mol Neurobiol., 23, 727-38.

42 Rolls, E.T. (2004). The functions of the orbitofrontal cortex. Brain Cogn, 55, 11-29.

5장. 후각과 감정

43 Kay, L. M. (2011). Olfactory coding: random scents make sense. Current Biology, 21(22), 928-929.

44 Lundström, J. N., Boyle, J. A., Zatorre, R. J., & Jones-Gotman, M. (2008). Functional neuronal processing of body odors differs from that of similar common odors. Cerebral Cortex, 18(6), 1466-1474.

45 Yeshurun, Y., & Sobel, N. (2010). An odor is not worth a thousand words: from multidimensional odors to unidimensional odor objects. Annual Review of Psychology, 61, 219-241.

46 Khan, R. M., Luk, C. H., Flinker, A., Aggarwal, A., Lapid, H., Haddad, R., & Sobel, N. (2007). Predicting odor pleasantness from odorant structure: pleasantness as a reflection of the physical world. The Journal of Neuroscience, 27(37), 10015-10023.

47   Bradley, M.M., Codispoti, M., Cuthbert, B.N., & Lang, P.J. (2001). Emotion and motivation I. Defensive and appetitive reactions in picture processing. Emotion, 1(3), 276-298.

48   Doty, R.L., Kamath, V. (2014). The influences of age on olfaction: a review. Front Psychol, 5, 20.

49   Gopinath, B., Sue, C.M., Kifley, A., Mitchell, P. (2012). The association between olfactory impairment and total mortality in older adults. J Gerontol A Biol Sci Med Sci, 67, 204-209.

50   레이첼 허즈. (2013).《욕망을 부르는 향기》. ㈜뮤진트리, 서울.

51   Jacobson, P.T., Vilarello, B.J., Snyder, C., Choo, T.H., Caruana, F.F., Gallagher, L.W., Tervo, J.P., Gary J.B., Saak, T.M., Gudis, D.A., Joseph, P.V., Goldberg, T.E., Devanand, D.P., Overdevest, J.B. (2024). COVID-19 olfactory dysfunction: associations between coping, quality of life, and mental health. Rhinology, 62(5), 526-536.

52   Speth, M.M., Singer-Cornelius, T., Oberle, M., Gengler, I., Brockmeier, S.J., Sedaghat, A.R. (2020). Mood, Anxiety and Olfactory Dysfunction in COVID-19: Evidence of Central Nervous System Involvement? Laryngoscope., 130(11), 2520-2525.

53   Herrmann, T., Koeppel, C., Linn, J., Croy, I., Hummel, T. (2023). Olfactory brain activations in patients with Major Depressive Disorder. Sci Rep., 13(1), 10072.

54   Zucco, G.M., Bollini, F. (2011). Odour recognition memory and odour identification in patients with mild and severe major depressive disorders. Psychiatry Res., 190, 217-20.

55   Naudin, M., El-Hage, W., Gomes, M., Gaillard, P., Belzung, C., Atanasova, B. (2012). State and trait olfactory markers o major depression. PLoS One, 7(10), e46938.

56   Atanasova, B., El-Hage, W., Chabanet, C., Gaillard, P., Belzung, C., Camus, V. (2010). Olfactory anhedonia and negative olfactory alliesthesia in depressed patients. Psychiatry Res., 176, 190-6.

57   Hummel, T., Whitcroft, K.L., Andrews, P., Altundag, A., Cinghi, C., Costanzo, R.M., et al. (2017). Position paper on olfactory dysfunction. Rhinol Suppl, 54(26), 1-30.

58   Chen, X., Guo, W., Yu, L., Luo, D., Xie, L., Xu, J. (2021). Association between anxious symptom severity and olfactory impairment in young adults with generalized anxiety disorder: a case-control study. Neuropsychiatr Dis Treat., 17, 2977-2883.

59   Clepce, M., Reich, K., Gossler, A., Kornhuber, J., Thuerauf, N. (2012). Olfactory abnormalities in anxiety disorders. Neurosci Lett., 511, 43-6.

60 Li, Z.T., Tan, S.Z., Lyu, Z.H., Zou, L.Q. (2022). Olfactory identification impairment in early-and late-onset obsessive-compulsive disorder. Early Interv Psychiatry, 16(2), 133-138.

61 레이첼 허즈. (2013). 《욕망을 부르는 향기》. ㈜뮤진트리, 서울.

62 Cortese, B.M., Schumann, A.Y., Howell, A.N., McConnell, P.A., Yang, Q.X., Uhde, TW. (2018). Preliminary evidence for differential olfactory and trigeminal processing in combat veterans with and without PTSD. Neuroimage Clin., 17:378–87.

63 La Buisonniere-Ariza, V., Lepore, F., Kojok, K.M., Frasnelli, J. (2013). Increased odor detection speed in highly anxious healthy adults. Chem Senses, 38, 577–84.

64 Krusemark, E.A., Li, W. (2012). Enhanced olfactory sensory perception of threat in anxiety: an event-related fMRI study. Chemosens Percept., 5, 37–45.

65 S Herz, R. (2021). Olfactory Virtual Reality: A New Frontier in the Treatment and Prevention of Posttraumatic Stress Disorder. Brain Sci., 11(8), 1070.

66 S Herz, R. (2021). Olfactory Virtual Reality: A New Frontier in the Treatment and Prevention of Posttraumatic Stress Disorder. Brain Sci., 11(8), 1070.

67 Lehrner, J., Marwinski, G., Lehr, S., Johren, P., Deecke, L. (2005). Ambient odors of orange and lavender reduce anxiety and improve mood in a dental office. Physiol. Behav., 86, 92–95.

68 Reid, C.A., Green, J.D., Wildschut, T., Sedikides, C. (2015). Scent-evoked nostalgia. Memory, 23, 157–166.

69 Sayette MAMarchetti, M., Herz, R.S., Martin, L.M., Bowdring, M.A. (2019). Pleasant olfactory cues can reduce cigarette craving. J. Abnorm. Psychol., 128, 327–340.

70 Firmin, M.W., Gillette, A.L., Hobbs, T.E., Wu, D. (2016). Effects of olfactory sense on chocolate craving. Appetite, 105, 700–704.

71 Kemps, E., Tiggemann, M. (2013). Olfactory stimulation curbs food cravings. Addict. Behav., 38, 1550–1554.

6장. 후각과 기억

72 Green, J.D., Reid, C.A., Kneuer, M.A., Hedgebeth, M.V. (2023). The proust effect: Scents, food, and nostalgia. Curr Opin Psychol., 50, 101562.

73 Aggleton, J. P., & Mishkin, M. (1986). The amygdala: Sensory gateway to the emotions. In R. Plutchik & H. Kellerman(Eds.), Emotion: Theory, research and experience. Vol 3: Biological foundations of emotion(pp. 281-296). Orlando, FL: Academic Press.

74 Staubli, U., Ivy, G., & Lynch, G. (1984). Hippocampal denervation causes rapid forgetting of olfactory information in rats. Proceedings of the National Academy of Sciences, 81, 5885-5887.

75 Staubli, U., Ivy, G., & Lynch, G. (1986). Studies on retrograde and anterograde amnesia of olfactory memory after denervation of the hippocampus by entorhinal lesions. Behavioral Neurology & Biology, 46, 432-444.

76 레이첼 허즈. (2013). 《욕망을 부르는 향기》. ㈜뮤진트리, 서울.

77 Egon Peter Köster, Joachim Degel, Dag Piper. (2002). Proactive and Retroactive Interference in Implicit Odor Memory, Chemical Senses, Vol(27), 191-206.

78 Herz, R.S. (2016). The Role of Odor-Evoked Memory in Psychological and Physiological Health. Brain Sci., 6(3), 22.

79 Attems, J., Walker, L., Jellinger, K.A. (2015). Olfaction and Aging: A Mini-Review. Gerontology, 61(6), 485-90.

80 Oliveira-Pinto, A.V., Santos, R.M., Coutinho, R.A., et al. (2014). Sexual dimorphism in the human olfactory bulb: females have more neurons and glial cells than males. PLoS One., 9(11), e111733.

81 Waldton, S. (1974). Clinical observations of impaired cranial nerve function in senile dementia. Acta Psychiatr Scand., 50(5), 539-547.

82 Serby, M., Larson, P., Kalkstein, D. (1991). The nature and course of olfactory deficits in Alzheimer's disease. Am J Psychiatry, 148(3), 357-360.

83 Devanand, D.P., Michaels-Marston, K.S., Liu, X., et al. (2000). Olfactory deficits in patients with mild cognitive impairment predict Alzheimer's disease at follow-up. Am J Psychiatry, 157(9), 1399-1405.

84 Duff, K., McCaffrey, R.J., Solomon, G.S. (2002). The pocket smell test: successfully discriminating probable Alzheimer's dementia from vascular dementia and major depression. J Neuropsychiatry Clin Neurosci., 14(2), 197-201.

85 Doty, R.L. (2012). Olfactory dysfunction in Parkinson disease. Nat Rev Neurol., 8(6), 329-339.

86 Pardini, M., Huey, E.D., Cavanagh, A.L., Grafman, J. (2009). Olfactory function in corticobasal syndrome and frontotemporal dementia. Arch Neurol., 66(1), 92-96.

87 Wilson, R.S., Arnold, S.E., Schneider, J.A., Boyle, P.A., Buchman, A.S., Bennett, D.A. (2009). Olfactory impairment in presymptomatic Alzheimer's disease. Ann N Y Acad Sci., 1170, 730-735.

88 Beach, T.G., Kuo, Y.M., Spiegel, K., et al. (2000). The cholinergic deficit coincides with Abeta deposition at the earliest histopathologic stages of Alzheimer disease. J Neuropathol Exp Neurol., 59(4), 308-313.

89　　Velayudhan, L., Lovestone, S. (2009). Smell identification test as a treatment response marker in patients with Alzheimer disease receiving donepezil. J Clin Psychopharmacol., 29(4), 387-390.

90　　Velayudhan, L., Pritchard, M., Powell, J.F., Proitsi, P., Lovestone, S. (2013). Smell identification function as a severity and progression marker in Alzheimer's disease. Int Psychogeriatr., 25(7), 1157-1166.

91　　Serby, M., Larson, P., Kalkstein, D. (1991). The nature and course of olfactory deficits in Alzheimer's disease. Am J Psychiatry., 148(3), 357-360.

92　　Larsson, M., Semb, H., Winblad, B., Amberla, K., Wahlund, L.O., Bäckman, L. (1999). Odor identification in normal aging and early Alzheimer's disease: effects of retrieval support. Neuropsychology, 13(1), 47-53.

93　　Kareken, D.A., Doty, R.L., Moberg, P.J., et al. (2001). Olfactory-evoked regional cerebral blood flow in Alzheimer's disease. Neuropsychology, 15(1), 18-29.

94　　Conti, M.Z., Vicini-Chilovi, B., Riva, M. et al. (2013). Odor identification deficit predicts clinical conversion from mild cognitive impairment to dementia due to Alzheimer's disease. Arch Clin Neuropsychol., 28(5), 391-399.

95　　Lojkowska, W., Sawicka, B., Gugala, M. et al. (2011). Follow-up study of olfactory deficits, cognitive functions, and volume loss of medial temporal lobe structures in patients with mild cognitive impairment. Curr Alzheimer Res. 8(6), 689-698.

96　　Devanand, D.P., Michaels-Marston, K.S., Liu, X. et al. (2000). Olfactory deficits in patients with mild cognitive impairment predict Alzheimer's disease at follow-up. Am J Psychiatry., 157(9), 1399-1405.

97　　Stanciu, I., Larsson, M., Nordin, S., Adolfsson, R., Nilsson, L.G., Olofsson, J.K. (2014). Olfactory impairment and subjective olfactory complaints independently predict conversion to dementia: a longitudinal, population-based study. J Int Neuropsychol Soc., 20(2), 209-217.

98　　Saragih, I.D., Tonapa, S.I., Yao, C.T., Saragih, I.S., Lee, B.O. (2022). Effects of reminiscence therapy in people with dementia: A systematic review and meta-analysis. J Psychiatr Ment Health Nurs., 29(6), 883-903.

7장. 후각과 쾌락

99　　Sorokowska, A., Schoen, K., Hummel, C., Han, P., Warr, J., Hummel, T. (2017). Food-Related Odors Activate Dopaminergic Brain Areas. Front Hum Neurosci., 11, 625.

100　Shidara, M., and Richmond, B. J. (2002). Anterior cingulate: single neuronal signals related to degree of reward expectancy. Science, 296(5573), 1709-1711.

101 Preuschoff, K., Quartz, S.R., Bossaerts, P. (2008). Human insula activation reflects risk prediction errors as well as risk. J Neurosci., 28(11), 2745-52.

102 Sorokowska, A., Schoen, K., Hummel, C., Han, P., Warr, J., Hummel, T. (2017). Food-Related Odors Activate Dopaminergic Brain Areas. Front Hum Neurosci., 11, 625.

103 Sorokowska, A., Schoen, K., Hummel, C., Han, P., Warr, J., Hummel, T. (2017). Food-Related Odors Activate Dopaminergic Brain Areas. Front Hum Neurosci., 11, 625.

104 Malik, S., McGlone, F., Bedrossian, D., and Dagher, A. (2008). Ghrelin modulates brain activity in areas that control appetitive behavior. Cell Metab., 7, 400–409.

105 Kareken, D.A., Claus,E.D., Sabri, M., Dzemidzic, M., Kosobud, A.E.K., Radnovich, A.J., et al. (2004). Alcohol-related olfactory cues activate the nucleus accumbens and the ventrotemental area in high-risk drinkers: preliminary findings. Alcohol. Clin. Exp. Res. 28, 550–557.

106 Little, H.J., Stephens, D. N., Ripley, T. L., Borlikova, G., Duka, T., Schubert, M., et al. (2005). Alcohol withdrawal and conditioning. Alcohol. Clin. Exp. Res. 29, 453–464.

107 Shu, C. H., Lee, P. O., Lan, M. Y., and Lee,Y. L. (2011). Factors affecting the impact of olfactory loss on the quality of life and emotional coping ability. Rhinology 49, 337–341.

108 Stevenson, R. J. (2010). An initial evaluation of the functions of human olfaction. Chem. Senses 35, 3–20.

109 Schiffman, M. (1997). Taste and smell losses in normal aging and disease. JAMA 278, 1357–1362.

110 Stevenson, R. J. (2010). An initial evaluation of the functions of human olfaction. Chem. Senses 35, 3–20.

111 Santolaria, F., González-Reimers, E., Pérez-Manzano, J. L., Milena, A., GómezRodríguez, M. A., González-Díaz, A., etal. (2000). Osteopenia assessed by body composition analysis is related to malnutrition in alcoholic patients. Alcohol 22, 147–157.

112 Carey, G. B. (1989). Nutrition and alcoholism: problems and therapies. Occup. Med. 4, 311–326.

113 Rupp, C. I., Fleischhacker, W., Drexler, A., Hausmann, A., Hinterhuber, H., and Kurz, M. (2006). Executive function and memory in relation to olfactory deficits in alcoholdependent patients. Alcohol. Clin. Exp. Res. 30, 1355–1362.

114 Cortese, B.M., Uhde, T.W., LaRowe, S.D., Stein, S.V., Freeman, W.C., McClernon, F.J., Brady, K.T., Hartwell, K.J. (2015). Olfactory cue reactivity in nicotine-dependent adult smokers. Psychol Addict Behav., 29(1), 91-6.

115 Sayette, M.A., Marchetti, M.A., Herz, R.S., Martin, L.M., Bowdring, M.A. (2019). Pleasant olfactory cues can reduce cigarette craving. J Abnorm Psychol., 128(4), 327-340.

2부. 행복을 위한 향기 처방전: 아로마테라피

1~5장

- Salvatore Battaglia. (2008).《살바토레의 아로마테라피 완벽가이드》. 권소영 등 (역). 현문사.
- 와다 후미오. (2022).《누구나 쉽게 배우는 아로마테라피 교과서》. 임정희(역). 이아소.
- 윤금순. (2016).《아로마 일반강사 자격증 과정》교재. 국제 아로마테라피 협회.

4장. 에센셜 오일의 흡수, 대뇌 조절 및 배출

116 Fung, T.K.H., Lau, B.W.M., Ngai, S.P.C., Tsang, H.W.H. (2021). Therapeutic Effect and Mechanisms of Essential Oils in Mood Disorders: Interaction between the Nervous and Respiratory Systems. Int J Mol Sci., 22(9), 4844.

117 Zhang, N., Zhang, L., Feng, L., & Yao, L. (2016). The anxiolytic effect of essential oil of Cananga odorata exposure on mice and determination of its major active constituents. Phytomedicine, 23(14), 1727–1734.

118 Bradley, B. F., Starkey, N. J., Brown, S. L., & Lea, R. W. (2007b). The effects of prolonged rose odor inhalation in two animal models of anxiety.Physiology and Behavior, 92(5), 931–938.

119 Lizarraga-Valderrama, LR. (2021). Effects of essential oils on central nervous system: Focus on mental health. Phytother Res., 35(2), 657-679.

120 Seol, G. H., Shim, H. S., Kim, P. J., Moon, H. K., Lee, K. H., Shim, I., Min, S. S. (2010). Antidepressant-like effect of Salvia sclarea is explained by modulation of dopamine activities in rats. Journal of Ethnopharmacology, 130(1), 187–190.

121 Guillmain, J., Rousseau, A., & Delaveau, P. (1989). Effets neurodepresseurs de l'huile essentielle de lavandula augustifolia Mill. Annales Pharmaceutiques Françaises, 47, 337–343.

122 Aoshima, H., & Hamamoto, K. (1999). Potentiation of GABA A receptors expressed in Xenopus oocytes by perfume and phytoncid. Bioscience, Biotechnology, and Biochemistry, 63(4), 743–748.

123   Orhan, I., Aslan, S., Kartal, M., Sener, B., Baser, K.H.C. (2008) Inhibitory effect of Turkish Rosmarinus officinalis L. on acetylcholinesterase and butyrylcholinesterase enzymes. Food Chem 108: 663–668.

124   Brett, A.E. (2012). A.Webster, A. Chapter 132—Acetylcholinesterase and its Inhibitors. In Primer on the Autonomic Nervous System (Third Edition), 3rd ed.; Robertson, D., Burnstock, G., Paton, J.F.R., Biaggioni, I., Low, P.A., Eds.; Academic Press: Cambridge, MA, USA.

125   Kennedy, D., Okello, E., Chazot, P., Howes, M.J., Ohiomokhare, S., Jackson, P., Haskell-Ramsay, C., Khan, J., Forster, J., Wightman (2018). E. Volatile Terpenes and Brain Function: Investigation of the Cognitive and Mood Effects of Mentha Piperita L. Essential Oil with In Vitro Properties Relevant to Central Nervous System Function. Nutrients, 10, 1029.

126   11. Huang, E.J., Reichardt, L.F. (2003). Trk receptors: Roles in neuronal signal transduction. Annu. Rev. Biochem., 72, 609–642.

127   Neto, F.L., Borges, G., Torres-Sanchez, S., Mico, J.A., Berrocoso, E. (2011). Neurotrophins role in depression neurobiology: A review of basic and clinical evidence. Curr. Neuropharmacol. 9, 530–552.

128   Shimizu, E., Hashimoto, K., Watanabe, H., Komatsu, N., Okamura, N., Koike, K., Shinoda, N., Nakazato, M., Kumakiri, C., Okada, S. et al. (2003). Serum brain-derived neurotrophic factor(BDNF) levels in schizophrenia are indistinguishable from controls. Neurosci. Lett., 351, 111–114.

129   Okuda, M., Fujita, Y., Takada-Takatori, Y., Sugimoto, H., Urakami, K. (2020). Aromatherapy improves cognitive dysfunction in senescence-accelerated mouse prone 8 by reducing the level of amyloid beta and tau phosphorylation. PLoS ONE, 15, 0240378.

130   Lizarraga-Valderrama, LR. (2021). Effects of essential oils on central nervous system: Focus on mental health. Phytother Res., 35(2), 657-679.

131   Fung, T.K.H., Lau, B.W.M., Ngai, S.P.C., Tsang, H.W.H. (2021). Therapeutic Effect and Mechanisms of Essential Oils in Mood Disorders: Interaction between the Nervous and Respiratory Systems. Int J Mol Sci., 22(9), 4844.

132   Fung, T.K.H., Lau, B.W.M., Ngai, S.P.C., Tsang, H.W.H. (2021). Therapeutic Effect and Mechanisms of Essential Oils in Mood Disorders: Interaction between the Nervous and Respiratory Systems. Int J Mol Sci., 22(9), 4844.

6장. 정신건강과 아로마테라피

‖ 스트레스와 불안

133 신경희. (2016).《통합스트레스의학》. 학지사, 서울.

134 Hinkle, L.E.Jr. (1973). The concept of "stress" in the biological and social sciences. SciMedMan, 1, 31-48.

135 Seyle, H. (1936). A syndrome produced by diverse nocuous agents.Nature, 138(3479), 32.

136 Holmes, T.H., Rahe R.H. (1967). The social readjustment rating scale. JPsychosomRes, 11, 213-218.

137 Selye, H. (1976). The stress of life. New York, United States: New York Mcgraw-Hill.

138 신경희. (2016).《통합스트레스의학》. 학지사, 서울.

139 Selye, H. (1975). Stress and distress. Compr Ther, 1(8):9-13.

140 Sapolsky, R.M. (2002). Endocrinology of the stress-response. In: Becker JB, Breedlove, S.M., Crews, D., McCarthy , M.M., editors. Behavioral endocrinology, Cambridge, Massachusetts: MIT Press, 409-50.

141 Allen, A.P., Kennedy, P.J., Cryan, J.F., Dinan, T.G., Clarke, G. (2014). Biological and psychological markers of stress in humans: focus on the trier social stress test. Neurosci Biobehav Rev, 38, 94-124.

142 Evans, A.N., Liu, Y., Macgregor, R., Huang, V., Aguilera, G. (2013). Regulation of hypothalamic corticotropin-releasing hormone transcription by elevated glucocorticoids. Mol Endocrinol (Baltimore Md.), 27(11), 1796-807.

143 Lightman, S.L., Birnie, M.T., Conway-Campbell, B.L. (2020). Dynamics of ACTH and cortisol secretion and implications for disease. Endocrine Rev., 41(3), 470-90.

144 Hofstra, W.A., de Weerd, A.W. (2008). How to assess circadian rhythm in humans: a review of literature. Epilepsy Behav, 13(3), 438-44.

145 Chan, S., Debono, M. (2010). Replication of cortisol circadian rhythm: new advances in hydrocortisone replacement therapy. Ther Adv Endocrinol Metab., 1(3), 129-38.

146 Zisapel, N., Tarrasch, R., Laudon, M. (2005). The relationship between melatonin and cortisol rhythms: clinical implications of melatonin therapy. Drug Dev Res, 65(3), 119-25.

147 신경희. (2016).《통합스트레스의학》. 학지사, 서울.

148 Bertollo, A., Grolli, R.E., Plissari, M.E., Gasparin, V.A., Quevedo, J., Re☒us, G.Z.,

	et al. (2020). Stress and serum cortisol levels in major depressive disorder: a cross-sectional study. AIMS Neurosci, 7(4), 459–69.
149	Bijanki, K.R., Hodis, B., Brumm, M.C., Harlynn, E.L., McCormick, L.M. (2014). Hippocampal and left subcallosal anterior cingulate atrophy in psychotic depression. PloS One, 9(10), e110770.
150	Block, T.S., Kushner, H., Kalin, N., Nelson, C., Belanoff, J., Schatzberg, A. (2018). Combined analysis of mifepristone for psychotic depression: plasma levels associated with clinical response. Biol Psychiatry, 84(1), 46–54.
151	de Leon, M.J., Golomb, J., George, A.E., Convit, A., Tarshish, C.Y., McRae, T., De Santi, S., Smith, G., Ferris, S.H., Noz M, et al. (1993). The radiologic prediction of Alzheimer disease: the atrophic hippocampal formation. AJNR Am J Neuroradiol., 14(4), 897-906.
152	Goleman, D. (1995). Emotional intelligence. United States: Bantam Books, Inc.
153	Breiter, H.C., Etcoff, N.L., Whalen, P.J., Kennedy, W.A., Rauch, S.L., Buckner, R.L., Strauss, M.M., Hyman, S.E., Rosen, B.R. (1996). Response and habituation of the human amygdala during visual processing of facial expression. Neuron, 17(5), 875-87.
154	Pessoa, L., Adolphs, R. (2010). Emotion processing and the amygdala: from a 'low road' to 'many roads' of evaluating biological significance. Nat Rev Neurosci., 11(11), 773-83.
155	Jaafarzadeh, M., Arman, S., & Pour, F. F. (2013). Effect of aromatherapy with orange essential oil on salivary cortisol and pulse rate in children during dental treatment: A randomized controlled clinical trial. Advanced Biomedical Research, 2, 10.
156	Saiyudthong, S., & Marsden, C. A. (2011). Acute effects of bergamot oil on anxiety-related behaviour and corticosterone level in rats. Phytotherapy Research, 25(6), 858–862.
157	Choi, S. Y., Kang, P., Lee, H. S., & Seol, G. H. (2014). Effects of inhalation of essential oil of Citrus aurantium L. var. Amara on menopausal symptoms, stress, and Estrogen in postmenopausal women: A randomized controlled trial. Evidence-based Complementary and Alternative Medicine, 796578, 1–7.
158	Jung, D.-J., Cha, J.-Y., Kim, S.-E., Ko, I.-G., & Jee, Y.-S. (2013). Effects of Ylang-Ylang aroma on blood pressure and heart rate in healthy men. Journal of Exercise Rehabilitation, 9(2), 250–255.
159	Hongratanaworakit, T. (2009). Relaxing effect of rose oil on humans. Natural Product Communications, 4(2), 291–296.
160	Zhang, N., Zhang, L., Feng, L., & Yao, L. (2016). The anxiolytic effect of essential oil of Cananga odorata exposure on mice and determination of its major active constituents. Phytomedicine, 23(14), 1727–1734.

161 Bradley, B. F., Starkey, N. J., Brown, S. L., & Lea, R. W. (2007b). The effects of prolonged rose odor inhalation in two animal models of anxiety.Physiology and Behavior, 92(5), 931 – 938.

162 Okano, S., Honda, Y., Kodama, T., & Kimura, M. (2019). The effects of frankincense essential oil on stress in rats. Journal of Oleo Science, 68, 1003 – 1009.

163 Rashidi Fakari, F., Tabatabaeichehr, M., Kamali, H., Rashidi Fakari, F., & Naseri, M. (2015). Effect of inhalation of aroma of geranium essenceon anxiety and physiological parameters during first stage of labor in nulliparous women: A randomized clinical trial. Journal of Caring Sciences, 4(2), 135 – 141.

164 Arora, I., Mal, P., Arora, P., Paul, A., Kumar, M. (2024). GABAergic implications in anxiety and related disorders. Biochem Biophys Res Commun., 724, 150218.

165 Guillmain, J., Rousseau, A., & Delaveau, P. (1989). Effets neurodepresseurs de l'huile essentielle de lavandula augustifolia Mill. Annales Pharmaceutiques Françaises, 47, 337 – 343.

166 Aoshima, H., & Hamamoto, K. (1999). Potentiation of GABA A receptors expressed in Xenopus oocytes by perfume and phytoncid. Bioscience, Biotechnology, and Biochemistry, 63(4), 743 – 748.

167 Okano, K., Kaczmarzyk, J.R., Dave, N., Gabrieli, J.D.E., Grossman, J.C. (2019). Sleep quality, duration, and consistency are associated with better academic performance in college students. NPJ Sci. Learn., 4, 16.

168 Faydali, S., Cetinkaya, F. (2018). The Effect of Aromatherapy on Sleep Quality of Elderly People Residing in a Nursing Home. Holist. Nurs. Pract., 32, 8 – 16.

169 Hosseini, S., Heydari, A., Vakili, M., Moghadam, S., Tazyky, S. (2016). Effect of lavender essence inhalation on the level of anxiety and blood cortisol in candidates for open-heart surgery. Iran J Nurs Midwifery Res., 21(4), 397-401.

170 Atsumi, T., Tonosaki, K. (2007). Smelling lavender and rosemary increases free radical scavenging activity and decreases cortisol level in saliva. Psychiatry Res., 28, 150(1), 89–96.

171 Morrone, L. A., Rombolà, L., Pelle, C., Corasaniti, M. T., Zappettini, S.,Paudice, P., ·····Bagetta, G. (2007). The essential oil of bergamot enhances the levels of amino acid neurotransmitters in the hippocampus of rat: Implication of monoterpene hydrocarbons. Pharmacological Research, 55, 255 – 262.

172 Hartley N, McLachlan CS. (2022). Aromas Influencing the GABAergic System. Molecules, 27(8), 2414.

173 Costa, C.A.R.A., Kohn, D.O., De Lima, V.M., Gargano, A.C., Flório, J.C., & Costa, M. (2011). The GABAergic system contributes to the anxiolytic-like effect of essential oil from Cymbopogon citratus (lemongrass). Journal of Ethnopharmacology, 137(1), 828 – 836.

II 불면

174 Statista.(2020,Mar).Size of the sleep economy in the United States from 2019 to 2024. https://www.statista.com/statistics/1119479/size-of-the-sleep-economy-us/

175 National Sleep Foundation 홈페이지, https://www.thensf.org/about-sleeptech/

176 Deboer, T.(2018). Sleep homeostasis and the circadian clock: Do the circadian pacemaker and the sleep homeostat influence each other's functioning? Neurobiol Sleep Circadian Rhythms., 5,68-77.

177 Sadock, B.J., Sadock, V.A., & Ruiz, P. (2015). Kaplan and Sadock's synopsis of psychiatry: Behavioral sciences/clinical psychiatry(11th ed.). Wolters Kluwer Health.

178 Holmes, T.H., Rahe R.H. (1967). The social readjustment rating scale. JPsychosomRes, 11, 213-218.

179 Holmes, T.H., Rahe R.H. (1967). The social readjustment rating scale. JPsychosomRes, 11, 213-218.

180 Lee, B.H., Hille, B., Koh, D.S. (2021). Serotonin modulates melatonin synthesis as an autocrine neurotransmitter in the pineal gland. Proc Natl Acad Sci USA., 118(43), e2113852118.

181 Selye, H. (1976). The stress of life. New York, United States: New York Mcgraw-Hill.

182 Angela, S.L., Linda, L.H. (2014). A systematic review of the effect of inhaled essential oils on sleep. J Altern Complement Med. 2014; 20(6): 441-51.

183 Peir, H.K., Maryam, K.G., Ali, G. (2013). Lavender and the nervous system. Evid Based Complement Alternat Med. 2013; 2013: 681304.

184 Lewith, G.T., Godfrey, A.D., and Prescott. P. (2005). A single-blinded, randomized pilot study evaluating the aroma of Lavandula augustifolia as a treatment for mild insomnia. J Altern Complement Med. 2005; 11(4): 631-637.

185 Hosseini, S., Heydari, A., Vakili, M., Moghadam, S., Tazyky, S. (2016). Effect of lavender essence inhalation on the level of anxiety and blood cortisol in candidates for open-heart surgery. Iran J Nurs Midwifery Res., 21(4), 397-401.

186 Atsumi, T., Tonosaki, K. (2007). Smelling lavender and rosemary increases free radical scavenging activity and decreases cortisol level in saliva. Psychiatry Res., 28, 150(1), 89-96.

187 Davis, P. (1991). Subtle aromatherapy. Great Britain: The C.W. Daniel Company Limited.

188 Davis, P. (1999). Aromatherapy: An A-Z. 2ND edn. Great Britain: The C.W. Daniel Company Limited.

189 Jaafarzadeh, M., Arman, S., & Pour, F. F. (2013). Effect of aromatherapy with orange essential oil on salivary cortisol and pulse rate in children during dental treatment: A randomized controlled clinical trial. Advanced Biomedical Research, 2, 10.

190 Salvatore Battaglia. 권소영 등(역). (2008). 《살바토레의 아로마테라피 완벽가이드》. 현문사, 한국.

191 Holmes, P. (1993). Vetiver oil. The international Journal of Aromatherapy, 5(3), 13-15.

192 Lawless, J. (1992). The encyclopedia of essential oils. Great Britain : Elements Books Limited.

193 Moss, M., Howarth, R., Wilkinson, L., Wesnes, K. (2006). Expectancy and the aroma of Roman chamomile influence mood and cognition in healthy volunteers. International Journal of Aromatherapy, Vol(16), 63-73.

194 Saiyudthong, S., & Marsden, C. A. (2011). Acute effects of bergamot oil on anxiety-related behaviour and corticosterone level in rats. Phytotherapy Research, 25(6), 858-862.

195 Morrone, L. A., Rombolà, L., Pelle, C., Corasaniti, M. T., Zappettini, S.,Paudice, P., ...Bagetta, G. (2007). The essential oil of bergamot enhances the levels of amino acid neurotransmitters in the hippocampus of rat: Implication of monoterpene hydrocarbons. Pharmacological Research, 55, 255-262.

196 Hartley N, McLachlan CS. (2022). Aromas Influencing the GABAergic System. Molecules, 27(8), 2414.

197 Mojay, G. (1996). Aromatherapy for healing the spirit. Great Britain: Hodder and Stoughton.

198 Choi, S. Y., Kang, P., Lee, H. S., & Seol, G. H. (2014). Effects of inhalation of essential oil of Citrus aurantium L. var. Amara on menopausal symptoms, stress, and Estrogen in postmenopausal women: A randomized controlled trial. Evidence-based Complementary and Alternative Medicine, 796578, 1-7.

‖ 우울

199 최근 5년(2017~2021) 우울증과 불안장애 진료현황 분석(2022, 6월). 건강보험심사평가원(https://www.hira.or.kr/bbsDummy.do?pgmid=HIRAA020041000100&brdScnBltNo=4&brdBltNo=10627#none)

200 OEDC health statistics 2024. (2024). 보건사회연구원.

201 Sadock, B.J., Sadock, V.A., & Ruiz, P. (2015). Kaplan and Sadock's synopsis of psychiatry: Behavioral sciences/clinical psychiatry(11th ed.). Wolters Kluwer Health.

202 신경정신의학 3rd edition. (2017). 대한신경정신의학회, ㈜아이엠이즈컴퍼니

203 Young, S.N. (2007). How to increase serotonin in the human brain without drugs. J Psychiatry Neurosci., 32(6), 394-9.

204 Chen, L.M., Bao, C.H., Wu, Y., Liang, S.H., Wang, D., Wu, L.Y., Huang, Y., Liu, H.R., Wu. H.G. (2021). Tryptophan-kynurenine metabolism: a link between the gut and brain for depression in inflammatory bowel disease. J Neuroinflammation., 18(1), 135.

205 Banskota, S., Ghia, J. E., & Khan, W. I. (2019). Serotonin in the gut: Blessing or a curse. Biochimie, 161, 56–64.

206 Yang, J., Zheng, P., Li, Y., Wu, J., Tan, X., Zhou, J., Sun, Z., Chen, X., Zhang, G., Zhang, H., Huang, Y., Chai, T., Duan, J., Liang, W., Yin, B., Lai, J., Huang, T., Du, Y., Zhang, P., … Xie, P. (2020). Landscapes of bacterial and metabolic signatures and their interaction in major depressive disorders. Science Advances, 6(49), eaba8555.

207 Mawe, G.M., Hoffman, J.M. (2013). Serotonin signalling in the gut—functions, dysfunctions and therapeutic targets. Nat Rev Gastroenterol Hepatol. 10(8), 473-86.

208 Markus, C.R. (2008). Dietary amino acids and brain serotonin function: implications for stress-related affective changes. Neuromolecular Med., 10(4), 247-58.

209 Richard, D.M., Dawes, M.A., Mathias, C.W., Acheson, A., Hill-Kapturczak, N., Dougherty, D.M. (2009). L-Tryptophan: Basic Metabolic Functions, Behavioral Research and Therapeutic Indications. Int J Tryptophan Res., 23(2), 45–60.

210 Markus, C.R. (2007). Effects of carbohydrates on brain tryptophan availability and stress performance. Biol Psychol., 76(1-2), 83-90.

211 Selye, H. (1975). Stress and distress. Compr Ther, 1(8):9–13.

212 Linden, D.R., Chen, J.X., Gershon, M.D., Sharkey, K.A., Mawe, G.M. (2003). Serotonin availability is increased in mucosa of guinea pigs with TNBS-induced colitis. Am. J. Physiol. Gastrointest. Liver Physiol., 285, G207–G216.

213 Bruta, K., Vanshika, Bhasin, K. et al. (2021). The role of serotonin and diet in the prevalence of irritable bowel syndrome: a systematic review. transl med commun., 6(1), 1.

214 Lee, A., Lee, J.Y., Jung, S.W., Shin, S.Y., Ryu, H.S., Jang, S.H., Kwon, J.G., Kim, Y.S. (2023). Brain-Gut-Microbiota Axis. Korean J Gastroenterol., 81(4), 145-153.

215 Chen, Y., Xu, J., Chen, Y. (2021). Regulation of Neurotransmitters by the Gut Microbiota and Effects on Cognition in Neurological Disorders. Nutrients., 13(6), 2099.

216   Block, T.S., Kushner, H., Kalin, N., Nelson, C., Belanoff, J., Schatzberg, A. (2018). Combined analysis of mifepristone for psychotic depression: plasma levels associated with clinical response. Biol Psychiatry, 84(1), 46-54.

217   Heisler, L.K., Pronchuk, N., Nonogaki, K., Zhou, L., Raber, J., Tung, L., Yeo, G.S., O'Rahilly, S., Colmers, W.F., Elmquist, J.K., Tecott, L.H.(2007). Serotonin activates the hypothalamic-pituitary-adrenal axis via serotonin 2C receptor stimulation. J Neurosci., 27(26), 6956-64.

218   Liang, Y., Xie, S., He, Y., Xu, M., Qiao, X., Zhu, Y., Wu, W.(2022). Kynurenine Pathway Metabolites as Biomarkers in Alzheimer's Disease. Dis Markers, 19, 9484217.

219   Alizadeh Pahlavani, H. (2024). Possible role of exercise therapy on depression: Effector neurotransmitters as key players. Behav Brain Res., 459, 114791.

220   Breiter, H.C., Etcoff, N.L., Whalen, P.J., Kennedy, W.A., Rauch, S.L., Buckner, R.L., Strauss, M.M., Hyman, S.E., Rosen, B.R. (1996). Response and habituation of the human amygdala during visual processing of facial expression. Neuron, 17(5), 875-87.

221   Selye, H. (1976). The stress of life. New York, United States: New York Mcgraw-Hill.

222   Perreau-Linck, E., Beauregard, M., Gravel, P., et al. (2007). In vivo measurementsof brain trapping of α-[11C]methyl-L-tryptophan during acute changes in mood states. J Psychiatry Neurosci, 32, 430-4.

223   Thambyrajah, J.C., Dilanthi, H.W., Handunnetti, S.M., Dissanayake, D. (2023). Serum melatonin and serotonin levels in long-term skilled meditators. Explore (NY)., 19(5), 695-701.

224   Golden, R.N., Gaynes, B.N., Ekstrom, R.D., et al (2005).. The efficacy of light therapy in the treatment of mood disorders: a review and meta analysis of the evidence. Am J Psychiatry., 162, 656-62.

225   Lambert, G.W., Reid, C., Kaye, D.M., et al. (2002). Effects of sunlight and season on serotonin turnover in the brain. Lancet, 360, 1840-2.

226   Lam, R.W., Carter, D., Misri, S., et al. (1999). A controlled study of light therapy in women with late luteal phase dysphoric disorder. Psychiatry Res, 86, 185-92.

227   Epperson, C.N., Terman, M., Terman, J.S., et al. (2004). Randomized clinical trial of bright light therapy for antepartum depression: preliminary findings. J Clin Psychiatry, 65, 421-5.

228   Su-Jen Wang, Miao-Yen Chen. (2020). The effects of sunlight exposure therapy on the improvement of depression and quality of life in post-stroke patients: A RCT study. Heliyon, 6(7), e04379.

229   Sato, Y., Metoki, N., Iwamoto, J., Satoh, K. (2003). Amelioration of osteoporosis

and hypovitaminosis D by sunlight exposure in stroke patients. Neurology 61(3), 338–342.

230 Menon, V., Kar, S.K., Suthar, N., Nebhinani, N. (2020). Vitamin D and Depression: A Critical Appraisal of the Evidence and Future Directions. Indian J Psychol Med., 42(1), 11–21.

231 Lizarraga-Valderrama, L.R. (2020). Effects of essential oils on central nervous system: Focus on mental health. Phytother Res., 35(2), 657–679.

232 Jung, D.-J., Cha, J.-Y., Kim, S.-E., Ko, I.-G., & Jee, Y.-S. (2013). Effects of Ylang-Ylang aroma on blood pressure and heart rate in healthy men.Journal of Exercise Rehabilitation, 9(2), 250–255.

233 Zhang, N., Zhang, L., Feng, L., & Yao, L. (2016). The anxiolytic effect of essential oil of Cananga odorata exposure on mice and determination of its major active constituents. Phytomedicine, 23(14), 1727–1734.

234 Zhang, N., Zhang, L., Feng, L., & Yao, L. (2018). Cananga odorata essential oil reverses the anxiety induced by 1-(3-chlorophenyl) piperazine through regulating the MAPK pathway and serotonin system in mice. Journal of Ethnopharmacology, 219(March), 23–30.

235 Bradley, B. F., Starkey, N. J., Brown, S. L., & Lea, R. W. (2007b). The effects of prolonged rose odor inhalation in two animal models of anxiety. Physiology and Behavior, 92(5), 931–938.

236 Hongratanaworakit, T. (2009). Relaxing effect of rose oil on humans. Natural Product Communications, 4(2), 291–296.

237 Moss, M., Cook, J., Wesnes, K., & Duckett, P. (2003). Aromas of rosemary and lavender essential oils differentially affect cognition and mood in healthy adults. International Journal of Neuroscience, 113(1), 15–38.

238 Villareal, M. O., Ikeya, A., Sasaki, K., Arfa, A. B., Neffati, M., & Isoda, H. (2017). Anti-stress and neuronal cell differentiation induction effects of Rosmarinus officinalis L. essential oil. BMC Complementary and Alternative Medicine, 17(1), 549.

239 Orhan I., Aslan S., Kartal M., Sener B., Baser K.H.C. (2008) Inhibitory effect of Turkish Rosmarinus officinalis L. on acetylcholinesterase and butyrylcholinesterase enzymes. Food Chem 108: 663–668.

240 Perry, E.K., Court, G., Bidet, N., Court, J. and Perry, E. (1996) European herbs with cholinergic activities: potential in dementia therapy. Int J Geriatr Psychiatry 11: 1063–1069.

241 Moss, M. and Oliver, L. (2012). Plasma 1,8-Cineole Correlates with Cognitive Performance Following Exposure to Rosemary Essential Oil Aroma. Therapeutic Advances in Psychopharmacology, 2, 103–113.

242   Seol, G. H., Shim, H. S., Kim, P. J., Moon, H. K., Lee, K. H., Shim, I., Min, S. S. (2010). Antidepressant-like effect of Salvia sclarea is explained by modulation of dopamine activities in rats. Journal of Ethnopharmacology, 130(1), 187-190.

243   Mahboubi, M. (2020). Clary sage essential oil and its biological activities. ADV TRADIT MED(ADTM), 20, 517-528.

244   Huang, E.J., Reichardt, L.F. (2003). Trk receptors: Roles in neuronal signal transduction. Annu. Rev. Biochem., 72, 609-642.

245   Neto, F.L., Borges, G., Torres-Sanchez, S., Mico, J.A., Berrocoso, E. (2011). Neurotrophins role in depression neurobiology: A review of basic and clinical evidence. Curr. Neuropharmacol. 9, 530-552.

246   Shimizu, E., Hashimoto, K., Watanabe, H., Komatsu, N., Okamura, N., Koike, K., Shinoda, N., Nakazato, M., Kumakiri, C., Okada, S. et al. (2003). Serum brain-derived neurotrophic factor(BDNF) levels in schizophrenia are indistinguishable from controls. Neurosci. Lett., 351, 111-114.

247   Okuda, M., Fujita, Y., Takada-Takatori, Y., Sugimoto, H., Urakami, K. (2020). Aromatherapy improves cognitive dysfunction in senescence-accelerated mouse prone 8 by reducing the level of amyloid beta and tau phosphorylation. PLoS ONE, 15, 0240378.

248   Shinomiya, M., Kawamura, K., Tanida, E., Nagoshi, M., Motoda, H., Kasanami, Y., Hiragami, F., Kano, Y. (2012). Neurite outgrowth of PC12 mutant cells induced by orange oil and d-limonene via the p38 MAPK pathway. Acta. Med. Okayama, 66, 111-118.

‖ 외상후스트레스장애(PTSD)

249   신경정신의학 3rd edition. (2017). 대한신경정신의학회, ㈜아이엠이즈컴퍼니

250   신용식. (2015). 〈소방공무원의 외상후스트레스장애, 직무스트레스, 우울증에 대한 고찰-경기도 소방공무원을 중심으로〉. 한국방재학회논문집, 15(2), 233-239.

251   강성록, 김세훈, 이현엽. (2014). 〈베트남전 참전 제대군인의 외상후 스트레스 장애 증상에 대한 예측 변인〉. Korean Journal of Clinical Psychology, 33(1), 35-50.

252   Sung, E. J., and Park, S. H. (2018). Exposure to human error-related aircraft accident in male air force pilots: Its effect on PTSD symptoms and the moderation effect of cognitive flexibility, Korean Journal of Clinical Psychology, 37(1), 80-90.

253   신경정신의학 3rd edition. (2017). 대한신경정신의학회, ㈜아이엠이즈컴퍼니

254   Sadock, B.J., Sadock, V.A., & Ruiz, P. (2015). Kaplan and Sadock's synopsis of psychiatry : Behavioral sciences/clinical psychiatry (11th ed.). Wolters Kluwer Health.

255   신경정신의학 3rd edition. (2017). 대한신경정신의학회, ㈜아이엠이즈컴퍼니

256 　신경정신의학 3rd edition. (2017). 대한신경정신의학회, ㈜아이엠이즈컴퍼니

257 　S Herz, R. (2021). Olfactory Virtual Reality: A New Frontier in the Treatment and Prevention of Posttraumatic Stress Disorder. Brain Sci., 11(8), 1070.

258 　Daniel, Danielle & Zolnikov, Tara. (2023). The Use of Bergamot Essential Oil for PTSD Symptomology: A Qualitative Study. American Journal of Qualitative Research. 7. 1-32.

259 　Morrone, L. A., Rombolà, L., Pelle, C., Corasaniti, M. T., Zappettini, S.,Paudice, P., ······Bagetta, G. (2007). The essential oil of bergamot enhances the levels of amino acid neurotransmitters in the hippocampus of rat: Implication of monoterpene hydrocarbons. Pharmacological Research, 55, 255–262.

260 　Hartley N, McLachlan CS. (2022). Aromas Influencing the GABAergic System. Molecules, 27(8), 2414.

261 　Saiyudthong, S., & Marsden, C. A. (2011). Acute effects of bergamot oil on anxiety-related behaviour and corticosterone level in rats. Phytotherapy Research, 25(6), 858–862.

262 　Watanabe, E., Kuchta, K., Kimura, M., Rauwald, H. W., Kamei, T., & Imanishi, J. (2015). Effects of bergamot(Citrus bergamia [Risso] Wright & Arn.) essential oil aromatherapy on mood states, parasympathetic nervous system activity, and salivary cortisol levels in 41 healthy females. Complementary Medicine Research, 22(1), 43–49.

263 　Experimental Biology 2017. (2017, April 24). Orange essential oil may help alleviate post-traumatic stress disorder. ScienceDaily. Retrieved November 30, 2024 from www.sciencedaily.com/releases/2017/04/170424141354.htm

264 　Schäfer, L., Schellong, J., Hähner, A., Weidner, K., Hüttenbrink, K.B., Trautmann, S., Hummel, T., Croy, I. (2019). Nocturnal Olfactory Stimulation for Improvement of Sleep Quality in Patients With Posttraumatic Stress Disorder: A Randomized Exploratory Intervention Trial. J Trauma Stress., 32(1), 130-140.

265 　Stuck, B. A, Stieber, K., Frey, S., Freiburg, C., Hörmann, K., Maurer, J.T., & Hummel, T. (2007). Arousal responses to olfactory or trigeminal stimulation during sleep. Sleep, 30, 506–510.

266 　Stuck, B. A., Weitz, H., Hörmann, K., Maurer, J. T., & Hummel, T.(2006). Chemosensory event-related potentials during sleep: A pilot study. Neuroscience Letters, 406, 222–226.

267 　Goel, N., Kim, H., & Lao, R. P. (2005). An olfactory stimulus modifies nighttime sleep in young men and women. Chronobiology International, 22, 889–904.

268 　Goel, N., & Lao, R. P. (2006). Sleep changes vary by odor perception in young adults. Biological Psychology, 71, 341–349.

269 　Schredl, M., Atanasova, D., Hörmann, K., Maurer, J.T., Hummel, T., Stuck, B.A.

(2009). Information processing during sleep: The effect of olfactory stimuli on dream content and dream emotions. Journal of Sleep Research, 18, 285-290.

270　Schäfer, L., Schellong, J., Hähner, A., Weidner, K., Hüttenbrink, K.B., Trautmann, S., Hummel, T., Croy, I. (2019). Nocturnal Olfactory Stimulation for Improvement of Sleep Quality in Patients With Posttraumatic Stress Disorder: A Randomized Exploratory Intervention Trial. J Trauma Stress., 32(1), 130-140.

271　Croy, I., Schellong, J., Gerber, J., Joraschky, P., Iannilli, E., & Hummel, T. (2010). Women with a history of childhood maltreatment exhibit more activation in association areas following non-traumatic olfactory stimuli: a fMRI study. PLoS One, 5(2), e9362.

272　Schredl, M., Atanasova, D., Hörmann, K., Maurer, J.T., Hummel, T., Stuck, B.A. (2009). Information processing during sleep: The effect of olfactory stimuli on dream content and dream emotions. Journal of Sleep Research, 18, 285-290.

‖ 치매

273　Orhan I., Aslan S., Kartal M., Sener B., Baser K.H.C. (2008). Inhibitory effect of Turkish Rosmarinus officinalis L. on acetylcholinesterase and butyrylcholinesterase enzymes. Food Chem 108: 663-668.

274　Brett, A.E. (2012). A.Webster, A. Chapter 132—Acetylcholinesterase and its Inhibitors. In Primer on the Autonomic Nervous System (Third Edition), 3rd ed.; Robertson, D., Burnstock, G., Paton, J.F.R., Biaggioni, I., Low, P.A., Eds.; Academic Press: Cambridge, MA, USA.

275　Kennedy, D., Okello, E., Chazot, P., Howes, M.J., Ohiomokhare, S., Jackson, P., Haskell-Ramsay, C., Khan, J., Forster, J., Wightman (2018). E. Volatile Terpenes and Brain Function: Investigation of the Cognitive and Mood Effects of Mentha Piperita L. Essential Oil with In Vitro Properties Relevant to Central Nervous System Function. Nutrients, 10, 1029.

276　Moss, M. and Oliver, L. (2012). Plasma 1,8-Cineole Correlates with Cognitive Performance Following Exposure to Rosemary Essential Oil Aroma. Therapeutic Advances in Psychopharmacology, 2, 103-113.

277　Jimbo, D., Kimura, Y., Taniguchi, M., Inoue, M., Urakami, K. (2009). Effect of aromatherapy on patients with Alzheimer's disease. Psychogeriatrics., 9(4), 173-9.

278　Woo, C.C., Miranda, B., Sathishkumar, M., Dehkordi-Vakil, F., Yassa, M.A., Leon, M. (2023). Overnight olfactory enrichment using an odorant diffuser improves memory and modifies the uncinate fasciculus in older adults. Front Neurosci., 24(17), 1200448.

279　Pettigrew, C., and Soldan, A. (2019). Defining cognitive reserve and implications for cognitive aging. Curr. Neurol. Neurosci. Rep. 19:1.

280 Zijlmans, J. L., Lamballais, S., Vernooij, M. W., Ikram, M. A., and Luik, A. I. (2022). Sociodemographic, lifestyle, physical, and psychosocial determinants of cognitive reserve. J. AlzheimersDis. 85, 701–713.

3부. 자연이 주는 행복: 에센셜 오일

1장. 라벤더(lavender)

281 Guillmain, J., Rousseau, A., & Delaveau, P. (1989). Effets neurodepresseurs de l'huile essentielle de lavandula augustifolia Mill. Annales Pharmaceutiques Françaises, 47, 337–343.

282 Aoshima, H., & Hamamoto, K. (1999). Potentiation of GABA A receptors expressed in Xenopus oocytes by perfume and phytoncid. Bioscience, Biotechnology, and Biochemistry, 63(4), 743–748.

283 Okano, K., Kaczmarzyk, J.R., Dave, N., Gabrieli, J.D.E., Grossman, J.C. (2019). Sleep quality, duration, and consistency are associated with better academic performance in college students. NPJ Sci. Learn., 4, 16.

284 Lillehei, A.S., Halcon, L.L., Savik, K., Reis, R. (2015). Effect of Inhaled Lavender and Sleep Hygiene on Self-Reported Sleep Issues: A Randomized Controlled Trial. J. Altern. Complementary Med., 21, 430–438.

285 Faydali, S., Cetinkaya, F. (2018). The Effect of Aromatherapy on Sleep Quality of Elderly People Residing in a Nursing Home. Holist. Nurs. Pract., 32, 8–16.

286 Coelho, L.S., Correa-Netto, N.F., Masukawa, M.Y., Lima, A.C., Maluf, S., Linardi, A., Santos-Junior, J.G. (2018). Inhaled Lavandula angustifolia essential oil inhibits consolidation of contextual- but not tone-fear conditioning in rats. J. Ethnopharmacol., 215, 34–41.

287 Chioca, L.R., Ferro, M.M., Baretta, I.P., Oliveira, S.M., Silva, C.R., Ferreira, J., Losso, E.M., Andreatini, R. (2013). Anxiolytic-like effect of lavender essential oil inhalation in mice: participation of serotonergic but not GABAA/benzodiazepine neurotransmission. J Ethnopharmacol., 147(2): 412-8.

288 Lizarraga-Valderrama, L.R. (2021). Effects of essential oils on central nervous sytem: Focus on mental health. Phytother. Res. 35, 657–679.

289 Hosseini, S, Heydari, A, Vakili, M, Moghadam, S, Tazyky, S. (2016). Effect of lavender essence inhalation on the level of anxiety and blood cortisol in candidates for open-heart surgery. Iran J Nurs Midwifery Res., 21(4), 397-401.

290 Atsumi, T, Tonosaki, K. (2007). Smelling lavender and rosemary increases free radical scavenging activity and decreases cortisol level in saliva. Psychiatry Res.,

28, 150(1), 89-96.

2장. 로즈마리(rosemary)

291   Sayorwan, W., Ruangrungsi, N., Piriyapunyporn, T., Hongratanaworakit, T., Kotchabhakdi, N., & Siripornpanich, V. (2013). Effects of inhaled rosemary oil on subjective feelings and activities of the nervous system. Scientia Pharmaceutica, 81(2), 531-542.

292   Lizarraga-Valderrama, L.R. (2021). Effects of essential oils on central nervous system: Focus on mental health. Phytother Res, 35(2), 657-679.

293   Moss, M., Cook, J., Wesnes, K., & Duckett, P. (2003). Aromas of rosemary and lavender essential oils differentially affect cognition and mood in healthy adults. International Journal of Neuroscience, 113(1), 15-38.

294   Villareal, M. O., Ikeya, A., Sasaki, K., Arfa, A. B., Neffati, M., & Isoda, H. (2017). Anti-stress and neuronal cell differentiation induction effects of Rosmarinus officinalis L. essential oil. BMC Complementary and Alternative Medicine, 17(1), 549.

295   Orhan, I., Aslan, S., Kartal, M., Sener, B., Baser, K.H.C. (2008) Inhibitory effect of Turkish Rosmarinus officinalis L. on acetylcholinesterase and butyrylcholinesterase enzymes. Food Chem 108: 663-668.

296   Perry, E.K., Court, G., Bidet, N., Court, J. and Perry, E. (1996) European herbs with cholinergic activities: potential in dementia therapy. Int J Geriatr Psychiatry 11: 1063-1069.

297   Moss, M. and Oliver, L. (2012). Plasma 1,8-Cineole Correlates with Cognitive Performance Following Exposure to Rosemary Essential Oil Aroma. Therapeutic Advances in Psychopharmacology, 2, 103-113.

298   Moss, M. and Oliver, L. (2012). Plasma 1,8-Cineole Correlates with Cognitive Performance Following Exposure to Rosemary Essential Oil Aroma. Therapeutic Advances in Psychopharmacology, 2, 103-113.

3장. 버가못(bergamot)

299   Morrone, L. A., Rombolà, L., Pelle, C., Corasaniti, M. T., Zappettini, S.,Paudice, P., ······Bagetta, G. (2007). The essential oil of bergamot enhances the levels of amino acid neurotransmitters in the hippocampus of rat: Implication of monoterpene hydrocarbons. Pharmacological Research, 55, 255-262.

300   Hartley, N., McLachlan, C.S. (2022). Aromas Influencing the GABAergic System. Molecules, 27(8), 2414.

301 Saiyudthong, S., & Marsden, C. A. (2011). Acute effects of bergamot oil on anxiety-related behaviour and corticosterone level in rats. Phytotherapy Research, 25(6), 858-862.

302 Watanabe, E., Kuchta, K., Kimura, M., Rauwald, H. W., Kamei, T., & Imanishi, J. (2015). Effects of bergamot(Citrus bergamia [Risso] Wright & Arn.) essential oil aromatherapy on mood states, parasympathetic nervous system activity, and salivary cortisol levels in 41 healthy females. Complementary Medicine Research, 22(1), 43-49.

4장. 스위트오렌지(sweet orange)

303 Lizarraga-Valderrama, L.R. (2021). Effects of essential oils on central nervous system: Focus on mental health. Phytother Res, 35(2), 657-679.

304 Jaafarzadeh, M., Arman, S., & Pour, F. F. (2013). Effect of aromatherapy with orange essential oil on salivary cortisol and pulse rate in children during dental treatment: A randomized controlled clinical trial. Advanced Biomedical Research, 2, 10.

305 Mahla Salarfard, Bahare Zarei, Zahra Younesi, Asma Nikkhah Bidkhti , Fatemeh Taheri Bojd. (2023). The Effect of Orange Essential Oil Aromatherapy on Sleep Quality in Hospitalized Children, Preventive Care in Nursing & Midwifery Journal, 13(1), 83-90.

306 Hekmatpou, D., Pourandish, Y., Farahani, P.V., Parvizrad, R. (2017). The Effect of Aromatherapy with the Essential Oil of Orange on Pain and Vital Signs of Patients with Fractured Limbs Admitted to the Emergency Ward: A Randomized Clinical Trial. Indian J Palliat Care., 23(4), 431-436.

307 Ozgoli, G., Esmaeili, S., Nasiri, N. (2011). The effect oral of orange peel on the severity of symptoms of premenstrual syndrome, double-blind, placebo-controlled clinical trial. J Reprod Fertil., 12, 123-9.

308 Rashidi Fakari, F., Tabatabaee Chehr, M., Rashidi Fakari, F., Mortazavi, H., Kamali, H., Tayebi, V. (2013). The effects of aromatherapy on pain of labor in nulliparous women. J North Khorasan Univ Med Sci., 5, 363.

5장. 네롤리(neroli)

309 Choi, S. Y., Kang, P., Lee, H. S., & Seol, G. H. (2014). Effects of inhalation of essential oil of Citrus aurantium L. var. Amara on menopausal symptoms, stress, and Estrogen in postmenopausal women: A randomized controlled trial. Evidence-based Complementary and Alternative Medicine, 796578, 1-7.

310　Choi, S. Y., Kang, P., Lee, H. S., & Seol, G. H. (2014). Effects of inhalation of essential oil of Citrus aurantium L. var. Amara on menopausal symptoms, stress, and Estrogen in postmenopausal women: A randomized controlled trial. Evidence-based Complementary and Alternative Medicine, 796578, 1-7.

311　Abbaspoor, Z., Siahposh, A., Javadifar, N., Faal Siahkal, S., Mohaghegh, Z., Sharifipour, F. (2022). The Effect of Citrus Aurantium Aroma on the Sleep Quality in Postmenopausal Women: A Randomized Controlled Trial. Int J Community Based Nurs Midwifery.10(2), 86-95.

312　Namazi, M., Amir Ali Akbari, S., Mojab, F., Talebi, A., Alavi Majd, H., & Jannesari, S. (2014). Effects of Citrus aurantium (bitter Orange) on the severity of first-stage labor pain. Iranian Journal of Pharmaceutical Research, 13(3), 1011-1018.

313　Scandurra, C., Mezzalira, S., Cutillo, S., Zapparella, R., Statti, G., Maldonato, N.M., Locci, M., Bochicchio, V.(2022). The Effectiveness of Neroli Essential Oil in Relieving Anxiety and Perceived Pain in Women during Labor: A Randomized Controlled Trial. Healthcare. 10(2), 366.

314　Stevenson, C. (1992). Orange blossom evaluation. The international Journal of Aromatherapy, 4(3), 22-4.

315　Davis, P. (1999). Aromatherapy: An A-Z. 2nd edn. The C.W. Daniel Company Limited, Great Britain.

6장. 일랑일랑(ylang ylang)

316　Jung, D.-J., Cha, J.-Y., Kim, S.-E., Ko, I.-G., & Jee, Y.-S. (2013). Effects of Ylang-Ylang aroma on blood pressure and heart rate in healthy men.Journal of Exercise Rehabilitation, 9(2), 250-255.

317　Zhang, N., Zhang, L., Feng, L., & Yao, L. (2016). The anxiolytic effect of essential oil of Cananga odorata exposure on mice and determination of its major active constituents. Phytomedicine, 23(14), 1727-1734.

318　Zhang, N., Zhang, L., Feng, L., & Yao, L. (2018). Cananga odorata essential oil reverses the anxiety induced by 1-(3-chlorophenyl) piperazine through regulating the MAPK pathway and serotonin system in mice. Journal of Ethnopharmacology, 219(March), 23-30.

7장. 로즈(rose)

319　Hongratanaworakit, T. (2009). Relaxing effect of rose oil on humans. Natural Product Communications, 4(2), 291-296.

320　Hajibagheri, A., Babaii, A., & Adib-Hajbaghery, M. (2014). Effect of Rosa damascene aromatherapy on sleep quality in cardiac patients: A randomized controlled trial. Complementary Therapies in Clinical Practice, 20(3), 159–163.

321　Bradley, B. F., Starkey, N. J., Brown, S. L., & Lea, R. W. (2007b). The effects of prolonged rose odor inhalation in two animal models of anxiety. Physiology and Behavior, 92(5), 931–938.

8장. 레몬그라스(lemongrass)

322　Costa, C. A. R. A., Kohn, D. O., De Lima, V. M., Gargano, A. C., Flório, J. C., & Costa, M. (2011). The GABAergic system contributes to the anxiolytic-like effect of essential oil from Cymbopogon citratus (lemongrass). Journal of Ethnopharmacology, 137(1), 828–836.

323　Goes, T. C., Ursulino, F. R. C., Almeida-Souza, T. H., Alves, P. B., & Teixeira-Silva, F. (2015). Effect of lemongrass aroma on experimental anxiety in humans. Journal of Alternative and Complementary Medicine, 21(12), 766–773.

9장. 클라리세이지(clary sage)

324　Seol, G. H., Shim, H. S., Kim, P. J., Moon, H. K., Lee, K. H., Shim, I., Min, S. S. (2010). Antidepressant-like effect of Salvia sclarea is explained by modulation of dopamine activities in rats. Journal of Ethnopharmacology, 130(1), 187–190.

325　Moss, M., Cook, J., Wesnes, K., & Duckett, P. (2003). Aromas of rosemary and lavender essential oils differentially affect cognition and mood in healthy adults. International Journal of Neuroscience, 113(1), 15–38.

326　Umezu, T. (2012). Evaluation of the effects of plant-derived essential oils on central nervous system function using discrete shuttle-type conditioned avoidance response in mice. Phytotherapy Research, 26(6), 884–891.

327　Umezu, T., Sano, T., Hayashi, J., Yoshikawa, Y., & Shibata, Y. (2017). Identification of isobutyl angelate, isoamyl angelate and 2-methylbutyl isobutyrate as active constituents in Roman chamomile essential oil that promotes mouse ambulation. Flavour and Fragrance Journal, 32(6), 433–439.

328　Lee, K.B., Cho, E., Kang, Y.S. (2014). Changes in 5-hydroxytryptamine and cortisol plasma levels in menopausal women after inhalation of clary sage oil. Phytother Res, 28(11), 1599-605.

10장. 제라늄(geranium)

329 Rashidi Fakari, F., Tabatabaeichehr, M., Kamali, H., Rashidi Fakari, F., & Naseri, M. (2015). Effect of inhalation of aroma of geranium essenceon anxiety and physiological parameters during first stage of labor in nulliparous women: A randomized clinical trial. Journal of Caring Sciences, 4(2), 135-141.

330 Shirzadegan, R., Gholami, M., Hasanvand, S., Birjandi, M., & Beiranvand, A. (2017). Effects of geranium aroma on anxiety among patients with acute myocardial infarction: A triple-blind randomized clinical trial. Complementary Therapies in Clinical Practice, 29, 201-206.

331 Lizarraga-Valderrama, LR. Effects of essential oils on central nervous system: Focus on mental health. Phytotherapy Research. 2021;35:657-679.

11장. 로만 캐모마일(Roman chamomile)

332 Lawless, J. (1992). The encyclopedia of essential oils. Element Books Limited, Great Britain.

333 Lavabre, M. (1997). Aromatherapy workbook. Healing Art Press, USA.

334 Davis, P. (1999). Aromatherapy : An A-Z. 2nd edn. The C.W. Daniel Company Limited, Great Britain.

335 Umezu, T. (2012). Evaluation of the effects of plant-derived essential oils on central nervous system function using discrete shuttle-type conditioned avoidance response in mice. Phytotherapy Research, 26(6), 884-891.

336 Umezu, T., Sano, T., Hayashi, J., Yoshikawa, Y., & Shibata, Y. (2017). Identification of isobutyl angelate, isoamyl angelate and 2-methylbutyl isobutyrate as active constituents in Roman chamomile essential oil that promotes mouse ambulation. Flavour and Fragrance Journal, 32(6), 433-439.

12장. 프랑킨센스(frankincense)

337 Okano, S., Honda, Y., Kodama, T., & Kimura, M. (2019). The effects of frankincense essential oil on stress in rats. Journal of Oleo Science, 68, 1003-1009.

338 Lizarraga-Valderrama LR. (2021). Effects of essential oils on central nervous system: Focus on mental health. Phytotherapy Research, 35, 657-679.

4부. 향기로 행복해지는 습관

1장. 행복의 연구

339   George Vaillant. (2002). Aging well: surprising guideposts to a happier life from the landmark Harvard study of adult development. Boston: Little, Brown and Company.

340   Vaillant, G. E. (2012). Triumphs of Experience: The Men of the Harvard Grant Study. Harvard University Press.

341   Lykken, D., Tellegen, A. (1996). Happiness is a stochastic phenomenon. Psychological science, 7,186-89.

342   Tellegen, A., Lykken, D.T., Bouchard, T.J., Wilcox, K.J., Segal, N.L., Rich, S. (1988). Personality similarity in twin reared apart together. Journal of Personality and Social psychology, 54, 1031-39.

343   Lubomirsky, S., Sheldon, K.M., Schkade, D. (2005). Pursing happiness: The architecture of sustainable change. Review of General psychology, 9, 111-31.

344   Diener, E., Suh, E.M., Lucas, R.E., Smith, H.L. (1999). Subjective well-being: Three decades of progress. Psychological Bulletin, 125, 276-302.

345   Disraeli, B. (2000). Lothair, Cambridge, UK:Chadwyck-Healey, vol3, pp. 206.

2장. 행복의 정의와 행복 전략

346   Daniel, N. Robinson. (1999). Aristotle's Psychology. Published by Daniel N. Robinson.

347   Huta, V., & Waterman, A. S. (2014). Eudaimonia and its distinction from hedonia: Developing a classification and terminology for understanding conceptual and operational definitions. Journal of Happiness Studies, 15(6), 1425-1456.

348   Huta, V., & Waterman, A. S. (2014). Eudaimonia and its distinction from hedonia: Developing a classification and terminology for understanding conceptual and operational definitions. Journal of Happiness Studies, 15(6), 1425-1456.

349   Gable, S.L., Haidt, J. (2005). "What (and why) is positive psychology?". Review of General Psychology, 9(2), 103-110.

350   Seligman, M. E. (2002). Authentic happiness: Using the new positive psychology to realize your potential for lasting fulfillment. Free Press.

351 Joseph Sirgy, M., Wu, J. The Pleasant Life, the Engaged Life, and the Meaningful Life: What about the Balanced Life?. J Happiness Stud 10, 183–196 (2009).

352 Seligman, M. E. (2002). Authentic happiness: Using the new positive psychology to realize your potential for lasting fulfillment. Free Press.

353 Joseph Sirgy, M., Wu, J. The Pleasant Life, the Engaged Life, and the Meaningful Life: What about the Balanced Life?. J Happiness Stud 10, 183–196. (2009).

354 Csikszentmihalyi, M. (2000). The contribution of flow to positive psychology. In J. E. Gillham(Ed.), The science of optimism and hope: Research essays in honor of Martin E. P. Seligman(pp. 387–395). Templeton Foundation Press.

355 Seligman, M. E. (2002). Authentic happiness: Using the new positive psychology to realize your potential for lasting fulfillment. Free Press.

356 Joseph Sirgy, M., Wu, J. The Pleasant Life, the Engaged Life, and the Meaningful Life: What about the Balanced Life?. J Happiness Stud 10, 183–196. (2009).

357 Lambert, L., Passmore, H.A., & Holder, M.D. (2015). Foundational frameworks of positive psychology: Mapping well-being orientations. Canadian Psychology / Psychologie canadienne, 56(3), 311–321.

358 Seligman, M.E. (2012). Flourish: A visionary new understanding of happiness and well-being. Atria Paperback.

359 마틴 셀리그만. (2020).《마틴 셀리그만의 긍정심리학(개정판)》. 도서출판 물푸레, pp. 28.

360 Ahern, G. L., and Schwartz, G. E. (1979). Differential lateralization for positive versus negative emotion. Neuropsychologia 17, 693–698.

361 Reuter-Lorenz, P., and Davidson, R. J. (1981). Differential contribution of the two cerebral hemispheres to the perception of happy and sad faces. Neuropsychologia 19, 609–613.

362 Rodway, P.,Wright, L., and Hardie, S. (2003). The valence-specific laterality effect in free viewing conditions: the influence of sex, handedness, and response bias. Brain Cogn. 53, 452–463.

363 Dolly Kumari Singh, Dr. J.P. Mishra, Dr. R.K. Singh. A Study of Human Happiness, Health, Hormones, Brain and Body Related to Green-Psycho-Chemistry.International journal of novel research and development, Vol 7, 694-706.

364 Momin W.M., Thawani V. (2018). The happiness dose: Dopamine, oxytocin, serotonin, endorphins, endocannabinoids. Indian Journal of Research, 7(5), 57-58.

365 Mitchell R.L.C., Phillips L.H. (2007). The psychological, neurochemical and functional neuroanatomical mediators of the effects of positive and negative mood on executive functions. Neuropsychologia.,45(4), 617-29.

366 Rokade P.B. (2011). Release of endomorphin hormone and its effects on our body and moods: A review. International Conference on Chemical, Biological and Environment Sciences, 436-38.

367 Momin W.M., Thawani V. (2018). The happiness dose: Dopamine, oxytocin, serotonin, endorphins, endocannabinoids. Indian Journal of Research, 7(5), 57-58.108

3장. 후각 행복 습관 만들기

‖ 숲속의 산림욕을 즐기자

368 Phytoncide. The Great Soviet Encyclopedia, 3rd Edition(1970-1979).

369 Duka, R., Ardelean, D. (2010). Phytoncides and Phytoalexins - Vegetal Antibiotics. Jurnal Medical Aradean (Arad Medical Journal), 13, 19-25.

370 Yang, H., Woo, J., Pae, A.N., Um, M.Y., Cho, N.C., Park, K.D., Yoon, M., Kim, J., Lee, C.J., Cho, S. (2016). alpha-Pinene, a Major Constituent of Pine Tree Oils, Enhances Non-Rapid Eye Movement Sleep in Mice through GABA A-benzodiazepine Receptors. Mol. Pharmacol., 90, 530-539.

371 최양희, 김미정, 이용기, 한현수, 정병환. (2016). 〈산림휴양공간에서 임상에 따른 피톤치드 농도 비교〉. 경기도 보건환경연구원.

372 "산소의 두 얼굴". (2011). 안전보건 Vol 6, 한국산업안전보건공단.

373 "산소의 두 얼굴". (2011). 안전보건 Vol 6, 한국산업안전보건공단.

374 Bear I.J., Thomas, R.G. (1964). Nature of argillaceous odour. Nature, 201(4923), 993-995.

375 Jüttner, F., Watson, S.B. (2007). Biochemical and Ecological Control of Geosmin and 2-methylisoborneol in Source Waters. Applied and Environmental Microbiology, 73(14), 4395-4706.

376 Wong, A.H., Smith M., Boon H.S. (1998). Herbal remedies in psychiatric practice. Arch Gen Psychiatry, 55, 1033-1044.

377 Shimomura, Y. (2002). Effect of forests on health. J. Japan Soc People-Plant Relationships, 1, 11-14.

378 Kim, W., Lim, S.K., Chung, E.J. et al. (2009). The effect of cognitive behavior therapy-based psychotherapy applied in a forest environment on physiological changes and remission of major depressive disorder. Psychiatry Investig., 6, 245-254.

379 Ohira, H., Takagi, S., Masui, K. et al. (1999). Effects on shinrin-yoku(forest-air bathing and walking) on mental and physical health. Bull Tokai Women Univ, 19, 217-232.

II 커피와 차의 향기에 빠져보자

380 Seo, H.S., Hirano, M, Shibato, J., Rakwal, R., Hwang, I.K., Masuo, Y. (2008). Effects of coffee bean aroma on the rat brain stressed by sleep deprivation: a selected transcript-and 2D gel-based proteome analysis. J Agric Food Chem. 2008, 56(12), 4665-73.

381 Pachimsawat, P., Tangprasert, K., Jantaratnotai, N. (2021). The calming effect of roasted coffee aroma in patients undergoing dental procedures. Sci Rep., 14: 11(1), 1384.

382 Hawiset, T. (2019). Effect of one time coffee fragrance inhalation on working memory, mood, and salivary cortisol level in healthy young volunteers: a randomized placebo controlled trial. Integr Med Res.,8(4), 273-278.

383 Hawiset, T. (2019). Effect of one time coffee fragrance inhalation on working memory, mood, and salivary cortisol level in healthy young volunteers: a randomized placebo controlled trial. Integr Med Res.,8(4), 273-278.

384 Haskell-Ramsay, C.F., Jackson, P.A., Forster, J.S., Dodd, F.L., Bowerbank, S.L., Kennedy, D.O. (2018). The acute effects of caffeinated black coffee on cognition and mood in healthy young and older adults. Nutrients, 10, E1386.

385 Nehlig, A. (2016). Effects of coffee/caffeine on brain health and disease: what should I tell my patients? Pract Neurol., 16(2), 89–95.

386 Isokawa, M. (2016). Caffeine-induced suppression of GABAergic inhibition and calcium-independent metaplasticity. Neural Plast., 2016, 1239629.

387 Agyemang-Yeboah, F., Oppong, S.Y. (2013). Caffeine: the wonder compound, chemistryand properties. Topical Series Health Sci,1, 27–37.

388 Dulloo, A. G. et al. (1999). Efficacy of a green tea extract rich in catechin polyphenols and caffeine in increasing 24-h energy expenditure and fat oxidation in humans. Am. J. Clin. Nutr., 70, 1040–1045.

389 Wang, H. et al. (2010). Effects of catechin enriched green tea on body composition. Obesity, 18, 773–779.

390 Kakuda, T., Nozawa, A., Unno, T., Okamura, N. & Okai, O. (2000). Inhibiting effects of theanine on caffeine stimulation evaluated by EEG in the rat. Biosci. Biotechnol. Biochem., 64, 287–293.

391 Kako, H., Fukumoto, S., Kobayashi, Y. and Yokogoshi, H. (2008). Effects of direct exposure of green odour components on dopamine release from rat brain striatal slices and PC12 cells, Brain Research Bulletin, 75(5), 706-712.

392 Watanabe, T., Fujihara, M., Murakami, E., Miyoshi, M., Tanaka, Y., Koba, S. and Tachibana, H. (2011). Green odor and depressive-like state in rats: toward an evidence-based alternative medicine?. Behavioural Brain Research, 224(2), 290-296.

393 Sano, K., Tsuda, Y., Sugano, H., Aou, S and Hatanaka, A. (2002). Concentration effects of green odor on event-related potential(P-300) and pleasantness. Chem Senses, Vol.27, 225-230.

394 Yoto, A. Yokogoshi, H., Moriyama, T., Nakamura, Y., Katsuno, T. and Nakayama, T. (2013). Effect of Smelling Green Tea Rich in Aroma Components on EEG Activity and Memory Task Performance. 2013 International Conference on Biometrics and Kansei Engineering, Tokyo, Japan, pp. 76-81.

395 Sauseng, P., Klimesch, W. (2008). What does phase information of oscillatory brain activity tell us about cognitive processes?. Neurosci Biobehav., 32(5), 1001-1013.

‖ 갓 구운 빵 냄새를 즐기자

396 Maillard, L.C. (1912). Action des acides amines sur les sucres; formation de melanoidines par voie méthodique[Action of Amino Acids on Sugars. Formation of Melanoidins in a Methodical Way]. Comptes R. Acad. Sci., 154, 66-68.

397 Zamora, R., and Hidalgo, F. J. (2005). Coordinate contribution of lipid oxidation and Maillard reaction to the nonenzymatic food browning. Crit. Rev. Food Sci. Nutr., 45, 49-59.

‖ 나만의 공간에 향을 입히자

398 Nelson, J. G., Pelech, M. T., & Foster, S. F. (1984). Color preference and stimulation seeking. Perceptual and Motor Skills, 59, 913-914.

399 Crowley, A. E. (1993). The two-dimensional impact of color on shopping. Marketing Letter, 4, 59-69.

400 Kaya, N., & Crosby, M. (2006) Color associations with different building types: an experimental study on American college students. Color Research and Application, 31, 67-71.

401 Manav, B. (2007) Color-emotion associations and color preferences: a case study for residences. color Research and Application, 32, 144-150.

402 Okano, K., Kaczmarzyk, J.R., Dave, N., Gabrieli, J.D.E., Grossman, J.C. (2019). Sleep quality, duration, and consistency are associated with better academic performance in college students. NPJ Sci. Learn., 4, 16.

403 Lillehei, A.S., Halcon, L.L., Savik, K., Reis, R. (2015). Effect of Inhaled Lavender and Sleep Hygiene on Self-Reported Sleep Issues: A Randomized Controlled Trial. J. Altern. Complementary Med., 21, 430-438.

404 Faydali, S., Cetinkaya, F. (2018). The Effect of Aromatherapy on Sleep Quality of Elderly People Residing in a Nursing Home. Holist. Nurs. Pract., 32, 8-16.

405 Lizarraga-Valderrama, L.R. (2021). Effects of essential oils on central nervous sytem: Focus on mental health. Phytother. Res. 35, 657–679.

406 Hosseini, S., Heydari, A., Vakili, M., Moghadam, S., Tazyky, S. (2016). Effect of lavender essence inhalation on the level of anxiety and blood cortisol in candidates for open-heart surgery. Iran J Nurs Midwifery Res., 21(4), 397–401.

407 Atsumi, T., Tonosaki, K. (2007). Smelling lavender and rosemary increases free radical scavenging activity and decreases cortisol level in saliva. Psychiatry Res., 28, 150(1), 89–96.

408 Arshamian, A., Gerkin R.C., Kruspe, N., Wnuk, E., Floyd, S., O'Meara, C., Garrido Rodriguez, G., Lundström, J.N., Mainland, J.D., Majid, A. (2022). The perception of odor pleasantness is shared across cultures. Curr Biol., 32(9), 2061–2066.

409 Bhagwat, V., Chowta, M.N., Shoeb, A., et al. (2013). Evaluation of anxiolytic activity of vanillin in Wistar albino rats. Int J Nutr Pharmacol Neurol Dis., 3, 96–101.

410 Lawless, J. (1992). The encyclopedia of essential oils. Element Books Limited, Great Britain.

411 Lavabre, M. (1997). Aromatherapy workbook. Healing Art Press, USA.

412 Davis, P. (1999). Aromatherapy: An A–Z. 2nd edn, The C.W. Daniel Company Limited, Great Britain.

413 Hongratanaworakit, T. (2009). Relaxing effect of rose oil on humans. Natural Product Communications, 4(2), 291–296.

414 Hajibagheri, A., Babaii, A., & Adib-Hajbaghery, M. (2014). Effect of Rosa damascene aromatherapy on sleep quality in cardiac patients: A randomized controlled trial. Complementary Therapies in Clinical Practice, 20(3), 159–163.

415 Morrone, L. A., Rombolà, L., Pelle, C., Corasaniti, M. T., Zappettini, S.,Paudice, P., ⋯⋯Bagetta, G. (2007). The essential oil of bergamot enhances the levels of amino acid neurotransmitters in the hippocampus of rat: Implication of monoterpene hydrocarbons. Pharmacological Research, 55, 255–262.

416 Hartley, N., McLachlan, C.S. (2022). Aromas Influencing the GABAergic System. Molecules, 27(8), 2414.

417 Saiyudthong, S., & Marsden, C. A. (2011). Acute effects of bergamot oil on anxiety-related behaviour and corticosterone level in rats. Phytotherapy Research, 25(6), 858–862.

418 Watanabe, E., Kuchta, K., Kimura, M., Rauwald, H. W., Kamei, T., & Imanishi, J. (2015). Effects of bergamot(Citrus bergamia [Risso] Wright & Arn.) essential oil aromatherapy on mood states, parasympathetic nervous system activity, and salivary cortisol levels in 41 healthy females. Complementary Medicine Research,

22(1), 43–49.

419   Mojay, G. (1996). Aromatherapy for healing the spirit. Hodder and Stoughton, UK.

420   Orhan I., Aslan S., Kartal M., Sener B., Baser K.H.C. (2008) Inhibitory effect of Turkish Rosmarinus officinalis L. on acetylcholinesterase and butyrylcholinesterase enzymes. Food Chem 108: 663–668.

421   Brett, A.E. (2012). A.Webster, A. Chapter 132—Acetylcholinesterase and its Inhibitors. In Primer on the Autonomic Nervous System(Third Edition), 3rd ed.; Robertson, D., Burnstock, G., Paton, J.F.R., Biaggioni, I., Low, P.A., Eds.; Academic Press: Cambridge, MA, USA.

422   Kennedy, D., Okello, E., Chazot, P., Howes, M.J., Ohiomokhare, S., Jackson, P., Haskell-Ramsay, C., Khan, J., Forster, J., Wightman (2018). E. Volatile Terpenes and Brain Function: Investigation of the Cognitive and Mood Effects of Mentha Piperita L. Essential Oil with In Vitro Properties Relevant to Central Nervous System Function. Nutrients, 10, 1029.

423   Moss, M. and Oliver, L. (2012). Plasma 1,8-Cineole Correlates with Cognitive Performance Following Exposure to Rosemary Essential Oil Aroma. Therapeutic Advances in Psychopharmacology, 2, 103-113.

424   Liu, B., Kou, J., Li, F., Huo, D., Xu, J., Zhou, X., Meng, D., Ghulam, M., Artyom, B., Gao, X., Ma, N., Han D. (2020). Lemon essential oil ameliorates age-associated cognitive dysfunction via modulating hippocampal synaptic density and inhibiting acetylcholinesterase. Aging(Albany NY), 12(9), 8622-8639.

425   Falls, N., Singh, D., Anwar, F., Verma, A., Kumar, V.(2018). Amelioration of neurodegeneration and cognitive impairment by Lemon oil in experimental model of Stressed mice. Biomed Pharmacother, 106, 575-583.

426   Hongratanaworakit, T. (2009). Relaxing effect of rose oil on humans. Natural Product Communications, 4(2), 291–296.

427   Saiyudthong, S., & Marsden, C. A. (2011). Acute effects of bergamot oil on anxiety-related behaviour and corticosterone level in rats. Phytotherapy Research, 25(6), 858–862.

428   Jaafarzadeh, M., Arman, S., & Pour, F. F. (2013). Effect of aromatherapy with orange essential oil on salivary cortisol and pulse rate in children during dental treatment: A randomized controlled clinical trial. Advanced Biomedical Research, 2, 10.

429   Zhang, N., Zhang, L., Feng, L., & Yao, L. (2016). The anxiolytic effect of essential oil of Cananga odorata exposure on mice and determination of its major active constituents. Phytomedicine, 23(14), 1727–1734.

430   Hammer, K.A. et al. (1998). In vitro activity of essential oils, inparticular

Melaleuca alternifolia oil and tea tree oil products against Candida spp.. Journal of antimicrobial chemotherapy, 42(5), 591-595.Cited in Australian tea tree by C. Dean, the 2nd Australian aromatherapy conference proceeding, Australia.

431 Schnaubelt, K. (1995). Advanced aromatherapy. Healing Art Press, Canada.

432 Onawunmi, G.O. (2000). Evaluation of the antifungal activity of lemongrass oil. Int Journal Crude Drug Research,1989, 27(2), 121-126. Cited in the Aromatherapy Database, Bob Harris, Essential oil resource consultants, UK.

‖ 향기로운 음악에 취해보자

433 Koelsch, S., Fritz, T., Cramon, D.Y., Muller, K., Friederici, A.D. (2006). Investigating Emotion With Music: An fMRI Study. Human Brain Mapping, 27, 239-250.

434 Blood, A.J., Zatorre, R.J., Bermudez, P., Evans, A.C. (1999). Emotional responses to pleasant and unpleasant music correlate with activity in paralimbic brain regions. Nature Neuroscience, 2, 382-387.

435 Menon, V., Levitin, D.J. (2005). The rewards of music listening: response and physiological connectivity of the mesolimbic system. Neuroimage, 28, 175-184.

436 Salimpoor, V.N., Benovoy, M., Larcher, K., Dagher, A., Zatorre, R.J. (2011). Anatomically distinct dopamine release during anticipation and experience of peak emotion to music. Nature neuroscience, 14(2), 257-262.

437 Pereira, C.S., Teixeira, J., Figueiredo, P., Xavier, J., Castro, S.L., Brattico, E. (2011). Music and emotions in the brain: familiarity matters. PLoS One, 6(11), 27241.

438 Daikoku, T., Tanaka, M., Yamawaki, S. (2024). Bodily maps of uncertainty and surprise in musical chord progression and the underlying emotional response. iScience, 27(4), 109498.

439 Daikoku, T., Tanaka, M., Yamawaki, S. (2024). Bodily maps of uncertainty and surprise in musical chord progression and the underlying emotional response. iScience, 27(4), 109498.

440 Joseph, D., & Southcott, J. (2015). Personal fulfilment through singing in a University of the Third Age Choir. International Journal of Lifelong Education, 34(3), 334-347.

441 Lamont, A. (2011). University students' strong experiences of music: Pleasure, engagement, and meaning. Musicae Scientiae, 15(2), 229-249.

442 Creech, A., Hallam, S., Varvarigou, M., McQueen, H., & Gaunt, H. (2013). Active music making: A route to enhanced subjective well-being among older people. Perspectives in Public Health, 133(1), 36-43.

443 Creech, A., Hallam, S., Varvarigou, M., McQueen, H., & Gaunt, H. (2013).

Active music making: A route to enhanced subjective well-being among older people. Perspectives in Public Health, 133(1), 36–43.

444   Zatorre, R.J. (2015). Musical pleasure and reward: mechanisms and dysfunction. Annals of the New York Academy of Sciences, 1337(1), 202-211.

445   Aydogdu, R., Yildiz, M. and Orak, U. (2021). Religion and wellbeing: Devotion, happiness and life satisfaction in Turkey. Mental Health, Religion & Culture, 24(9), 961-975.

446   Augustine, A.A. and Umarani, J. (2013). Effect of music therapy in reducing invasive procedural pain-a quasiexperimental study. International Journal of Recent Scientific Research, 4(5), 553-556.

447   Dingle, G. A., Sharman, L., Haslam, C., Donald, M., Turner, C., Partanen, R., et al. (2021). Systematic review of social group interventions for depression. J. Affect. Disord., 281, 67–81.

448   Forbes, M. (2020). "We're pushing back": group singing, social identity, and caring for a spouse with Parkinson's. Psychology of Music, 49(5), 1199–1214.

449   Dingle, G.A., Sharman, L.S., Bauer, Z., Beckman, E., Broughton, M., Bunzli, E., Davidson, R., Draper, G., Fairley, S., Farrell, C., Flynn, L.M., Gomersall, S., Hong, M., Larwood, J., Lee, C., Lee, J., Nitschinsk, L., Peluso, N., Reedman, S.E., Vidas, D., Walter, Z.C., Wright, O.R.L. (2021). How Do Music Activities Affect Health and Well-Being? A Scoping Review of Studies Examining Psychosocial Mechanisms. Front Psychol., 8(12), 713818.

450   Son, H.K., So, W.Y., Kim, M. (2019). Effects of Aromatherapy Combined with Music Therapy on Anxiety, Stress, and Fundamental Nursing Skills in Nursing Students: A Randomized Controlled Trial. Int J Environ Res Public Health, 16(21), 4185.

451   Zamanifar, S., Bagheri-Saveh, M.I., Nezakati, A., Mohammadi, R., Seidi, J.(2020). The Effect of Music Therapy and Aromatherapy with Chamomile-Lavender Essential Oil on the Anxiety of Clinical Nurses: A Randomized and Double-Blind Clinical Trial. J Med Life, 13(1), 87-93.

452   Rashidi Maybodi, F., Jalali Pandry, M., Karami, M., Ebrahimi, A. (2018). The Effect of Music and Lavender's Aroma on Patients Anxiety,during Periodontal Surgery. J Dent Mater Tech, 7(3), 117-22.

453   Wen, X., Shi, J., Tan, W., Jiang, H., Wang, D., Su, J., Yang, G., Zhang, B. (2022). Effects of aromatherapy and music therapy on patients' anxiety during MRI examinations: a randomized controlled trial. Eur Radiol., 33(4), 2510-2518.

454   Goli, R., Arad, M., Mam-Qaderi, M., Parizad, N. (2022). Comparing the effects of geranium aromatherapy and music therapy on the anxiety level of patients undergoing inguinal hernia surgery: A clinical trial. Explore(NY), 18(1), 57-63.

Ⅱ 향기로 기분 좋은 운동을 즐기자

455　World Health Organization. WHO guideline on physical activity and sedentary behavior:at a glance. Geneva: World Health Organization, 2020.

456　World Health Organization. WHO guideline on physical activity and sedentary behavior:at a glance. Geneva: World Health Organization, 2020.

457　An, H.Y., Chen, W., Wang, C.W., Yang, H.F., Huang, W.T., Fan, S.Y. (2020). The Relationships between Physical Activity and Life Satisfaction and Happiness among Young, Middle-Aged, and Older Adults. Int J Environ Res Public Health, 17,4817.

458　Felez-Nobrega, M., Haro, J.M., Stubbs, B., Smith, L., Koyanagi, A. (2021). Moving more, ageing happy: findings from six low-and middle-income countries. Age Ageing, 50:488-97.

459　Khazaee-Pool, M., Sadeghi, R., Majlessi, F., Rahimi Foroushani, A. (2015). Effects of physical exercise programme on happiness among older people. J Psychiatr Ment Health Nurs., 22, 47-57.

460　Rasciute, S., Downward, P.(2010). Health or happiness? What is the impact of physical activity on the individual? Kyklos, 63, 256-70.

461　Thaithatkul, P., Chalermpong, S., Laosinwattana, W., Kato, H. (2022). Mobility, activities, and happiness in old age: case of the elderly in Bangkok. Case Stud Transp Policy,10,1462-71.

462　Iwon, K., Skibinska, J., Jasielska, D., Kalwarczyk, S. (2021). Elevating Subjective Well-Being Through Physical Exercises: An Intervention Study. Front Psychol., 12, 702678.

463　Li, C., Ning, G., Xia, Y. (2023). Does exercise participation promote happiness?: Mediations and heterogeneities. Front Public Health, 11, 1033157.

464　Ao, L., Zhou, J., Han, M., Li, H., Li, Y., Pan, Y, et al. (2022). The joint effects of physical activity and air pollution on type 2 diabetes in older adults. BMC Geriatr., 22,1-11.

465　Zhao, J., Jiang, W., Wang, X., Cai, Z., Liu, Z., Liu, G. (2020). Exercise, brain plasticity, and depression. CNS Neurosci Ther.,26, 885-95.

466　van Sluijs, E.M.F., Ekelund, U., Crochemore-Silva, I., Guthold, R., Ha, A., Lubans, D., et al. (2021). Physical activity behaviours in adolescence: current evidence and opportunities for intervention. Lancet, 398, 429-42.

467　Villani, L., Pastorino, R., Molinari, E., Anelli, F., Ricciardi, W., Graffigna, G., et al. (2021). Impact of the COVID-19 pandemic on psychological well-being of students in an Italian university: a web-based cross-sectional survey. Global Health, 17:1-14.

468 Gyasi, R.M., Phillips, D.R., Asante, F., Boateng, S. (2021). Physical activity and predictors of loneliness in community-dwelling older adults: the role of social connectedness. Geriatr Nurs. 42, 592-8.

469 Pinto, A., de, A., Oppong Asante, K., Puga Barbosa, R.M., dos, S., Nahas, M.V., Dias D.T., Pelegrini, A. (2019). Association between loneliness, physical activity, and participation in physical education among adolescents in Amazonas, Brazil. J Health Psychol., 26, 650-8.

470 Creese, B., Khan, Z., Henley, W., O'Dwyer, S., Corbett, A., Vasconcelos, Da Silva, M., et al. (2020). Loneliness, physical activity, and mental health during COVID-19: a longitudinal analysis of depression and anxiety in adults over the age of 50 between 2015 and 2020. Int Psychogeriatr., 33, 505-14.

471 Gerber, M., Schilling, R., Colledge, F., Ludyga, S., Pühse, U., Brand, S. (2020). More than a simple pastime? The potential of physical activity to moderate the relationship between occupational stress and burnout symptoms. Int J Stress Manage., 27, 53-64.

472 Zhai, X., Ye, M., Wang, C., Gu, Q., Huang, T., Wang, K., et al. (2020). Associations among physical activity and smartphone use with perceived stress and sleep quality of Chinese college students. Ment Health Phys Act.,18,100323.

473 Vandoni, M., Codella, R., Pippi, R., Carnevale Pellino, V., Lovecchio, N., Marin, L., et al. (2021). Combatting sedentary behaviors by delivering remote physical exercise in children and adolescents with obesity in the COVID-19 era: a narrative review. Nutrients., 13, 4459.

474 Hannan, M., Kringle, E., Hwang, C.L., Laddu, D. (2021). Behavioral medicine for sedentary behavior, daily physical activity, and exercise to prevent cardiovascular disease: a review. Curr Atheroscler Rep., 23, 1-11.

475 Hallgren, M., Nguyen, T.T.D., Owen, N., Vancampfort, D., Smith, L., Dunstan, D.W., et al. (2020). Associations of interruptions to leisure-time sedentary behaviour with symptoms of depression and anxiety. Transl Psychiat., 10, 1-8.

476 Jiang, L., Cao, Y., Ni, S., Chen, X., Shen, M., Lv, H., et al. (2020). Association of sedentary behavior with anxiety, depression, and suicide ideation in college students. Front Psychiatry, 11, 566098.

477 Felez-Nobrega, M., Olaya, B., Haro, J.M., Stubbs, B., Smith, L., Koyanagi, A. (2021). Associations between sedentary behavior and happiness: an analysis of influential factors among middle-aged and older adults from six low- and middle-income countries. Maturitas., 143, 157-64.

478 Kim, E.S., Kubzansky, L.D., Soo, J., Boehm, J.K. (2017). Maintaining healthy behavior: A prospective study of psychological well-being and physical activity. Ann. Behav. Med., 51, 337-347.

479 Kwon, S., Ahn, J., Jeon, H. (2020). Can Aromatherapy Make People Feel Better

	Throughout Exercise? Int J Environ Res Public Health., 17(12), 4559.
480	Kwon, S., Ahn, J., Jeon, H. (2020). Can Aromatherapy Make People Feel Better Throughout Exercise? Int J Environ Res Public Health., 17(12), 4559.
481	Csikszentmihalyi, M. (2014). Flow and the Foundations of Positive Psychology. Springer, Dordrecht, The Nertherlands.
482	Sakamoto, R., Minoura, K., Usui, A., Ishizuka, Y., Kanba, S. (2005). Effectiveness of aroma on work efficiency: Lavender aroma during recesses prevents deterioration of work performance. Chem. Senses, 30, 683–691.
483	Kwon, S., Ahn, J., Jeon, H. (2020). Can Aromatherapy Make People Feel Better Throughout Exercise? Int J Environ Res Public Health., 17(12), 4559.
484	Okada, K., Shimatani, K. (2024). Effect of olfactory stimulation from aromatherapy on the autonomic nervous activity during aerobic exercises. Sci Rep., 14(1), 11198.
485	Tian, L., Hu, T., Zhang, S., Zhang, H., Yang, C., Chen, G., Pan, S. (2022). A Comparative Study on Relieving Exercise-Induced Fatigue by Inhalation of Different Citrus Essential Oils. Molecules, 27(10), 3239.
486	Kim, S., Choo, J., Ju, S. (2018). The effect of aroma stimulation during isotonic exercise on the rating of perceived exertion and blood fatigue factors of athletes with patellofemoral pain syndrome. J Phys Ther Sci., 30(2), 231–233.
487	Sacheck, J.M., Blumberg, J.B. (2001). Role of vitamin E and oxidative stress in exercise. Nutrition, 17, 809–814.
488	Buckley, J. (2002). Massage and aromatherapy massage: nursing art and science. Int J Palliat Nurs, 8, 276–280.
489	Korea Institute of Aromatherapy (2001). Theory and practice of aromatherapy, Seoul, Dong hakhoe.

‖ 향기 나는 명상과 요가로 내면의 행복을 느껴보자

490	Kabat-Zinn, J. An outpatient program in behavioral medicine for chronic pain patients based on the practice of mindfulness meditation: Theoretical considerations and preliminary results. General Hospital Psychiatry. 1982; 4(1): 33–47.
491	Karunamuni, N., Weerasekera, R. (2019). "Theoretical Foundations to Guide Mindfulness Meditation: A Path to Wisdom". Current Psychology, 38(3), 627–646.
492	신경희. (2016).《통합 스트레스 의학》. 학지사, 서울. pp. 336-337.
493	Krishnakumar, D., Hamblin, M.R., Lakshmanan, S.(2015). Meditation and Yoga can Modulate Brain Mechanisms that affect Behavior and Anxiety-A Modern Scientific Perspective. Anc Sci., 2(1), 13-19.

494 Niles, B.L., Klunk-Gillis, J., Ryngala, D.J., Silberbogen, A.K., Paysnick, A., Wolf, E.J. (2012). Comparing mindfulness and psychoeducation treatments for combat-related PTSD using a telehealth approach. Psychological Trauma: Theory, Research, Practice, and Policy, 4, 538.

495 Miller, J.J., Fletcher, K., Kabat-Zinn, J. (1995). Three-year follow-up and clinical implications of a mindfulness meditation-based stress reduction intervention in the treatment of anxiety disorders. General hospital psychiatry, 17, 192–200.

496 Peterson, L.G., Pbert, L. (1992). Effectiveness of a meditation-based stress reduction program in the treatment of anxiety disorders. Am J Psychiatry,149, 936–943.

497 Etkin, A., Prater, K.E., Schatzberg, A.F., Menon, V., Greicius, M.D. (2009). Disrupted amygdala subregion functional connectivity and evidence of a compensatory network in generalized anxiety disorder. Archives of general psychiatry, 66, 1361–1372.

498 Shannahoff-Khalsa, D.S., Beckett, L.R. (1996). Clinical Case Report: Efficacy of Yogic Techniques in the Treatment of Obsessive Compulsive Disorders. International Journal of Neuroscience, 85, 1–17.

499 Fox, M.D., Raichle, M.E. (2007). Spontaneous fluctuations in brain activity observed with functional magnetic resonance imaging. Nature Reviews Neuroscience, 8(9), 700–11.

500 Fox, M.D., Raichle, M.E. (2007). Spontaneous fluctuations in brain activity observed with functional magnetic resonance imaging. Nature Reviews Neuroscience, 8(9), 700–11.

501 Luo, Y., Kong, F., Qi, S., You, X., Huang, X.(2016). Resting-state functional connectivity of the default mode network associated with happiness. Soc Cogn Affect Neurosci., 11(3), 516-24.

502 Whitfield-Gabrieli, S., Ford, J.M. (2012). Default mode network activity and connectivity in psychopathology. Annual Review of Clinical Psychology, 8, 49–76.

503 Garrison, K.A., Zeffiro, T.A., Scheinost, D., Constable, R.T., Brewer, J.A.(2015). Meditation leads to reduced default mode network activity beyond an active task. Cogn Affect Behav Neurosci., 15(3), 712-20.

504 Crego, A., Yela, J.R., Gómez-Martínez, M.Á., Riesco-Matías, P., Petisco-Rodríguez, C. (2021). Relationships between Mindfulness, Purpose in Life, Happiness, Anxiety, and Depression: Testing a Mediation Model in a Sample of Women. Int J Environ Res Public Health, 18(3), 925.

505 Gothe, N.P., Khan, I., Hayes, J., Erlenbach, E., Damoiseaux, J.S. (2019). Yoga Effects on Brain Health: A Systematic Review of the Current Literature. Brain Plast., 5(1), 105-122.

506 Lizarraga-Valderrama, L.R. (2021). Effects of essential oils on central nervous system: Focus on mental health. Phytotherapy Research, 35, 657–679.

후각행복학

초판 1쇄 발행   2025. 2. 19.

지은이   이상훈
펴낸이   김병호
펴낸곳   주식회사 바른북스

편집진행   김재영
디자인   양헌경

등록   2019년 4월 3일 제2019-000040호
주소   서울시 성동구 연무장5길 9-16, 301호 (성수동2가, 블루스톤타워)
대표전화   070-7857-9719 | **경영지원**   02-3409-9719 | **팩스**   070-7610-9820

•바른북스는 여러분의 다양한 아이디어와 원고 투고를 설레는 마음으로 기다리고 있습니다.

이메일   barunbooks21@naver.com | **원고투고**   barunbooks21@naver.com
홈페이지   www.barunbooks.com | **공식 블로그**   blog.naver.com/barunbooks7
공식 포스트   post.naver.com/barunbooks7 | **페이스북**   facebook.com/barunbooks7

ⓒ 이상훈, 2025
ISBN 979-11-7263-237-3 93590

•파본이나 잘못된 책은 구입하신 곳에서 교환해드립니다.
•이 책은 저작권법에 따라 보호를 받는 저작물이므로 무단전재 및 복제를 금지하며,
  이 책 내용의 전부 및 일부를 이용하려면 반드시 저작권자와 도서출판 바른북스의 서면동의를 받아야 합니다.